W. Neuwirth · Meißener Marken – Original, Imitation, Verfälschung, Fälschung

Waltraud Neuwirth

MEISSENER MARKEN

ORIGINAL, IMITATION, VERFÄLSCHUNG, FÄLSCHUNG

Selbstverlag Dr. Waltraud Neuwirth · Wien
1980

Schutzumschlag: Detail eines Meißener Porzellans mit Zwiebelmusterdekor, modern. – Wiener Privatbesitz

ISBN 3-900282-12-9 Selbstverlag Dr. Waltraud Neuwirth, Wien
Zweite, neu bearbeitete und erweiterte Auflage

Entwurf für Umschlag und Einband: Akad. Restaurator Oberrat Ludwig Neustifter, Wien
Farb- und Schwarzweißphotos: Dr. Waltraud Neuwirth, Wien, außer:
Erich Andres, Hamburg-Altona (Abb. 6, 7), Archiv Manfred Süss (Abb. 99), The Metropolitan Museum of Art, New York (Abb. 102), Archiv J. Harry Beyer, München (Abb. 111)
Markenumzeichnungen: Dr. Waltraud Neuwirth, Wien
Schwarzweiß- und Farblithographien: Offset-Reproanstalt Manfred Steiner, Wien
Satz: Bernd Foerster Ges. m. b. H., Wien
Bindearbeit: Oberösterreichischer Landesverlag, Linz

INHALT

Abb. 1. Chinoiserie, Detail eines Meißener Tellers (s. Abb.35). - Österreichisches Museum für angewandte Kunst, Inv. Ke 4000

VORWORT ZUR ERSTEN AUFLAGE

Die Anregung zu den vorliegenden Studien zur Markengeschichte von Meißen verdanke ich dem Wiener Publikum im allgemeinen und den Teilnehmern an den ,,Porzellanseminaren" im Österreichischen Museum für angewandte Kunst im besonderen. Die Nachfrage nach übersichtlichen Zusammenstellungen bekannter Marken, ihrer Imitationen und Fälschungen begann mit der Ausstellung ,,Wiener Porzellan - echt oder gefälscht?", die im Winter 1976/77 im Österreichischen Museum für angewandte Kunst präsentiert wurde, inzwischen auch in Graz (Joanneum) und Linz (Stadtmuseum ,,Nordico") mit großem Erfolg zu sehen war und zu der ich als Ausstellungshilfe eine kleine Broschüre über den Bindenschild verfaßte. Diese Publikation fand so großen Anklang, daß bald eine zweite Auflage notwendig wurde.
So umfangreich die Literatur zur Meißener Porzellanmanufaktur auch ist, eine ausführliche Markengeschichte des Meißener Porzellans unter besonderer Berücksichtigung der Imitationen und Fälschungen dieser Marken gibt es bisher noch nicht. Das Argument, daß ich mich keineswegs als Spezialistin für Meißener Porzellan betrachte, ließen die Wiener Porzellanfreunde nicht gelten, und so nahm ich die Vorarbeiten zu der nun vorliegenden Untersuchung auf. Sie sei daher mit Dank für ihre Anregung und Ermutigung allen österreichischen Porzellanliebhabern, aber auch jenen deutschen und Schweizer Freunden gewidmet, die mich durch die Beständigkeit ihres Interesses an Fragen der Porzellanfälschungen von der Notwendigkeit einer Publikation über Meißener Marken überzeugten.
Wenn auch fasziniert vom Material ,,Porzellan" und seinen Möglichkeiten, hat doch kaum ein Porzellanliebhaber Gelegenheit, Zeit oder Geld genug, die notwendige Markenliteratur zusammenzutragen oder sich aus den in vielen Büchern verstreuten Hinweisen ein möglichst übersichtliches Bild zu schaffen. Für den Fachmann, der an seinem Institut über eine gute Bibliothek verfügt (das Österreichische Museum für angewandte Kunst besitzt sicher eine der besten Kunstgewerbebibliotheken), ist vieles selbstverständlich, was der Amateur sich erst mühsam erarbeiten muß. Diese Selbstverständlichkeit des Wissens läßt oft vergessen, daß weite Personenkreise nicht aus demselben Reichtum an Quellen schöpfen können.
Mir erschien die vorliegende Veröffentlichung aus den eben genannten Gründen zweckmäßig, aber auch deshalb, weil ich mit manchen meiner Fachkollegen nichts vom ,,Gelehrtenschweigen" halte.
Ich kenne zwar aus eigener Erfahrung einige Gründe, die zum Verstummen der Fachwissenschaft führen können; dazu zählt nicht zuletzt die dem Publikum zumeist unbekannte, aber nicht weniger reale Diskrepanz zwischen der aufgewendeten Arbeit und der dafür zugestandenen Entschädigung, die bei den heute oft üblichen Sätzen meist beschämend niedrig ist. Darüber hinaus sind viele Verlage an einem nicht sehr umfangreichen, dafür aber umso mehr spezialisierten Thema nicht sonderlich interessiert.
Vom Publikum angeregt und für das Publikum geschaffen, sei diese Publikation daher im Selbstverlag der Autorin vorgelegt.

Wien, im Sommer 1977 Waltraud Neuwirth

Abb. 2. Figurale Szene, Detail einer Untertasse (s. Abb. 86), Manufaktur Limbach (?). - Österreichisches Museum für angewandte Kunst, Inv. Ke 1098

VORWORT ZUR ZWEITEN AUFLAGE

Nach kaum mehr als einem Jahr war die erste, 1977 erschienene Auflage der Publikation „Meißener Marken - Original, Imitation, Verfälschung, Fälschung" vergriffen. Die durch das fortdauernde Interesse des Publikums notwendig gewordene zweite Auflage ist in manchen Abschnitten korrigiert und ergänzt worden; als wesentlichste Bereicherung ist vermutlich die Illustrierung durch Farb- und Schwarzweißphotos anzusehen. Bei der Auswahl dieser Photos war ich besonders darauf bedacht, das Thema „Meißener Marken" optisch zu erläutern und nicht, einen Überblick über die Geschichte des Meißener Porzellans zu geben (wenn ich auch auf einer Seite eine Periodisierung der Meißener Manufaktur zu erstellen versuchte) - dazu wurden ohnehin schon einige vorzügliche Darstellungen publiziert.
Daß der Bildteil zur zweiten Auflage vor allem Objekte des Österreichischen Museums für angewandte Kunst zeigt, ergibt sich aus meiner Tätigkeit an diesem Institut sowie aus der Tatsache, daß das hier befindliche Meißener Porzellan noch kaum veröffentlicht wurde. Weitere, vom Standpunkt des Markenhistorischen gesehen interessante Objekte stammen auch aus Privatbesitz. Der letzte Abschnitt des Buches ist dem heute wohl bekanntesten Meißener Blaudekor, dem „Zwiebelmuster", gewidmet; mit seinen vielfältigen Varianten in- und außerhalb Meißens und den oft zu Mißverständnissen Anlaß gebenden Fabriksmarken ist gerade dieser Dekor bestens geeignet, die Veränderung eines bestimmten Motivs in verschiedenen Manufakturen und verschiedenen Techniken zu dokumentieren. Selbstverständlich kann auch diese Zusammenstellung nur einen Überblick ohne Anspruch auf Vollständigkeit geben.
Willkommen war mir wieder ein Archivfund aus den schier unerschöpflichen Schätzen des Wiener Finanzarchivs, das neben dem Wiener Hofkammerarchiv die Akten der Wiener Porzellanmanufaktur verwahrt; ein anonymer Bericht, vermutlich von einem Mitarbeiter der Wiener Manufaktur um 1840 verfaßt, gibt einen kurzen Überblick über die Produktionsvorgänge an der Meißener Manufaktur.
Die schon in der ersten Auflage vorhandenen Markenumzeichnungen wurden in der ursprünglichen Abfolge beibehalten, um kein „Nummernchaos" beider Auflagen hervorzurufen. Eine neugestaltete Gliederung dieser Markentafeln dient einer noch besseren Übersichtlichkeit und dem Bestreben, möglichst oft Abbildung und Text einander räumlich unmittelbar zuzuordnen. Die Informationen in der nunmehr stark erweiterten zweiten Auflage sollen durch ein Register leichter zugänglich gemacht werden.
Viele Anregungen aus dem In- und Ausland waren für mich sehr wertvoll und trugen zur Bereicherung der Publikation bei. Mein Dank gilt allen, die zu diesem regen Erfahrungsaustausch beigetragen haben.
Dem Bundesministerium für Wissenschaft und Forschung danke ich für einen Druckkostenzuschuß, der es mir ermöglichte, das vorliegende Buch mit einem umfangreichen Bildteil auszustatten. Frau Bundesminister Dr. Hertha Firnberg möchte ich meinen Dank besonders dafür aussprechen, daß sie immer größtes Interesse und Verständnis für die bedeutende Porzellansammlung des Österreichischen Museums für angewandte Kunst und alle damit zusammenhängenden Aktivitäten zeigt.
Für die nun vorgelegte zweite Auflage der „Meißener Marken" erhoffe ich mir vom fachkundigen Publikum dasselbe kritisch-freundliche Interesse, das bereits der ersten Auflage entgegengebracht wurde.

Wien, im Jänner 1980 Waltraud Neuwirth

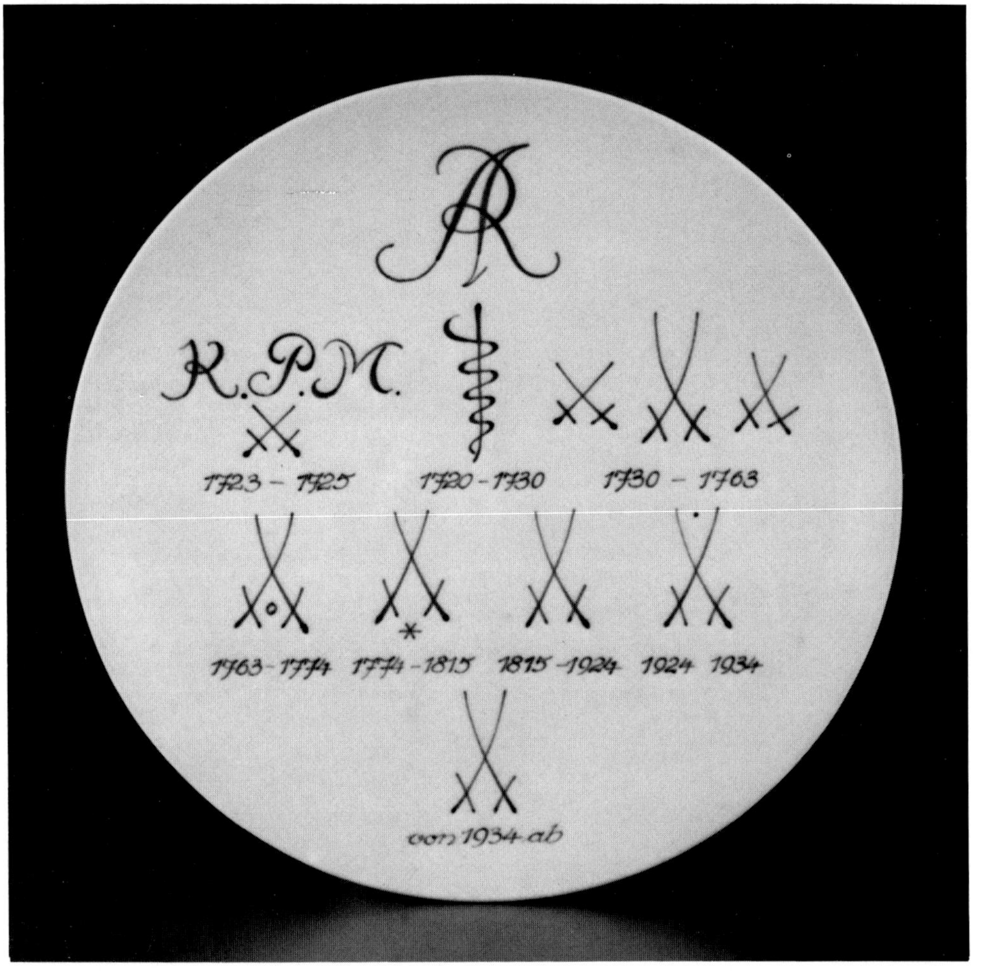

Abb. 3. Meißener Teller mit Marken der Manufaktur Meißen, 20. Jhdt., unterglasurblaue Schwertermarke, eingestempelt: N 117, eingeritzt: // 33 =; D 25,4 cm. – Wiener Privatbesitz

EINLEITUNG

Befaßt man sich mit den Marken auf Meißener Porzellan, so ist man bereits nach kurzem Studium außerordentlich überrascht darüber, wie wenige Marken sich datierungsmäßig genau festlegen lassen. Nicht alle Wissenschafter, die sich mit der Markengeschichte des Meißener Porzellans bisher auseinandersetzten, sind so absolut verläßlich und korrekt wie Rainer Rückert, der in seinem 1966 erschienenen, inzwischen zum Standardwerk gewordenen Katalog ,,Meißener Porzellan 1710 - 1810" klarlegte (S. 40): ,, . . . die einzige fest datierbare Marke auf Meißener Porzellan" sei jene, die für den Kurfürsten Friedrich August II verwendet wurde, als er noch nicht König von Polen war.

Spätestens zu dem Zeitpunkt, als Rückerts Katalog erschien, stürzte für viele ein schönes, aber trügerisches Gebäude ein. Die so angenehme, bequeme und bei manchen auch heute noch unausrottbare Vorstellung, die Meißener Marken (insbesondere einzelne Formen der Schwertermarke) seien aufs Jahr genau datierbar, konnte nun ad acta gelegt werden; besser gesagt, könnte. Denn viele, die sich als Meißener Fachleute gebärden, scheinen ihren ,,Rückert" nicht gelesen zu haben, verteidigen mit echtem oder vorgetäuschtem Selbstbewußtsein die ,,Punktzeit" und ,,Sternzeit" und, was noch bedenklicher ist, verunsichern mit ihrem Gerede viele, die erst beginnen, sich näher mit Meißener Porzellan zu befassen.

Verwirrend für den Meißen-Interessenten mag wohl auch sein, daß manche Datierungen von Meißener Marken selbst in Meißener Firmenpublikationen unseres Jahrhunderts voneinander abweichen; erfreulicherweise korrigiert die Meißener Manufaktur aber in zunehmendem Maß solche Ungenauigkeiten, die sowohl in Publikationen als auch auf Porzellanen dokumentiert worden waren. Auch der Meißener Archivar Otto Walcha ließ in seinem Buch über Meißener Porzellan bei den Markenerklärungen grundsätzlich dieselbe Vorsicht walten wie Rainer Rückert.

Bei der vorliegenden Untersuchung war ich bestrebt, die mir zugängliche Markenliteratur zusammenzufassen, und, wenn möglich, kritisch zu kommentieren. Darüber hinaus soll – in dieser Form und in diesem Umfang erstmalig – eine Übersicht über all jene Marken gegeben werden, die bereits Berling um 1911 (S. 154) so treffend als ,,verwechslungsfähige fremde Typen" bezeichnete. Schließlich werden auch die ,,richtigen" Fälschungen dokumentiert, die dem Sammler die meisten Schwierigkeiten bereiten.

Neben jeder abgebildeten Marke befindet sich ein Hinweis auf die Fachliteratur, der die Marke entnommen, bzw. auf das Objekt, nach dem die Marke umgezeichnet wurde. Als immer wiederkehrende Abkürzungen stehen ÖMAK für Österreichisches Museum für angewandte Kunst, Wien, und ,,Ke" für Keramik-Inventar desselben Instituts.

Der Grund für die genauen Quellenhinweise in meiner Arbeit ist derselbe, den Zimmermann bei seinem Vorwort zu der von ihm neubearbeiteten 13. Auflage des ,,Graesse" (abgedruckt in Auflage 14, S. 5) über die älteren Ausgaben dieses Werkes angab: ,,In wissenschaftlicher Beziehung aber war das Werk insofern völlig unzureichend, als bei so gut wie keiner der in demselben wiedergegebenen Marken ihr Ursprung, ihre Quelle genannt, mithin auch nirgends die Möglichkeit einer Nachprüfung gegeben war. So mußte, wer dies Buch benutzen wollte, dem Verfasser unbedingten Glauben schenken." Zimmermann führte beim ,,Graesse" diesen Nachweis ein, und ich schließe mich vollkommen seiner Ansicht an, daß jeder Leser die Möglichkeit der Nachprüfung haben sollte. Leider sind die Bearbeiter mancher moderner Markenlexika nicht derselben Meinung; auch die jüngste Neuauflage des ,,Graesse" führt bei den europäischen Marken keine genauen Quellenhinweise an.

Aus der nahezu unüberschaubaren Menge von Fachliteratur über Meißener Porzellan griff ich vor allem jene Werke heraus, die sich in einem Abschnitt eingehend mit der Markengeschichte befaßten. Dazu kamen die einschlägigen Markenhandbücher, die oft gerade in ihren ersten Auflagen aufschlußreich sein können und daher eher berücksichtigt wurden als die neuesten Auflagen, die ja ihrerseits häufig selbst auf die bekannte ältere Literatur zurückgehen. Um einem umfangreichen Anmerkungsapparat auszuweichen, wählte ich zur Bezeichnung der Fachbücher entsprechende Kurzformen.

DIE MEISSENER PORZELLANMANUFAKTUR

Versuch einer Periodisierung unter Berücksichtigung bereits getroffener Einteilungen von Karl Berling und Otto Walcha

1.	Periode Böttger	1710 – 1719
2.	Periode Höroldt	1720 – 1735
3.	Periode Kaendler	1735 – 1756
4.	Siebenjähriger Krieg	1756 – 1763
5.	Akademische Periode	1763 – 1774
6.	Periode Marcolini	1774 – 1814
7.	Napoleonische Kriege	1814 – 1833
8.	Periode Kühn	1833 – 1870
9.	Periode Raithel und Brunnemann	1870 – 1901
10.	Periode Gesell	1901 – 1913
11.	Erster Weltkrieg	1914 – 1918
12.	Die Staatliche Porzellan-Manufaktur Meißen	1918 – 1938
13.	Zweiter Weltkrieg	1939 – 1945
14.	Der VEB Staatliche Porzellan-Manufaktur Meißen	1945 – heute

DIE AUGUSTUS REX-MARKE (AR-MARKE)

Im ,,Jahrbuch der Königlich Preußischen Kunstsammlungen" sprach W. von Seidlitz im Jahre 1893 (S. 137) die bereits vor ihm von mehreren Fachleuten geäußerte Vermutung aus, daß bestimmte Porzellane durch die A(ugustus) R(ex)-Marke ,,als für des Königs eigenen Gebrauch bestimmt gekennzeichnet werden sollten."
Ihm wurde von Karl Lüders im selben Jahrgang dieser Zeitschrift (S. 226) heftig widersprochen, wobei Lüders technische Gründen gegen die Meinung von Seidlitz anführte:
,,Wenn die Augustus Rex-Marke die ihr beigelegte Bedeutung gehabt hat, so muß man entschlossen gewesen sein, jedes nicht tadellos aus dem Gutfeuer kommende Stück zu zerschlagen, wozu man damals wenig geneigt gewesen sein wird, weil die Fabrikation viel schwieriger war als heute. Das Rationelle wäre gewesen, die Stücke mit der jeweils allgemein üblichen Marke zu zeichnen und bei der Bemalung oder Vergoldung mit einem AR auf der Glasur zu versehen. Dies scheint nicht geschehen zu sein. Nur einmal ist mir ein Kaffeeoder Teeservice vorgekommen, mit Landschaften bemalt und reicher Ornamentation, etwa von 1740 oder 1750, das die AR-Marke in lebhaftem Blau auf der Glasur neben der Schwerter-Marke unter der Glasur zeigte. Die Bemalung und die AR-Marke war unzweifelhaft alt und echt."
Von Seidlitz selbst ist keine Reaktion auf den Widerspruch von Lüders überliefert, und eine Kontroverse im späten 19. Jahrhundert um die Bedeutung der AR-Marke war wohl nur deshalb möglich, weil gewisse Archivalien noch nicht bekannt oder bereits wieder vergessen waren. Wenige Jahre später – 1900 – ging Berling (S. 156/157) in seinem Standardwerk über Meißener Porzellan auf die Frage der Augustus Rex-Marke ein. Er nahm zu Lüders folgendermaßen Stellung:
,, . . . ausserdem möchte ich noch hinzufügen, daß die Fabrikleitung damals nicht allzu heikel war. Sie liess manches leicht verbogene oder gerissene Stück, das man heute zum Ausschuss rechnen würde, für gut gelten. Dann zerschlug sie aber mit AR bezeichnete Stücke, die sie für untauglich zur Bemalung hielt, nicht ohne weiteres, sondern behandelte sie wie die übrige Ausschussware. Ich kenne z. B. im Privatbesitz mehrere Stücke, die AR unter der Glasur tragen und unbemalt sind."
Darüber hinaus konnte Berling (S. 156) aufgrund von Archivalien beweisen, daß das AR-Monogramm ,,bei solchen Stücken angewandt (wurde), die für den eigenen Gebrauch des Königs oder zu Geschenken von ihm bestimmt waren." Bereits Graesse hatte 1864 in der ersten Ausgabe seines Markenwerkes (S. 28, Nr. 128) eine ähnliche Auffassung vertreten: ,,Augustus Rex, marque de destination pour des pièces reservées au service du roi".
Im 20. Jahrhundert, nach dem Erscheinen von Berlings Meißener Porzellanbuch, schloß sich die nun folgende Literatur dieser Auslegung an. Auch Rückert (1966, S. 39) und Walcha (1973, S. 497) als Vertreter der neuesten Fachliteratur über Meißen sahen keinen Grund, daran zu zweifeln.
In einem Kommissionsbericht vom 3. 9. 1731 (Berling 1900, S. 158) wurde auf die Kennzeichnung der Meißener Porzellane hingewiesen. Besonders wichtig ist der im folgenden zitierte Abschnitt:

> ,,XIX. Was vor ein Zeichen eigendlich auf die Porcellain-Geschirre, so
> a) Ihro Königl. Majt. selbst erhalten, oder
> b) welche nach Frankreich gehen, oder
> c) auch andere Kauff-Leuthe an sich handeln, oder
> d) nach der Türkey verschicket werden"

Die darauf Bezug nehmende Entschließung des Königs vom 21. 9. 1731 lautete auszugsweise (Berling 1900, S. 158):
,,ad XIX Sollen hierbey kommende Zeichen künftig observiret werden", und im Anschluß an

1

Meißen, Augustus Rex-Marke
(Seyffarth 1960: „1723")

2

Meißen, Augustus Rex-Marke
(Graesse 1915[14], S. 193, Nr. 13)

3

Meißen, Augustus Rex-Marke,
Vase aus der Dresdener Porzellan-Sammlung
(Seyffarth 1960: „1740")

4

Meißen, Augustus Rex-Marke
(Doenges 1907, S. 210, Nr. 138)

5

Meißen, Augustus Rex-Marke
(Graesse 1906[11], S. 180, Nr. 409;
1915[14], S. 193, Nr. 11)

6

Meißen, Augustus Rex-Marke;
AR-Monogramm auf glasiertem Scherben,
eingepreßtes Formerzeichen
(Grollier 1914, S. 108, Nr. 703)

7

Meißen, Augustus Rex-Marke
AR-Monogramm z.T. in sehr schwachem Blau
auf geschliffenem Vasenboden, eingekerbtes
Formerzeichen
Vase, Österreichisches Museum für angewandte
Kunst (in der Folge abgekürzt ÖMAK,
Inv. Nr. Ke 7268

8

Meißen, Augustus Rex-Marke
(Brüning 1904, Markentaf. I, Nr. 10)

9

Meißen, Augustus Rex-Marke
(Doenges 1907, S. 210, Nr. 135;
Rückert 1966, S. 43, Nr. 53)

10

Meißen, Augustus Rex-Marke
(Graesse 1906[11], S. 180, Nr. 408;
1915[14], S. 193, Nr. 10;
ähnlich: Walcha 1973, S. 499, Nr. 1)

11

Meißen, Augustus Rex-Marke
(Doenges 1907, S. 210, Nr. 136

12

Meißen, Friedrich August-Marke
(Rückert 1966, S. 43, Nr. 54:
„1. 2. - 5. 10. 1733")

13

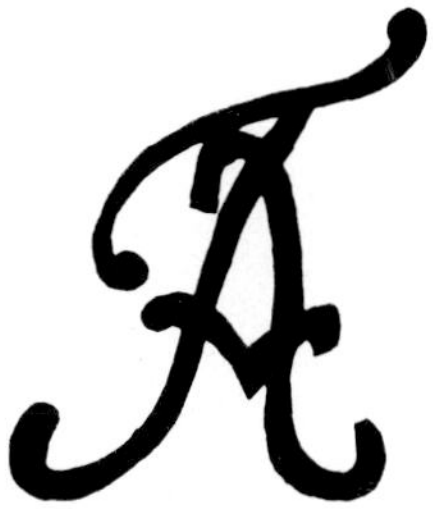

Meißen, Friedrich August-Marke
(Graesse 1906[11], S. 180, Nr. 411;
1915[14], S. 193, Nr. 14;
Seyffarth 1960: „1733")

14

Meißen, Augustus Rex-Marke
(Wylde 1907, S. 173, Nr. 1)

15

Meißen, Augustus Rex-Marke
(Franks Coll. 1896, Pl. I, Fig. 7)

diese Bemerkung folgten die Abbildungen der AR-Marke, der Schwertermarke und der sogenannten „Peitschenmarke" ohne sowie mit Punkt.
Bestätigt wird der Gebrauch der AR-Marke für den König noch durch einen Aktenfund von Walcha (1973, S. 497): am 8. 4. 1734 ordnete die Hofkanzlei an, das AR-Monogramm „auf keinerley Arth und Weise als vor die allerhöchste königliche Mayestät nachzumachen."
Unter Berücksichtigung des erwähnten Archivmaterials scheint der Verwendungszweck der AR-Marke hinlänglich geklärt; sehr unterschiedliche Auffassungen gibt es in der einschlägigen Fachliteratur jedoch hinsichtlich der Verwendungsdauer dieser Marke.
Vor allem die ältere, oft in manch anderen Punkten ebenfalls nicht stichhältige Literatur, wie Chaffers oder Demmin, nannte häufig bereits die Jahre 1707 (!) oder 1709 (!) als frühestes Verwendungsdatum der AR-Marke.
Abgesehen davon, daß diese Daten vor der Gründung der Meißener Manufaktur (1710) liegen, ist das Anbringen der unterglasurblauen AR-Marke vor ca. 1720 kaum möglich gewesen, da die technischen Voraussetzungen dazu fehlten. Gerade mit dem unter der Glasur anzubringenden Kobaltblau gab es lange Zeit Schwierigkeiten.
Berling (1911, S. 8) berichtete zu dieser Frage: „Die Kommission sandte am 5. März 1720 einige von Köhler hergestellte Stücke eines Teegeschirres und eine von den beiden Mehlhorn gefertigte Teekanne an den König mit dem Bemerken, daß zwar die blaue Farbe noch nicht ganz vollkommen, aber zu hoffen sei, dies würde sehr bald gelingen, besonders ‚so bald nur die Geschicklichkeit eines der Sache verständigen Malers hierbey appliciret werden wird'".
Warum man sich so sehr um die Anbringung der Fabriksmarken unter der Glasur bemühte, liegt auf der Hand, da durch die Glasur die darunter liegende Marke wesentlich besser geschützt war als die auf die Glasur gemalte Marke.
Offensichtlich war man in Meißen erst zu Beginn der 1720er Jahre so weit, Kobaltblau unter der Glasur „manufakturmäßig", wie Walcha (S. 54) schreibt, anzuwenden. Es ist daher für alle Fabriksmarken Meißens, die in Unterglasurblau angebracht wurden, anzunehmen, daß sie in der Regel erst ab dieser Zeit zu datieren sind: Die AR-Marke ebenso wie die M.P.M.-, K.P.M.-, K.P.F.-Marken oder die Schwertermarken. Völlig aus der Luft gegriffen sind daher Datierungen wie von dem auch sonst nicht sehr verläßlichen Demmin (S. 1031), der 1873 schrieb, daß die AR-Marke von 1707 bis 1726 zu datieren sei: „A la fin de l'année 1707, on avait enfin obtenu la véritable porcelaine blanche à pâte dure. La première pièce, fabriquée, encore toute bosselée, et exposée au musée japonais à Dresde, est marquée AR (en bleu au grand feu). Cette marque a été conservée, de 1707 à 1726, pour les porcelaines exécutées pour la cour et à la commande du roi. Le directeur actuel de cette manufacture officielle continue de marquer des pièces nouvellement fabriquées du monogramme de 1707 – 1726, ce qui constitue une véritable contrefaçon, indigne d'un établissement subventionné et qui porte le titre de royal."
In der Datierung der AR-Marke darf man Demmin ohnehin keinen Glauben schenken, und die Verwendung der AR-Marke zu Demmins Zeit (um 1873) war keineswegs als Fälschung zu bezeichnen, wie dies Demmin tut.
Als die Meißener Manufaktur ihre Marken zum Markenschutz anmelden ließ (im Jahre 1875), war auch die AR-Marke darunter. Eine geschützte Marke mußte aber auch in Verwendung sein, sonst war ja eine Unterschutzstellung sinnlos. Wir finden die AR-Marke auch noch auf Erzeugnissen der Meißener Manufaktur des 20. Jahrhunderts, und zwar meist begleitet von einer Jahreszahl.
Die Meinung, die AR-Marke sei bereits vor 1710 in Meißen verwendet worden, vertraten auch Graesse (1864, S. 28, Nr. 128) und Chaffers (1863, S. 175). Graesse gibt die Zeit von 1709 bis 1726 für diese Marke in der ersten und auch noch in der dritten mir vorliegenden Ausgabe (1872, S. 48) an. In der Bearbeitung des Graesse'schen Werkes durch Jaennicke (11. Auflage, 1906, S. 182) wird die Zeit von 1723 - 1740 für die Geltungsdauer der AR-Mar-

16		Meißen, AR-Marke (Graesse 1872[3], S. 48, Nr. 166; Warenzeichenblatt 1895: Anmeldung 1875 bzw. 1894, Registrierung 1895 unter Nr. 2191)
17		Meißen, AR-Marke (Doenges 1907, S. 210, Nr. 134; Berling 1911, S. 154; Rückert 1966, S. 43, Nr. 50)
18		Meißen, AR-Marke (Firmenschrift Meißen 1896, S. 4)
19		Meißen, AR-Marke (Doenges 1907, S. 210, Nr. 139)
20		Meißen, AR-Marke (Chaffers 1863, S. 175; Rückert 1966, S. 43, Nr. 52)
21		Meißen, AR-Marke (Marryat 1866, S. 116, Fig. 336)
22		Meißen, AR-Marke (Graesse 1915[14], S. 193, Nr. 12)
23		Meißen, AR-Marke (Grollier 1914, S. 109, Nr. 712: „Col. du comte Starzyncki")
24		Meißen, AR-Marke (Grollier 1914, S. 109, Nr. 706: „Kensington, 3441-53")
25		Meißen, AR-Marke (Grollier 1914, S. 108, Nr. 704: „Musée de Sèvres, n° 2274[35]")
26		H. Wolfsohn, Dresden, gefälschte AR-Marke (Lichtfield 1900, S. 147)
27		Meißen, AR-Marke (Hofmann 1908, S. 237, Nr. 76)

Abb. 4. Marke der Vase Abb. 5, 2. V. 18. Jhdt., blaues AR-Monogramm (H 32 mm), Formerzeichen. - Österreichisches Museum für angewandte Kunst, Inv. Ke 7268

ke genannt, Zimmermann führt in seiner Bearbeitung des ,,Graesse'' (14. Auflage, 1915, S. 193) keine Jahreszahlen an, sondern schreibt nur vom ,,Monogramm des Königs Friedrich August''. In der neuesten, mir vorliegenden 23. Auflage des ,,Graesse'' (Jaennicke - Zimmermann - Behse, S. 484) ist die AR-Marke mit 1723 - 1736 datiert. Darauf wird später noch eingegangen.

Chaffers (1863, 1. Auflage, S. 175) behauptet: ,,The first mark used was the monogram A.R., signifying Augustus Rex, and was affixed to all pieces intended for Royal use. It is found upon many imitations of the Oriental porcelain. Used from 1709 to 1712. This mark has been recently placed upon modern Dresden, but is easily distinguished from the ancient.''

Sowohl Demmin als auch Chaffers und die ersten Auflagen des ,,Graesse'' sind also hinsichtlich der AR-Marke (und sicher auch anderer Marken) mit Vorsicht zu konsultieren; so wertvoll alte Bücher über Keramik als Quellenwerke sein können, so gefährlich werden sie aber auch, wenn es um Fehlinterpretationen geht, die, einmal angelesen, nicht mehr auszurotten sind. Nichts prägt sich leichter ein als der Irrtum. Da aber diese Quellenwerke zu den Desiderata vieler Keramikfreunde gehören und oft unkritisch studiert werden, schien es mir besonders wichtig, auf sie näher einzugehen.

Die 1974 erschienene 23. Auflage des ,,Graesse'' (S. 484) enthält, wie bereits erwähnt, für die AR-Marke die Angabe ,,1723 - 1736'', eine Feststellung, die bei manchen zu Fehlschlüssen führen könnte.

Diese auf zwei Jahreszahlen beschränkte Datierung könnte zur Annahme verleiten, die AR-Marke sei nur von 1723 - 1736, und weder vorher noch nachher, in Gebrauch gewesen. Daß dies nicht der Fall war, beweisen die uns überlieferten verläßlichen Unterlagen und auch das Werk von Rückert (aus dem die Angaben bei Graesse vermutlich etwas vereinfachend übernommen wurden), der völlig korrekt und vorsichtig formuliert (S. 40): ,,Eingeführt wurde die AR-Marke angeblich schon 1723; in Gebrauch war sie mindestens noch bis 1736''.

Bei diesem letztgenannten Datum (1736) stützt sich Rückert vermutlich ebenso wie Berling auf heraldische Belege. Berling (1900, S. 159) datiert die AR-Marke von 1725 bis 1740, nimmt also an, daß sie noch nach dem Tode Augusts des Starken, bereits zur Zeit von

Abb. 5. Augustus-Rex-Vase, Meißen, 2. V. 18. Jhdt; blaues AR-Monogramm und Formerzeichen (s. Abb. 4); H 40,8 - 41 cm (Mundrand verzogen, stark restauriert). - Österreichisches Museum für angewandte Kunst, Inv. Ke 7268

Abb. 6. Marke der Vase Abb. 7, Meißen, 1940.- Ilse Sterzel, Hamburg-Blankenese

August III, ,,wenigstens eine Zeit lang in Geltung blieb.'' Um 1736 sei sie noch nachweisbar, weil auf einer Vase mit AR-Monogramm ein Wappen zu sehen sei, das ,,nämlich in seinen Bestandteilen die Wappen von Hanau, Reineck und Münzenberg, Herrschaften, die erst in dem genannten Jahr an Kurhessen gefallen sind'' (Berling 1900, S. 157), zeigt. Diese vorerst recht plausibel erscheinende Annahme, die AR-Marke auf dieser Vase sei wegen des Wappens um 1736 nachweisbar, scheint mir doch nicht ganz so tragfähig, wie von manchen Fachleuten angenommen. Zu diesem Punkt meint Hofmann (1932, S. 301): ,,Wenn gelegentlich einmal ein Stück mit diesem Zeichen in Unterglasurblau vorkommt, das dem Dekor nach oder auf Grund einer Wappen-Blasonierung erst nach seinem Tode (gestorben 1733) bemalt sein kann, so braucht daraus nicht zwingend geschlossen zu werden, daß die AR-Marke auch nach dem Tode dieses Fürsten weiter verwendet wurde, vielmehr dürfte die Annahme gestattet sein, daß eines dieser übrigens sehr seltenen Stücke weiß aus dem Vorrat genommen und erst später bemalt wurde.''

Diese Möglichkeit scheint Berling für das Beispiel der Vase mit dem fraglichen Wappen nicht bedacht zu haben, obwohl er an anderer Stelle (1900, S. 157) darauf hinweist, daß er mehrere Stücke kenne, ,,die AR unter der Glasur tragen und unbemalt sind.'' Übrigens wies Rudolf Just im Jahre 1959 auf mehrere unbemalte Augustus-Rex-Vasen hin.

Die Annahme einer späteren Bemalung wird noch gestützt von der Tatsache, daß die mit AR bezeichnete Vase zu einer Serie von insgesamt fünf Vasen gehört, die zwar alle dasselbe Wappen tragen, wobei aber vier Vasen die Schwertermarke aufweisen. Berling erklärt sich diese Tatsache (1900, S. 157) damit, daß die Vase mit der AR-Marke ein Geschenk war und die Vasen mit der Schwertermarke nachbestellt wurden. Man könnte sich aber genauso gut vorstellen, daß man sofort fünf Vasen zur Bemalung auswählte, von denen eben eine das AR, die anderen vier die Schwerter unter der Glasur trugen. Wenn auch aus den angeführten Gründen die Vase mit dem oben erwähnten Wappen nicht unbedingt mit dem Jahr 1736 zusammengebracht werden muß, dieses Jahr daher als letzter gesicherter Zeitpunkt für den Gebrauch der AR-Marke nicht heranzuziehen ist, so ist doch die Verwendung der AR-Marke noch nach dem Tod von August dem Starken (1733) durch den bereits zitierten Aktenfund

Abb. 7. Vase, Meißen, 1940, AR-Monogramm und Datierung 1940 (s. Abb. 6). – Ilse Sterzel, Hamburg-Blankenese

von Walcha (S. 497) gesichert (am 8. 4. 1734 kam von der Hofkanzlei die Anordnung, das AR-Monogramm „auf keinerley Arth und Weise als vor die allerhöchste königliche Mayestät nachzumachen").

Seyffarth (1960, S. 73) gibt dankenswerterweise dieses Zitat ausführlicher wieder:
„Meissner Archiv unter Betr. AR: IAa 21/66 (1734):
Auff Sr. Königl. May. in Pohlen und Churfürstl. Durchlaucht zu Sachsen alergnädigsten Befehl / sollen in Dero Porcelain Fabrique zu Meissen / diejenigen Stücken Porcelain so nach beykommender Form und mit Alt-Indianischer Mahlerey zum Zeichen aber mit eingeschnittenen hohen Königl. Nahmen AR signiret / auff keinerley Art und Weise / als vor allerhöchste May. nachzuahmen . . . "

Auf die Ungewißheit bei der genauen Datierung von Meißener Marken wird durch Rückert (S. 40) noch dadurch verstärkt verwiesen, daß dieser mit der ihm eigenen Akribie feststellt, die F(riedrich) A(ugust)-Marke sei „die einzige fest datierbare Marke auf Meißener Porzellan" – ein Satz von ungeheurer Bedeutung. Mit der FA-Marke wurden die Porzellane für Friedrich August von Sachsen, dem Sohn von August dem Starken und späteren August III, bezeichnet; sie ist vom 1. 2. 1733 bis 5. 10. 1733 nachweisbar. Meines Wissens ist aber auch diese Annahme durch keinen archivalischen Beleg gestützt.

Bisher war ausschließlich von der unterglasurblauen AR-Marke die Rede. Sie soll aber auch in Gold (Hofmann 1932, S. 301) oder in Blau auf der Glasur verwendet worden sein. In einer brieflichen Mitteilung (1978) bezweifelt Seyffarth, daß die AR-Marke in Gold auf Glasur angebracht worden sei, wie dies Hofmann annimmt.

28

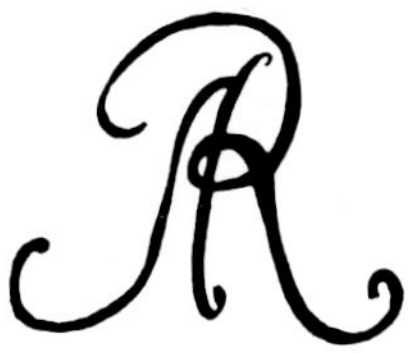

Meißen, Augustus Rex-Marke
(Berling 1900, Markentaf. Nr. 19;
Graesse 1906[11], S. 182, Nr. 462;
Doenges 1907, S. 210, Nr. 137)

29

Meißen, AR-Marke mit Stabmarke
(Grollier 1914, S. 109, Nr. 711:
,,la pièce n'est pas incontestable'')

30

Meißen, AR-Marke mit Stabmarke
(Seyffarth 1960, Abb. 220, M. 1;
ähnlich: Walcha 1973, S. 499, Nr. 2)

31

Meißen, AR-Marke mit Stabmarke
(Berling 1900, Markentaf. Nr. 23:
,,Frau Hillinger, Dresden'';
Graesse 1906[11], S. 182, Nr. 462;
Doenges 1907, S. 216, Nr. 158;
Rückert 1966, S. 43, Nr. 51: ohne Stabmarke)

32

Meißen, AR-Marke
(Grollier 1914,
S. 110, Nr. 713:
,,Col. du comte
Starzyncki'')

33

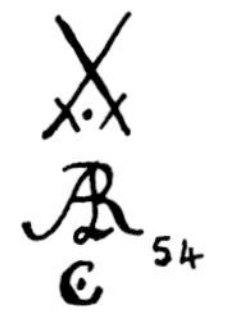

Meißen, Schwerter-
und AR-Marke
(Grollier 1914,
S. 109, Nr. 710:
,,Col. Grollier,
n° 14330'')

34

Meißen, AR-Marke (?)
gefälscht?
(Grollier 1914,
S. 109, Nr. 709:
,,Col. Grollier,
n° 14261'')

35

Fabriksmarke von
A. Küps, Rosenlöcher,
1907 bereits erloschen
(Adreßbuch 1907,
S. 683)

36

Imitation der AR-
Marke
vermutlich durch
Wolfsohn, Dresden
(Porzellan:
Wiener Privatbesitz)

37

Fabriksmarke der
Porzellanfabrik
Gebr. Bauscher,
Weiden, gegr. 1881
(Adreßbuch 1907,
S. 168)

38

Fabriksmarke der
Kunsttöpferei
August Sältzer,
Eisenach, gegr. 1858
(Adreßbuch 1907,
S. 190)

DIE FÄLSCHUNG DER AR-MARKE

Von einer deutschen Firma wissen wir mit Sicherheit, daß sie das AR-Monogramm lange Zeit als Fabriksmarke führte, bevor Meißen dagegen einschritt: Wolfsohn in Dresden. Diese 1843 gegründete Firma dürfte schon bald nach ihrem Entstehen das so gewinnbringende AR-Monogramm für eigene Zwecke benützt haben. Litchfield (S. 147) berichtete bereits 1900, Wolfsohn hätte das Monogramm vor vierzig oder fünfzig Jahren als Fabriksmarke verwendet – das wäre etwa ab der Mitte des 19. Jahrhunderts. Chaffers (1863, S. 175), dem allerdings in vielen Aussagen nur bedingt Glauben zu schenken ist, stimmt mit dieser Angabe überein, wenn er 1863 berichtet, daß dieses Monogramm kürzlich auf modernem „Dresden" angebracht wurde, dies aber leicht von echtem Meißen unterschieden werden könne („This mark has been recently placed upon modern Dresden, but is easily distinguished from the ancient").

Während die echte AR-Marke auf Meißener Porzellan nur relativ selten zu finden ist, kommt das AR als Wolfsohn-Fabrikmarke sehr häufig vor. Da die Firma jahrzehntelang Porzellan bemalte, müssen sich Zehntausende von Porzellanen mit gefälschtem AR-Monogramm in Sammlungen und im Handel befinden. Litchfield (1900, S. 56) gibt an, daß Wolfsohn jährlich mehrere Tausend Porzellane mit dieser Marke auf den Markt brachte („. . . turned out several thousand specimens annually with this mark . . .").

Da die Firma Helena Wolfsohn im „Adressbuch der Porzellan- und Glas-Malereien" des Jahres 1894 (S. 183) als Porzellanmalerei geführt wird, ist wohl anzunehmen, daß sie nie selbst Porzellan erzeugte; sie muß demnach in Verbindung mit einer Porzellanfabrik gestanden sein, die ihr das unbemalte, weiß glasierte Porzellan mit der unterglasurblauen AR-Marke frei Haus lieferte.

Parallelen dazu gab es ja auch im Bereich der Wiener Porzellandekoration. Nach Schließung der Wiener Porzellanmanufaktur (1864) bezogen manche Wiener Porzellanmaler weiß glasierte, unbemalte Teller, die auf Wunsch bereits mit dem unterglasurblauen, gefälschten Bindenschild versehen waren. Dann konnten sie das Porzellan mit Aufglasurfarben dekorieren, diesen Dekor im Muffelfeuer einbrennen und das Stück als Alt-Wien verkaufen oder verkaufen lassen.

In seinem Buch „Pottery and Porcelain. A Guide to Collectors" (1900), das sich verdienstvollerweise auch sehr ausführlich mit Fälschungen befaßt, gab Litchfield (S. 147) seine Kenntnisse über Wolfsohn weiter:

„The best known of these private firms in Dresden, as distinguished from the Royal or State factory, were Wolfsohn and Meyers. The former adopted some forty of fifty years ago as a fabrique mark the monogram of the Royal founder of the Meissen factory . . . and this is sometimes used to deceive inexperienced collectors, and induce them to purchase the comparatively modern imitation bearing the mark in the margin, for the veritable ‚Augustus Rex' early pieces, which are very scarce and valuable.

Some few years ago the Royal factory obtained a decision in the German law courts prohibiting the use of this mark, and the firm then adopted another mark, the letter D, or the word ‚Dresden', surmounted by a crown – sometimes called Crown Dresden."

Lichtfield berichted weiter (S. 56) über die Erfahrungen, die man mit der gefälschten AR-Marke bereits zu seiner Zeit machen konnte:

„Again, one is shown a piece marked with A.R., and gravely informed that it is the monogram of Augustus Rex, for whose private use it was made ‚ever so many years ago', whereas the mark in question, though certainly used for a very few pieces by the Royal works (but which is very rarely found), has been adopted as the regular trading-mark of a china manufactory in the hands of a private firm, having a warehouse in Dresden, that . . . turned out several thousand specimens annually with this mark."

Emil Hannover bezieht sich in seinem Buch ,,Pottery and Porcelain'', 1925 in London erschienen, auf Litchfield (S. 109) und informiert weiters noch darüber, daß die Firma Wolfsohn weißes Porzellan von Meißen oder anderen Fabriken bezog, es bemalte und mit der am höchsten geschätzten Meißener Marke versah. Diese Behauptung kann vor allem deshalb nicht in allen Punkten zutreffen, weil die mir bekannten Wolfsohn-AR-Marken alle in Unterglasurblau angebracht sind, was bei bereits glasiertem, weißem Porzellan nachträglich nicht möglich ist (Hannover, S. 109: ,,The Augustus Rex mark was already being misused some fifty or sixty years ago, by the firm of Wolfsohn, of Dresden, which decorated white porcelain from Meissen or other factories and supplied it with the most prized of all the Meissen marks. But at that time so little was known as to the changing styles in the productions of the old factory, that Wolfsohn used the mark referred to in connection with decorative designs which are unthinkable in conjunction with it'').
Über relativ leicht aufzudeckende Fälschungen, darunter auch solche der Augustus Rex-Marke, schreibt Funk im ,,Kunstwanderer'' (S. 493/494) der Jahre 1921/22: ,,Zuweilen, wenn auch durchaus nicht immer, sind die Fälschungen so plump ausgeführt, daß der Fachmann sie ohne weiteres erkennt. Wir wollen dies durch einige Beispiele belegen. Es wurde vorhin erwähnt, daß das Anbringen von Schleifstrichen in oder über der Schwertermarke kaum vor der Mitte des 18. Jahrhunderts in Meißen üblich gewesen sei. Wenn daher im Antiquitätenhandel z. B. eine Vase mit den verschlungenen Anfangsbuchstaben A. R. angeboten wird, welch letztere drei oder vier eingeschliffene Striche zeigen, so ist einem solchen angeblich echten alten Stücke das größte Mißtrauen entgegenzubringen, da erstens dieses A.R.-Zeichen nur in einer Periode üblich war, wo man das minderwertigere Porzellan noch nicht durch Schleifstriche besonders kennzeichnete, und man zweitens für den Bedarf des Königs und damaligen Besitzers der Fabrik wohl überhaupt keine ausdrücklich als minderwertig gekennzeichnete Stücke ausgewählt haben dürfte.''
Sobald die Möglichkeit und gesetzliche Grundlage dafür bestand, ließ die Manufaktur Meißen neben anderen ihrer Fabriksmarken auch die AR-Marke schützen (1875). Sie wurde 1876 erstmals im deutschen Warenzeichenblatt veröffentlicht.
Vermutlich im Zusammenhang mit dem neuen Markenschutzgesetz wurde die Wolfsohn-AR-Marke erfolgreich bekämpft und die Dresdener Firma wählte das D mit Krone als Fabriksmarke, das im Adreßbuch von 1894 (S. 183) bereits aufscheint. Heute wird es wohl kaum jemand nötig haben, die AR-Marke zu fälschen, da das Reservoir an Meißen-Fälschungen bzw. -Verfälschungen, ähnlich wie beim Wiener und Sèvres-Porzellan, so groß ist, daß es nahezu unerschöpflich scheint und eine ständige Gefahr für den Sammler darstellt.
Während der Vorarbeiten zu den Ausstellungen ,,Wiener Porzellan – echt oder gefälscht?'' sowie ,,Original, Kopie, Fälschung – Europäisches Porzellan und Keramiken der Firma Samson, Paris'' (beide veranstaltet vom Österreichischen Museum für angewandte Kunst, Wien) wurden mir von dem sehr mitarbeitsfreudigen Publikum aus Wien, aber auch aus dem gesamten österreichischen und außerösterreichischen Bereich, zahlreiche Porzellane mit der gefälschten AR-Marke gezeigt. Meist handelt es sich dabei um Schalen mit Untertassen, die Schalen von vierpassigem Querschnitt, mit ,,Watteauszenen'' auf der Wandung, in zum Teil außerordentlich schlechter malerischer Qualität ausgeführt. Auch Roentgen (S. 25) bildete 1976 eine solche Schale ab.
Unter den mir gezeigten Porzellanen dieser Art war besonders eine Schale mit Untertasse interessant, da beide Teile verschiedene Marken trugen: einerseits das D mit Krone als spätere Fabriksmarke von Wolfsohn in Dresden, aber andererseits eine etwas veränderte AR-Marke, deren mittlere Vertikale oben in einer Pfeilspitze, unten in einem Kreis endete (Marke Nr. 36). Ob diese Imitation der AR-Marke ebenfalls von Wolfsohn stammt und die Veränderung nur Alibicharakter hatte, ist zwar anzunehmen, aber schwer zu beweisen. Neben den AR-Markenfälschungen gibt es eine Reihe von Monogramm-Marken, die mit dem

Abb. 8. Marke der Henkelschale Abb. 10: gefälschtes unterglasurblaues AR-Monogramm (H 12 mm), vermutlich Wolfsohn, Dresden. - Angelika Hauff, Wien

Abb. 9. Marke der Untertasse Abb. 10: gefälschtes unterglasurblaues AR-Monogramm (H 15 mm), vermutlich Wolfsohn, Dresden. - Angelika Hauff, Wien

AR-Monogramm leicht verwechselt werden können. Dazu gehört das AB-Monogramm der Porzellanfabrik Gebrüder Bauscher in Weiden (gegr. 1881), das im Adreßbuch der Keram-Industrie von 1907 (S. 168) abgebildet wird. Für das bei Graesse (23. Auflage, S. 531) der böhmischen Fabrik Elbogen zugeschriebene AR konnte ich keinen Quellennachweis finden.

Abb.10. Henkelschale mit Untertasse, vermutlich Wolfsohn (Dresden), 2. Hälfte 19. Jhdt., gefälschtes unterglasurblaues AR-Monogramm auf beiden Teilen (s. Abb. 8 und 9); Henkelschale H 8,1 cm, Untertasse 12,1 x 14,5 cm.- Angelika Hauff, Wien

Abb. 11. Detail der Malerei der Untertasse (Abb. 10), vermutlich Wolfsohn (Dresden), 2. Hälfte 19. Jhdt.

Abb. 12. Detail der Malerei der Untertasse (Abb. 13), unbekannte Manufaktur, gefälschtes AR-Monogramm.- Österreichisches Museum für angewandte Kunst, Inv. Ke 6182

Abb. 13. Untertasse zu Henkelschale Abb. 16, unbekannte Manufaktur, gefälschtes AR-Monogramm in Unterglasurblau, in Gold auf der Glasur: 17.=, in Grün auf der Glasur: 12.=; D 13,6-13,9 cm.- Österreichisches Museum für angewandte Kunst, Inv. Ke 6182

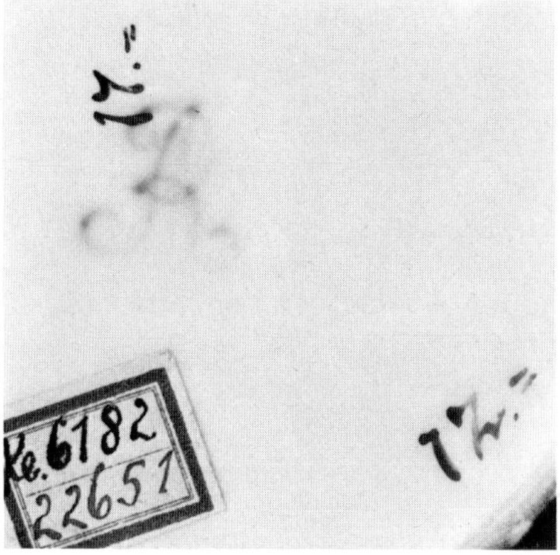

Abb. 14. Marke der Henkelschale Abb. 16: gefälschtes unterglasurblaues AR-Monogramm (H 11 mm), in Grün auf der Glasur: 12.=, in Gold auf der Glasur: 17.=. - Österreichisches Museum für angewandte Kunst, Inv. Ke 6182

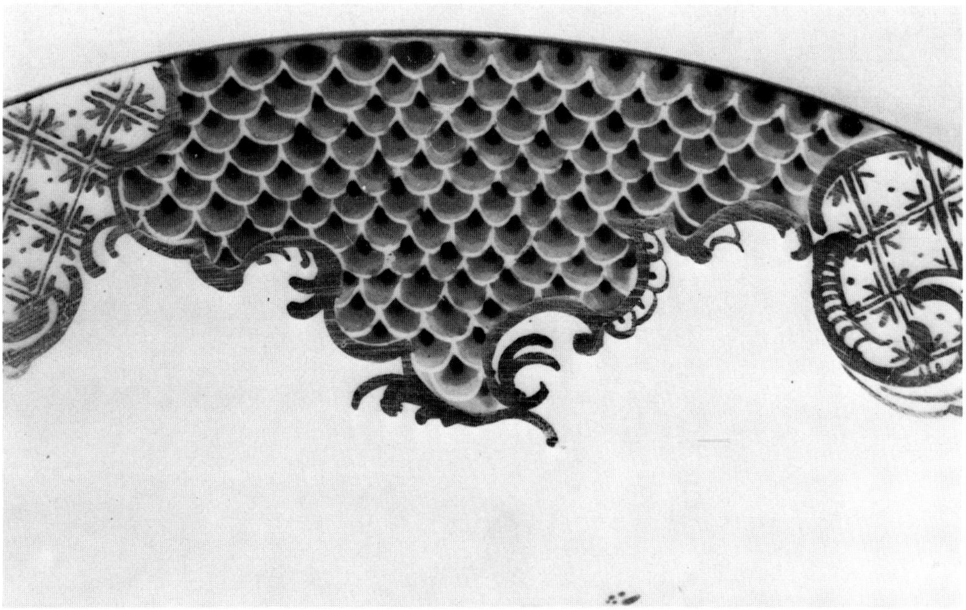

Abb. 15. Detail der Malerei der Untertasse (zu Abb. 16), unbekannte Manufaktur, Porzellan mit gefälschtem AR-Monogramm

Abb. 16. Henkelschale mit Deckel, unbekannte Manufaktur, gefälschtes, unterglasurblaues AR-Monogramm (s. Abb. 14), H 9,7 cm.- Österreichisches Museum für angewandte Kunst, Inv. Ke 6182

39		Meißen, „Drachenmarke" (Graesse 1915[14], S. 195, Nr. 33: „Dresden, Porzellansammlung")
40		Meißen, „Drachenmarke" (Graesse 1906[11], S. 181, Nr. 443; 1915[14], S. 195, Nr. 34: „Dresden, Porzellansammlung")
41		Meißen, „Drachenmarke" (Brüning 1904, Markentaf. I, Nr. 12)
42	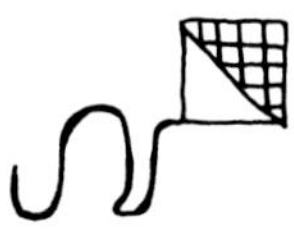	Meißen, „Drachenmarke" (Rückert 1966, S. 39, Nr. 6)
43		Meißen, „Drachenmarke" (Berling 1900, Markentaf. Nr. 13; Graesse 1906[11], S. 182, Nr. 451; 1915[14], S. 195, Nr. 32; Rückert 1966, S. 39, Nr. 5)
44	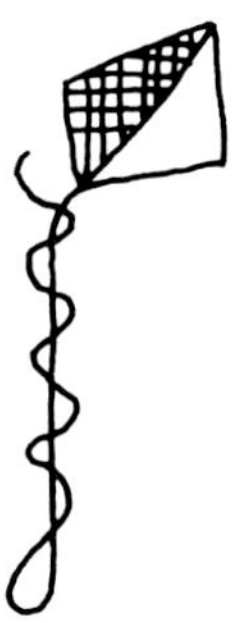	Meißen, „Drachenmarke" (Seyffarth 1960)
45		Meißen, „Drachenmarke" (Seyffarth 1960: „1721")
46		Meißen, „Drachenmarke" (Graesse 1906[11], S. 181, Nr. 441; 1915[14], S. 195, Nr. 35)
47		Meißen, „Stabmarke" (Wylde 1907, S. 173, Nr. 2; Graesse 1906[11], S. 180, Nr. 414; 1915[14], S. 195, Nr. 40)
48		Meißen, „Stabmarke" (Doenges 1907, S. 215, Nr. 154; Graesse 1906[11], S. 180, Nr. 144; 1915[14], S. 195, Nr. 40)
49		Meißen, „Stabmarke" (Doenges 1907, S. 215, Nr. 153; Graesse 1906[11], S. 180, Nr. 144; 1915[14], S. 195, Nr. 40)
50		Meißen, „Stabmarke" (Seyffarth 1960)

PEITSCHENMARKE (SCHLANGENSTAB, STABMARKE, MERKURSTAB, AESKULAPSTAB ODER CADUCEUS)

Sowohl über die Bezeichnung dieser Marke als auch über die Art ihrer Verwendung gehen die Meinungen der Fachleute weit auseinander. Die Herkunft des Markenbildes – ein von einer Linie schlangenartig umwundener Stab – ist umstritten. Hofmann (1932, S. 302) leitet das Zeichen von der einer ostasiatischen Marke nachgebildeten „Drachenmarke" ab:
„. . . mit einem weiteren Zeichen, einer Art Schlangenstab, das fälschlich als ‚Merkurstab' oder als ‚Aeskulapstab' bezeichnet wird. Es ist wahrscheinlich nichts anderes als eine Art Abkürzung der Drachen-Marke; auch hier hat man das ursprünglich eingeführte Bild in der Praxis als zu umständlich empfunden und hat sich mit einem Teil desselben geholfen, indem man den Drachen wegließ und nur den Schwanz auftrug."
Doenges (1907, S. 215) erwähnt, es sei möglich, daß mit dieser Marke „eine Anspielung beabsichtigt war auf den Beruf, von dem (der Apothekerlehrling) Böttger zur Porzellanbereitung herkam. Denn es ist kaum anzunehmen, daß man in Meißen den Merkur- mit dem Aeskulapstab verwechselte."
Auch Walcha (1973, S. 497) bringt diese Marke mit Böttger in Verbindung: „. . . er (der Aeskulapstab) ist eher als Anspielung auf die von einem Apotheker entdeckte Neuerfindung des Porzellans zu deuten." Berling (1900, S. 157/158) schließt diese Möglichkeit kategorisch aus:
„Der sogenannte Merkurstab muss gleichfalls als Ausnahmemarke bezeichnet werden. Der eigentliche Merkurstab oder das Kerykeion des Hermes zeigt nun zwar stets einen von zwei Schlangen umwundenen Stab und ist meist geflügelt. Den Stab, den nur eine Schlange umschlingt, führt Aeskulap. Dieser kann hier aber wohl nicht in Frage kommen. Ob nun die Fabrikleitung bei der ersten Anwendung dieses Zeichens nicht an das Attribut des Handels dachte oder ob sie es nur aus Unkenntnis von der gewöhnlichen Darstellung abweichend gestaltete, ist schwer zu sagen. Missverstanden konnte aber dieses Zeichen in Meissen um so eher werden, als es – meiner Vermutung nach – nicht aus eigenem Antrieb, sondern auf Veranlassung des türkischen Kaufmannes Manasses Athanas zuerst angewandt wurde."
Noch schroffer als bei der Diskussion um die Bezeichnung dieser Marke prallen die Meinungen aufeinander, wenn es um den Verwendungszweck der „Peitschemarke" geht. „Aus unbekannten Gründen", bemerkt Rückert (S. 37/38), „führte man in der Meißener Manufaktur anscheinend 1721/22 eine Markierung der Geschirre durch die in Unterglasurblau aufgemalte sogenannte Merkurstab- oder Aeskulapstabmarke ein, auch Peitschenmarke genannt, die mindestens bis 1731 in Gebrauch war und in zahlreichen Abwandlungen vorkommt."
Auch Walcha (1973, S. 497) wendet sich gegen eine bestimmte Ansicht, die weiter unten noch ausführlich besprochen werden soll, wenn er sagt: „Er (der Aeskulapstab) wurde keineswegs – wie man oft lesen kann – für Lieferungen an südosteuropäische Länder verwendet." Im Gegensatz dazu stehen mehrere Autoren, wie etwa Hannover und Hofmann. Hannover fand den „Caduceus" sowie chinesische Symbole vor allem auf Exportporzellan, besonders auf den sogenannten „Türkenkoppchen" (S. 105: „Neither the caduceus . . . nor the Chinese symbols are found on the oldest and finest porcelain, but for the most part on blue-and-white and other export porcelain, such as the so-called ‚Türckencopgen', of the period 1727 - 1735"), und Hofmann (1932, S. 302) bemerkte: „Das Zeichen kommt bereits 1722 vor, also noch früher als die K.P.M.-Marke. Ganz sicher wurde diese Marke nur für einen bestimmten Zweck verwendet, und es ist sehr plausibel, daß sie eigens für den Export, vor allem nach der Türkei, bestimmt war. Urkundlich gesichert ist jedenfalls die Bitte eines türkischen Agenten (vom Jahre 1732), die Türkenkoppchen nicht mit der Schwertermarke, sondern mit einem anderen Zeichen zu versehen. Die Veranlassung zu diesem Wunsche war eine sehr eigenartige Feststellung: die Türken sahen in der Schwerter-Marke anfänglich

51		Meißen, ,,Stabmarke'' unterglasurblau, Former-Zeichen eingepreßt (ÖMAK Ke 3748)
52		Meißen, ,,Stabmarke'' (Berling 1900, Markentaf. Nr. 22; Doenges 1907, S. 215, Nr. 151; Graesse 1915[14], S. 195, Nr. 43; Rückert 1966, S. 39, Nr. 2)
53		Meißen, ,,Stabmarke'' (Franks Coll. 1896, Pl. I, Fig. 5)
54		Meißen, ,,Stabmarke'', unterglasurblau (Koppchen ÖMAK Ke 6632)
55		Meißen, ,,Stabmarke'', unterglasurblau (Koppchen ÖMAK Ke 4499)
56		Meißen, ,,Stabmarke'' (Marryat 1866, S. 117, Fig. 339)
57	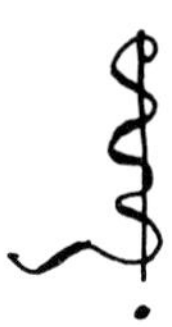	Meißen, ,,Stabmarke'' (Grollier 1914, S. 110, Nr. 717: ,,Col. de M. J. de Courmont'')
58		Meißen, ,,Stabmarke'' (Doenges 1907, S. 215, Nr. 149)
59		Meißen, ,,Stabmarke'' (Doenges 1907, S. 215, Nr. 145)
60		Meißen, ,,Stabmarke'' (Grollier 1914, S. 111, Nr. 720: ,,Col. Grollier, n° 14198'')
61	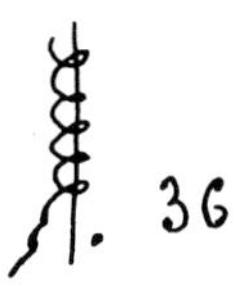	Meißen, ,,Stabmarke'' (Grollier 1914, S. 111, Nr. 719: ,,Col. Grollier, n° 14259'')
62		Meißen, ,,Stabmarke'' (Grollier 1914, S. 111, Nr. 721: ,,Col. Darmstädter, Berlin'')
63		Meißen, ,,Stabmarke'' mit Schwertermarke (Grollier 1914, S. 111, Nr. 722: ,,Johanneum de Dresde'')
64	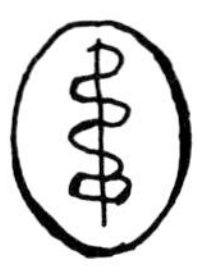	Meißen, ,,Stabmarke'' (Grollier 1914, S. 110, Nr. 718: ,,Col. du comte d'Yœuville'')

65		Meißen, ,,Stabmarke'' (Berling 1900, Markentaf. Nr. 21; Doenges 1907, S. 215, Nr. 150; Graesse 1906[11], S. 182, Nr. 468; 1915[14], S. 195, Nr. 42)
66		Meißen, ,,Stabmarke'' (Brüning 1904, Markentaf. I, Nr. 11)
67		Meißen, ,,Stabmarke'' (Doenges 1907, S. 215, Nr. 156; Graesse 1906[11], S. 180, Nr. 414; 1915[14], S. 195, Nr. 40)
68		Meißen, ,,Stabmarke'' (Brüning 1904, Markentaf. I, Nr. 11)
69		Meißen, ,,Stabmarke'' und Schwertermarke (Grollier 1914, S. 111, Nr. 723: ,,Johanneum de Dresde. Col. Spitzner, n° 191'')
70		Meißen, ,,Stabmarke'' (Firmenschrift Meißen 1896, S. 4)
71		Meißen, ,,Stabmarke'' (Warenzeichenbl. 1895: Anmeldung 1875 bzw. 1895, Registrierung 1895)
72		Meißen, ,,Stabmarke'' (Chaffers 1863, S. 176; Doenges 1907, S. 215, Nr. 152)
73		Meißen, ,,Stabmarke'' (Doenges 1907, S. 215, Nr. 148; Rückert 1966, S. 39, Nr. 4)
74		Meißen, ,,Stabmarke'' (Doenges 1907, S. 215, Nr. 147; Rückert 1966, S. 39, Nr. 3)
75		Meißen, ,,Stabmarke'' (Doenges 1907, S. 215, Nr. 146)
76		Meißen, ,,Stabmarke'' (Brüning 1904 Markentaf.I, Nr. 11)
77		Worcester, ,,Stabmarke'' (Lichtfield 1900, S. 330)
78		Worcester, ,,Stabmarke'' (Doenges 1907, S. 216, Nr. 159; Graesse 1906[11], S. 214, Nr. 1415; 1915[14], S. 246, Nr. 36: ähnliche Marke)

ein ‚christliches Zeichen' und vernichteten die ersten Sendungen der so gemarkten Koppchen. Man hat dann in Meißen zeitweilig eine besondere Marke für Türkenkoppchen eingeführt . . . Später fielen die ursprünglichen Bedenken wieder weg . . . "
Diese Bedenken fielen nicht nur weg, sondern man wünschte sogar ausdrücklich eine Kennzeichnung mit der Schwertermarke. – Laut Hofmann (1932, S. 302) berichtet im Jahre 1791 ein Vermittler aus St. Petersburg, daß alle Händler die Schwertermarke verlangten, „anders sey kein Gebrauch oder Abnahme in Copchen zu hoffen."
Der Regierungschemiker der staatlichen Porzellanmanufaktur Meißen, W. Funk, stellte 1921/22 lapidar fest (S. 441):
„ . . . die für die Ausfuhr bestimmten Waren versah man zeitweilig mit einem Merkurstab als Fabrikzeichen."
Wie konnte es dazu kommen, daß die Experten für Meißener Porzellan so divergierende Ansichten über die „Peitschenmarke" hatten und haben, und auf welchen Unterlagen basierte die Meinung, diese Marke sei für Porzellan bestimmt, das in die Türkei exportiert werden sollte?
Der türkische Kaufmann Manasses Athanas war, was aktenkundig ist, wegen der Bezeichnung der von ihm zu erwerbenden Porzellane vorstellig geworden. Aus dem Jahre 1730 ist ein Kommissionsbericht (Berling 1900, S. 158) an den König überliefert, in dem folgende Anfrage enthalten ist:
„...ob es dabey annoch verbleiben soll, dass der Türkische Kauffmann Manasses Athanas auf die von Zeit zu Zeit ihme zu liefernde Porcelaine weder die Chur-Schwerdter, noch eine andere Zeichnung, als welche er insgesambt gar sehr depreciret, gemahlet bekommen."
Kurze Zeit später, noch in der ersten Hälfte des Jahres 1731, wandte sich die Kommission abermals an den König (Berling 1900, S. 158): „. . . VIII. Haben die porcelain Geschirre zeithero gemeiniglich unter der Glassur mit denen Chur-Schwerdtern blau bezeichnet werden sollen, da aber der Türkische Kauffmann solche als marquirte Stücken anzunehmen sich verweigert und sonst darüber Zweifel erwachsen, werde auch deswegen Ihro Königl. Majt. höchstbelieben disposition treffen. . . "
In einem weiteren Kommissionsbericht, der mit 3. 9. 1731 datiert ist (Berling 1900, S. 158) finden wir die bereits im Abschnitt über die AR-Marke (S. 12) erwähnte Unterscheidung von vier Gruppen von Porzellan, die:

„a) Ihro Königl. Majt. selbst erhalten
b) welche nach Frankreich gehen
c) auch andere Kauff-Leuthe an sich handeln
d) nach der Türkey verschickt werden"

In der königlichen Entschließung vom 21. 9. 1731 (Berling 1900, S. 158), die auf den Kommissionsbericht vom 3. 9. eingeht, finden wir in folgender Reihenfolge einige der bekanntesten Meißener Marken abgebildet: die AR-Marke, die Schwertermarke, die Peitschenmarke ohne Punkt sowie die Peitschenmarke mit Punkt. Einige Autoren zogen daraus anscheinend die einigermaßen naheliegende Schlußfolgerung, daß zu a) die AR-Marke, zu b) die Schwertermarke, zu c) die Peitschenmarke ohne Punkt, zu d) die Peitschenmarke mit Punkt gehörte.
Zu diesen Fachleuten gehört auch Berling (1900, S. 158): „Der König verzichtete also darauf, bei den nach der Türkei gehenden Porzellanen die Schwerter anwenden zu lassen. Man darf daher wohl annehmen, daß er den Wunsch Manasses' erfüllt hat, daß mithin der sogenannte Merkurstab das von diesem geforderte und wahrscheinlich auch von ihm einst eingeschickte Zeichen war. Die Akten wenigstens melden von keinen weiteren Beschwerden, sondern von vermehrten Bestellungen des türkischen Kaufmannes."
Doch warnt Doenges (1907, S. 216) – wie die Praxis zeigt, sicher zu Recht: „Konsequent verfahren worden ist hierbei so wenig, wie in vielen anderen Dingen in der Frühzeit Meißens inkonsequent verfahren wurde; die Stabmarken . . . befinden sich auf Stücken, welche nicht

Abb. 17. Marke der Schale Abb. 18, Meißener Porzellan, 2. V. 18. Jhdt., unterglasurblaue Stabmarke mit Punkt (H 20 mm). - Österreichisches Museum für angewandte Kunst, Inv. Ke 6632

Abb. 18. Schale mit Reliefdekor, weiß glasiert, unbemalt, Meißener Porzellan, um 1720-30, unterglasurblaue Stabmarke mit Punkt (s. Abb. 17); H 4,7 cm, D 7,9 cm.- Österreichisches Museum für angewandte Kunst, Inv. Ke 6632

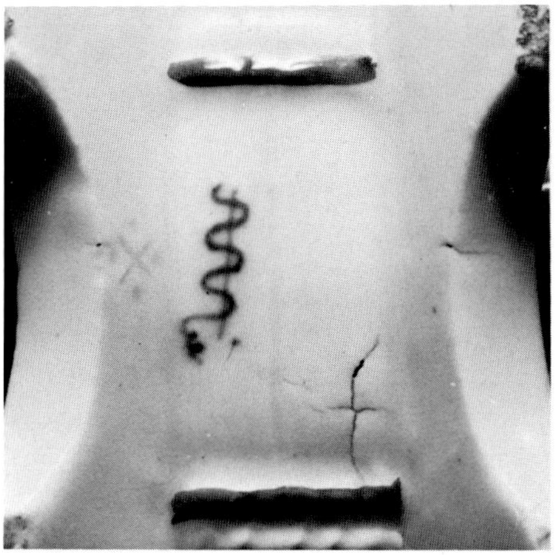

Abb. 19. Marke des Deckelgefäßes Abb. 20, Meißener Porzellan, 2. V. 18. Jhdt., unterglasurblaue Stabmarke mit Punkt (H 12 mm), eingepreßtes Formerzeichen. - Österreichisches Museum für angewandte Kunst, Inv. Ke 3748

für den türkischen Handel bestimmt waren . . . "
Derselbe Autor nennt auch ,,ein Meißner Porzellanstück, das als Marke eine Verbindung von dem AR-Zeichen mit dem Stabzeichen trägt . . . "
Damit bezieht er sich offensichtlich auf eine Marke, die bereits Berling (1900, nach S. 160, Nr. 23) abbildete und von Doenges in dessen sehr ausführliche Abhandlung über Meißener Marken aufgenommen wurde. ,,Sicher ist", schreibt Doenges (1907, S. 216/217) weiter, ,,daß das Stabzeichen auch bei Stücken Meißens, die für den deutschen Handel bestimmt waren, angewendet wurde."
Eine gewisse Häufung in der Verwendung von Stabmarken auf Türkenkoppchen läßt sich zwar heute noch feststellen, doch macht die Inkonsequenz dem Wissenschafter und dem Sammler das Leben schwer. Die Peitschenmarke kommt meist allein, manchmal aber auch in Verbindung mit einer anderen Meißener Marke vor (Berling 1900, nach S. 160); Doenges (1907, S. 216, Nr. 158) und Grollier (1914, S. 109, Nr. 711; S. 111, Nr. 722-723), aber auch andere Autoren bilden die Peitschenmarke mit dem AR-Monogramm oder mit der Schwertermarke ab.
Hinsichtlich der Bedeutung dieser Kombinationen können nur Hypothesen angestellt werden, die allerdings bisher jeder archivalischen Grundlage entbehren.
Ich muß daher – allerdings guten Gewissens – auf entsprechende Theorien verzichten.

DIE FÄLSCHUNG DER ,,PEITSCHENMARKE"

Die Verwendung der ,,Peitschenmarke" auf Porzellan anderer Manufakturen ist mir nur aus der Literatur, nicht von Originalen, bekannt. Litchfield, Graesse und Doenges bilden eine ,,Peitschenmarke" ab, die auf Worcester-Porzellan vorkommen soll. Doenges (1907, S. 217) geht näher darauf ein: ,,Die Stabmarke wurde übrigens auch, wie die Schwertermarke, von anderen Fabriken nachgeahmt; die Marke Nr. 159, auf Worcester Frittenporzellan des 18. Jahrhunderts befindlich, ist ganz augenscheinlich eine unmittelbare Nachbildung der Meißener Stabmarke. Denn die mit ihr bezeichneten Stücke des englischen Fabrikats sind in Formen wie Dekor den Meißner Porzellanen völlig ähnlich."
Ich werde aber den Verdacht nicht los, daß es sich bei jenen von Graesse, Litchfield und

Abb. 20. Deckelgefäß, Meißener Porzellan, 2. V. 18. Jhdt., unterglasurblaue Stabmarke mit Punkt (s. Abb. 19); H 10,6 cm, L 7,9 cm. - Österreichisches Museum für angewandte Kunst, Inv. Ke 3748

Doenges abgebildeten ,,Peitschenmarken'', die Worcester zugeschrieben werden, nicht um drei verschiedene Marken, sondern um ein und dieselbe handelt. Vermutlich haben alle späteren Autoren die Marke von Graesse übernommen. Woher dieser sie hat, wissen wir von Zimmermann, der in seine Bearbeitung des ,,Graesse'' dankenswerterweise die Markennachweise aufgenommen hat: von Chaffers. Und Chaffers ist in bezug auf Verläßlichkeit doch eher mit Vorsicht zu zitieren.
In der mir zur Verfügung stehenden Literatur über Worcester, die teilweise sehr ausführlich ist, kommt eine Worcester-,,Peitschenmarke'' nicht vor. Da diese Literatur aber sehr wohl die Kopien der Schwertermarken auf englischem Porzellan – zum Teil sogar sehr kritisch – erwähnt, kann ich kaum annehmen, daß ein englischer Fachmann sein Wissen um eine Worcester-,,Peitschenmarke'' bewußt unterdrückt hat.

,,DRESDEN", ,,MEISSEN", ,,SAXE"

Nicht nur durch Fälschungen der Augustus Rex-Marke und der Meißener Schwerter, nicht nur durch sogenannte ,,verwechslungsfähige fremde Typen" (Berling 1911, S. 154) wird der Sammler verunsichert; häufig sind auf Porzellanobjekten Marken oder Bezeichnungen angebracht, die die Worte ,,Dresden", ,,Meissen" oder ,,Saxe" beinhalten und die beim unbefangenen Betrachter anscheinend immer die Assoziation mit Meißener Porzellan hervorrufen.
Es handelt sich dabei aber fast ohne Ausnahmen um Kennzeichen von Porzellandekorations-Ateliers oder -Werkstätten, die vor allem in der Dresdener Region im 19. Jahrhundert zahlreich waren.
Sie griffen einerseits auf Formen und Dekore zurück, die durch die Meißener Manufaktur berühmt geworden waren (wie das bekannte ,,Zwiebelmuster"), andererseits hatte ihre Produktion mit jener Meißens überhaupt nichts zu tun und die betreffenden Firmen spekulierten nur mit dem guten Klang, den die Worte ,,Meißen" oder auch ,,Dresden" beim Publikum schon lange hatten.
Wenn Robert E. Roentgen in einem Artikel in ,,Spinning Wheel" (1976, S. 25 - 29) fragt: ,,Meißen, or Dresden - or What?" so berührt er damit ein vor allem in England neuralgisches Problem. Erschien doch bereits 1934 in London ein Buch über Meißener Porzellan von W. B. Honey, das sich ,,Dresden China" nannte und in Wirklichkeit ,,Meißener Porzellan" meinte.
Immerhin fand es der Autor notwendig, die Bezeichnung ,,Dresden" im Titel seines Buches als Synonym für Meißen zu rechtfertigen. Honey (1934, S. VII - VIII) berief sich darauf, daß ,,Dresden" als Bezeichnung von Meißener Porzellan bereits im 18. Jahrhundert üblich gewesen wäre und noch immer in Verwendung sei (,,A word is perhaps needed to explain the title adopted. 'Dresden china' was the pleasant-sounding but inaccurate name given in the 18th Century to the porcelain made at Meissen, some dozen miles distant from the Saxon capital, and it is still in familiar use. 'Dresden shepherdesses' are now a household word, and the name of the little town of Meissen probably means nothing to most people. The French too have avoided the name by calling the ware 'porcelaine de Saxe', and the Italians and Spanish use a similar designation, so that we are not alone in having our own word for the china, which only a tiresome pedantry would wish to banish in favour of the more accurate name of Meissen."
Auch auf die Gefahr hin, von Honey oder seinen Gesinnungsgenossen nachträglich zur ,,langweiligen Pedantin" (tiresome pedantry!) gestempelt zu werden, ziehe ich die korrekte Bezeichnung Meißener Porzellan dem ,,Dresden china" vor. Honey hätte nur die englische Fachliteratur entsprechend berücksichtigen müssen, um auf eine Meinung zu stoßen, die der seinen diametral entgegengesetzt war.
R. L. Hobson (S. 87) reagierte in seinem Buch über ,,Worcester Porcelain" bereits 1910 negativ auf die Verwendung des Begriffs ,,Dresden china" für Meißener Porzellan in England. Er vermerkte auch folgerichtig, daß die Engländer sich wohl dagegen verwehren würden, wenn Chelsea-Porzellan als ,,London china" bezeichnet werden sollte (,,It may be observed, in passing, that our habit of calling the porcelain made at Meissen 'Dresden china', though time-honoured, is quite inaccurate. Meissen lies some ten miles distant from Dresden, and its productions are never spoken of in Germany as anything but 'Meissner Porzellan'. In France they have often been referred to as 'porcelaine de Saxe', but never ,de Dresde'; and there is really no reason why we, who would scorn to speak of Old Chelsea as 'London china', should obstinately persist in giving an inaccurate title to the most celebrated of foreign porcelains.")
Auch mir ist eine französische Bezeichnung ,,Dresde" nur aus Übersetzungen ins Französi-

sche bekannt. In Marryats Werk (Bd. II, 1866, S. 116) spricht dieser Autor von Dresdener Blumen („Les fleurs de Dresde"), auf S. 118 von „imitations de la porcelaine de Dresde", auch wenn er diese Begriffe immer wieder mit „porcelaine de Meissen" und „manufacture royale de Meissen" mischt.

Die Bezeichnung „Dresden china" als Synonym für Meißener Porzellan wird vor allem seit dem 19. Jahrhundert deshalb doppeldeutig, weil zu dieser Zeit in Dresden zahlreiche Firmen gegründet wurden, die die Ortsbezeichnung „Dresden" in ihre Fabriksmarke aufnahmen und deren Erzeugnisse auch vollkommen zu Recht als „Dresdner Porzellan" zu bezeichnen sind. Zu diesen Firmen gehörten vor allem Porzellanmalerinstitute, die in Dresden tätig waren und die die keramischen Adreßbücher von 1894 und 1907 (S. 328, 329, 678) angeben: Donath & Co. (gegr. 1872); Adolph Hamann; Heufel & Co. (gegr. 1891); Franziska Hirsch; C. R. Klemm (gegr. 1869); A. Lamm (gegr. 1887); Josef Günter.

Aber auch Porzellanfabriken benutzten zuweilen die Ortsbezeichnung „Dresden", manchmal sogar, ohne dort ansässig zu sein, wie die Porzellanfabrik K. Steinmann in Tiefenfurt (gegr. 1868), die vom Adreßbuch des Jahres 1896 (S. 220) genannt wird.

Daß die unrichtige Verwendung des Begriffes „Dresden" in England tatsächlich große Verwirrung stiften konnte, dokumentiert ein Paradebeispiel, über das der „Sprechsaal" des Jahres 1898 wie folgt berichtet: „Porzellan mit gefälschter Meißener Marke. Die bekannte erstclassige Londoner Firma Hampton and Sons, Ltd., in Pall Mall East, schreibt 'R. Fin. Chron.', stand dieser Tage vor dem Polizeirichter de Nutzen unter der Anklage, Porzellanwaren, die mit der gefälschten Schutzmarke der weltberühmten Königlichen Porzellanfabrik in Meissen versehen waren, verkauft zu haben. Die Anklage stützt sich auf den 'Merchandise Marks Act'. Die Beklagte plädierte auf Schuldig in drei Fällen, falls der Kläger die vier weiteren Fälle zurückziehen wollte, da sie keine Ahnung davon gehabt hätte, dass sie gegen das Gesetz verstösse, da sie das Porzellan zu einem so billigen Preise verkaufte, dass Niemand auf den Gedanken kommen könne, dass echtes Dresdener Porzellan vorläge. Sie hätte geglaubt, daß der Name ‚Dresden' ein allgemeiner Begriff für Porzellan sei. Das Porzellan wurde aus Paris bezogen von einem gewissen Samson, der mit in solcher Weise gefälschten Handelsmarken grosse Umsätze zu machen scheint. Die Firma wurde zur Zahlung einer Geldstrafe verurtheilt."

Ein anderer Prozeß wurde in Deutschland geführt. Dabei ging es um eine Markenfrage, da mehrere Dresdner Firmen nahezu gleichzeitig dieselbe Marke, die Ortsbezeichnung „Dresden" mit Stern, führten.

Auch darüber gibt der „Sprechsaal" (1892, S. 1007) Auskunft: „Am 16. November d. J. wurde vor der III. Strafkammer des Kgl. Landesgerichtes zu Dresden gegen die Inhaber der Firma Bernhard Großbaum und Söhne in Birmingham, den Kaufmann Bernhard Großbaum und dessen Sohn Emanuel Großbaum, gegen dessen Onkel Josef Großbaum, sämmtlich aus Warschau, sowie gegen den Porzellanmaler Karl Eduard Hamann in Dresden wegen Vergehens gegen § 14 des Markenschutzgesetzes vom 30. November 1874 verhandelt.

Seit August 1891 hat die Firma in Dresden eine Filiale und zugleich Porzellanmalerei. Josef Großbaum führt daselbst den geschäftlichen Theil, während der Mitangeklagte Hamann als technischer Leiter thätig ist . . . Die Angeklagten Großbaum beziehen das Porzellan aus Meißen etc., lassen es malen und senden es dann nach England und Amerika.

Der Porzellanmaler Richard Klemm in Dresden-Striesen betreibt einen bedeutenden Handel mit Porzellan und hat für seine Firma in dem Handelsregister als Schutzmarke einen sechsstrahligen Stern und unter demselben die Ortsbezeichnung Dresden eintragen lassen.

Die vier Angeklagten sind nun beschuldigt, Ende vorigen Jahres und Januar dieses Jahres, obgleich sie wußten, daß das erwähnte Zeichen gesetzlich geschützt ist, das mit demselben von ihnen zu versehende Porzellan widerrechtlich bezeichnet zu haben. Der Zeuge Klemm erhielt von dieser Nachahmung Kenntnis und stellte deshalb gegen die Angeklagten Strafantrag. Am 16. Januar d. J. wurden in der Dresdener Filiale durch einen Criminalbeamten zehn

79

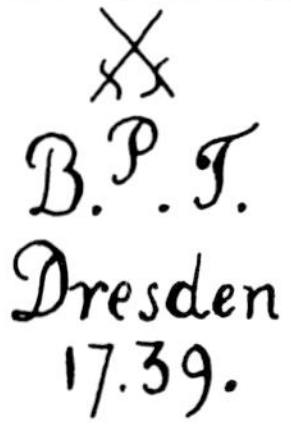

Meißen
(Grollier 1914,
S. 121, Nr. 794:
„Col. Grollier,
n° 14270. La pièce
vient de la collection
Schweingel")

80

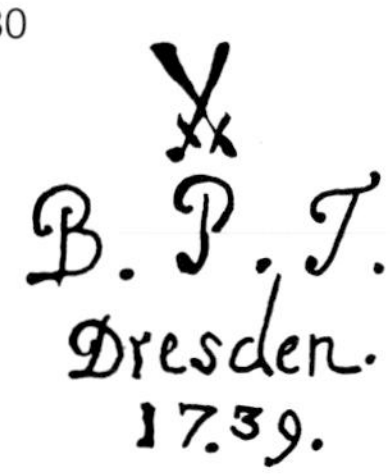

Meißen
(Franks Coll. 1896,
Pl. II, Fig. 11)

81

Meißen
(Franks Coll. 1896,
Pl. II, Fig. 12;
Graesse 1915[14],
S. 197, Nr. 95)

82

Fabriksmarke von
Franziska Hirsch,
Dresden
(Adreßbuch 1907,
S. 329)

83

Fabriksmarke von
Franziska Hirsch,
Dresden
(Adreßbuch 1907,
S. 329)

84

Fabriksmarke von
Josef Günter, Dresden
(Adreßbuch 1894, S. 70)

85

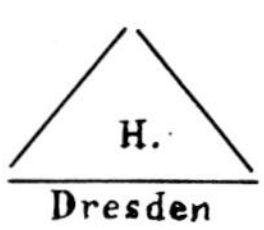

Fabriksmarke von
Heufel & Co., Dresden,
gegr. 1891
(Adreßbuch 1907,
S. 329)

86

Fabriksmarke von
Carl Richard Klemm,
Dresden, gegr. 1869
(Adreßbuch 1907,
S. 329)

87

Fabriksmarke von
A. Lamm, Dresden,
gegr. 1887
(Adreßbuch 1907,
S. 330)

88

Fabriksmarke von
Adolf Wache, Dresden,
gegr. 1880
(Adreßbuch 1894,
S. 171)

89

S. u. P.
Dresden.

Fabriksmarke von
Strobel & Petschke,
Dresden, gegr. 1869
Marke „Dunkelblau
auf Glasur"
(Adreßbuch 1894,
S. 161)

90

Fabriksmarke von
Carl Thieme,
Potschappel,
gegr. 1875
(Adreßbuch 1907,
S. 190)

91

Fabriksmarke von
Carl Thieme,
Potschappel,
gegr. 1875
(Adreßbuch 1907,
S. 190)

92

Fabriksmarke von
Carl Thieme,
Potschappel,
gegr. 1875
(Adreßbuch 1907,
S. 190)

Kisten mit der erwähnten Marke widerrechtlich versehene Service, Blumenteller und andere bemalte Porzellansachen mit Beschlag belegt. Da die Angeklagten das ihnen beigemessene Vergehen in Abrede stellten, so hatte sich die Vorladung von elf Zeugen nothwendig gemacht.
Nach den Ergebnissen einer siebenstündigen Beweisaufnahme hielt man bei Bernhard Großbaum den Schuldbeweis nicht für voll erbracht, infolgedessen die beiden Brüder freigesprochen werden mußten; dahingegen wurden Emanuel Großbaum und Hamann des ihnen zur Last gelegten Vergehens gegen das Markenschutzgesetz für überführt erachtet und deshalb jeder auf Grund der angezogenen Gesetzesstelle je zu einer Geldstrafe von M. 500 verurtheilt, an deren Stelle im Falle der Uneinbringlichkeit je 50 Tage Gefängnis zu treten haben. Gleichzeitig erkannte man auf Vernichtung des erwähnten Zeichens auf den mit Beschlag belegten Porzellanen. Dem Porzellanmaler Richard Klemm wurde die Befugnis zugesprochen, auf seinen Antrag die Urtheilformel binnen vier Wochen nach eingetretener Rechtskraft einmal im Dresdener Anzeiger bekannt zu machen. In den Entscheidungsgründen wurde hervorgehoben, daß nur Emanuel Großbaum und Hamann strafrechtlich zu verfolgen gewesen seien, denn ersterer habe die in Frage kommende Marke gewählt und letzterer sie auf die Waaren gebracht.''
Neben dem englischen ,,Dresden china'' war für Meißener Porzellan, vor allem in Frankreich, die Bezeichnung ,,porcelaine de Saxe'' gebräuchlich, und manche deutsche Fabrikanten oder Dekorateure scheinen deshalb für den Export nach Frankreich das ,,Saxe'' in ihre Fabriksmarken aufgenommen zu haben; Beispiele dafür sind die Marken von Hermann Ohme, Sorgau (Adreßbuch 1896, S. 144) oder Erdmann Schlegelmilch (gegr. 1861; Adreßbuch 1907, S. 198).
Das ,,Prov(enance) Saxe'' der Suhler Marke dürfte für die Anpassung an die französischen Kunden symptomatisch sein. Danckert (2. Auflage, 1967, S. 180) gibt für die ,,Ernst Teichert G.m.b.H.'' in Meißen eine schwerterähnliche Marke mit dem Wort ,,Saxe'', also gleich eine doppelte Anspielung, an.
Wenn offensichtlich echtes Meißener Porzellan mit ,,Dresden'' bezeichnet ist, so handelt es sich vermutlich nicht um eine Fabriksmarke. Grollier (1914, S. 121) bildet drei Marken ab, von denen zwei außer der Bezeichnung Dresden und der Schwertermarke auch noch die Buchstaben B.P.T. aufweisen. Zwei dieser Marken publizierte A. W. Franks (1896, Pl. II, Fig. 11, 12), der die Sammlung des kontinentaleuropäischen Porzellans im Bethnal Green Branch Museum katalogisierte. Franks vermutet (S. 9, Nr. 65), daß mit Dresden der Standort des Auftraggebers gemeint war (,,As the factory had been removed to Meissen long before 1739, it is probable that the name has been inscribed to indicate that the establishment or person for whom this service was made belonged to Dresden.'').
Die dritte, bei Grollier abgebildete Marke dieser Gruppe stammte aus der Sammlung des Autors selbst. Rätselhaft war auch Grollier die Buchstabenabkürzung B.P.T. Nach Grolliers Ansicht könnte es sich vielleicht um B(oustouche) P(orzellan) T(rafik) handeln und somit um die Bezeichnung für einen französischen Händler, der in Dresden mit Porzellan handelte (,,La seule explication plausible, sans être très satisfaisante, est: Boustouche Porzellan Trafik, commerce de porcelaine de Boustouche, lequel aurait été un Français faisant le commerce de porcelaine à Dresde et faisant ainsi marquer les pièces qu'il commandait à Meissen.'')
Diese Erklärung hat Grollier selbst nicht befriedigt. Das ,,B.P.T.'' unter der Schwertermarke erwähnt Graesse bereits 1872 (S. 49, Nr. 189), ohne eine nähere Erklärung dafür abzugeben. Er schreibt unter die betreffende Marke nur: ,,Vieux Saxe 1739''. Erst Zimmermann gibt uns in seiner Bearbeitung des ,,Graesse'' (14. Auflage, 1915, S. 197, Nr. 95, bzw. S. 327) wieder den Hinweis, daß diese Marke identisch ist mit jener von Franks publizierten aus dem Bethnal Green Museum.
Marryat (1866, Bd. II, S. 117) kannte ebenfalls eine ähnliche Marke auf einem Porzellan im Besitz des Comte de Gosford: ,,Le comte de Gosford possède une tasse avec soucoupe,

93		Fabriksmarke von Donath & Co., Dresden, gegr. 1872 (Adreßbuch 1907, S. 328)
94		Fabriksmarke von Adolph Hamann, Dresden, gegr. 1866 (Adreßbuch 1907, S. 328)
95		Fabriksmarke von Adolph Hamann, Dresden, gegr. 1866 (Adreßbuch 1907, S. 328)
96		Fabriksmarke von Carl Richard Clemm, Dresden, gegr. 1869 Adreßbuch 1907, S. 329)
97		B. Bloch, Eichwald, gegr. 1871 (Adreßbuch 1907, S. 284)
98		Meissner Ofen- und Porzellanfabrik, vorm. C. Teichert, Meissen (Adreßbuch 1907, S. 114)
99		Meissner Ofen- und Porzellanfabrik, (Warenzeichenblatt 1895: Anmeldg. 1882/1894, Reg. Nr. 1593/1895)
100		Eichwald Markeneintragung 1886, Nr. 482 (Zentralmarkenanzeiger 1886)
101		Fabriksmarke von Stockhardt & Schmidt-Eckert, Meißen (Warenzeichenblatt 1924)
102		Vermutlich Marke der Fabrik Stockhardt & Schmidt-Eckert, Meißen
103		Meißen, eingestempelte Marke (Berling 1900, Nr. 35)
104		Meißen (Grollier 1914, S. 210, Nr. 785)
105		Meißen (Grollier 1914, S. 120, Nr. 786: „Johanneum de Dresde")
106		Ernst Teichert GmbH (Grollier 1914, S. 135, Nr. 912; Danckert 1967[2], S. 180)
107		Ernst Teichert G.m.b.H., Meißen (Adreßbuch 1907: „für Porzellan blau u. Glasur")
108		Sächs. Ofen- und Schamottewaren-Fabrik, vormals Ernst Teichert, Meißen (Adreßbuch 1907, S. 188)
109		Friedrich Ohme, Niedersalzbrunn (Adreßbuch 1907, S. 75)
110		Erdmann Schlegelmilch, Suhl, gegr. 1861 (Adreßbuch 1907, S. 198)
111		Richard Müller & Co., Cölln-Meissener Chamotte- und Thonwaarenfabrik, Mosaikfabrik in Cölln/Elbe (Adreßbuch 1896, S. 414)

portant, en bleu, les épées et l'inscription: Dresde, 1739."
Die Ortsbezeichnung ,,Meissen'' kommt, wie ,,Dresden'', ebenfalls relativ häufig auf Porzellan vor. Wieweit das eingestempelte ,,MEISSEN'' auf einer bei Berling abgebildeten Dose (1900, Taf. XXVII) mit dem Reliefporträt der Kaiserin Anna Iwanowa als Fabriksmarke zu werten ist, bleibt ungeklärt. Auch Berling meint, daß diese Marke nur selten und angeblich nur für plastisch verzierte Stücke verwendet wurde.
Weniger um eine Fabriksmarke, als um eine Ortsbezeichnung, wie sie bei manchen Porzellanfabriken üblich war, dürfte es sich bei einigen mit ,,Meissen'' bezeichneten Objekten aus dem Besitz des Dresdener Johanneums handeln. Grollier (1914, S. 120, Nr. 785-788) bildet einige dieser Marken ab. Mit der Ortsangabe ,,Meissen'' ist oft eine genaue Datierung verbunden: ,,Meissen 26. Augusti, 1726'', ,,Meissen 26 Mai 1727'' u. a. Auch von anderen Manufakturen kennen wir solche Ortsangaben auf Porzellan, z. B. von der Wiener Manufaktur: ,,Viennae'', ,,Rossau''.
Graesse erwähnt in seinem ,,Beschreibenden Catalog, Dresden 1873'', unter ,,A. 37, Kat. Nr. 1218: Auf dem Boden in Blau: Meissen den 1. Juni Anno 1726 mit 2 gekr. Schwertern. Dieselbe Inschrift in Nr. 1220". Sehr viel häufiger als die Bezeichnung ,,Meissen'' auf augenscheinlich echtem Meißener Porzellan finden wir das Wort allerdings als Bestandteil einer Fabriksmarke anderer Porzellanmanufakturen. Während das oval umrandete Wort Meissen mit fünfzackigem Stern als Fabriksmarke der ,,Meißner Ofen- und Porzellan-Fabrik in Meissen und Eichwald'' vom keramischen Adreßbuch 1896 (S. 130) geführt wird (die Marke wurde in Unterglasurblau angebracht), scheint dieselbe Marke im Adreßbuch 1907 (S, 114) als Zeichen der ,,Meissner Ofen- und Porzellanfabrik, vormals C. Teichert, Meissen'' auf. Im selben Adreßbuch (S. 284) steht eine fast identische Marke (mit etwas variiertem Stern) bei der 1871 gegründeten Firma B. Bloch in Eichwald. Die früheste Erwähnung dieser Marke im deutschen Warenzeichenblatt kommt 1882, dann wieder 1895 vor (Warenzeichenblatt 1895, S. 61), und zwar unter der Firma ,,Meißener Ofen- und Porzellanfabrik (vorm. C. Teichert), Meißen''. Im österreichischen Zentralmarkenanzeiger wird dieselbe Marke für die ,,Filiale Eichwald der Meissner Ofen- und Porzellanfabrik (vorm. C. Teichert in Meissen) in Eichwald'' im Jahre 1886 angemeldet.
Für die Firma ,,Ernst Teichert G.m.b.H., Meissen, Ofen- und Porzellanfabrik'' (gegründet 1884) nennt das Adreßbuch 1907 (S. 240) eine unterglasurblaue Marke, die über dem Wort MEISSEN einen Pfeil zeigt; mit ,,Cölln Meissen'' bezeichnete ,,Richard Müller & Co., Cölln-Meissener Chamotte- und Thonwaarenfabrik, Mosaikfabrik in Cölln a. d. Elbe'' (gegr. 1874) laut Adreßbuch 1896 (S. 414) ihre Waren.

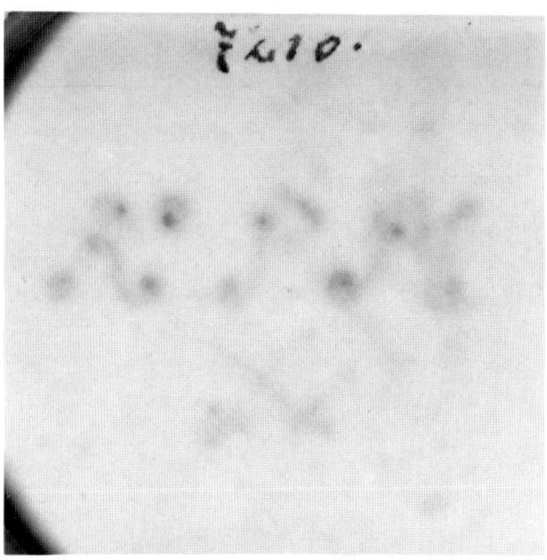

Abb. 21. Marke der Deckelkanne Abb. 22, Meißener Porzellan, 2. V. 18. Jhdt., KPM und Schwertermarke in Unterglasurblau (L der Marke 40 mm, Gesamthöhe: 23 mm). - Österreichisches Museum für angewandte Kunst, Inv. Ke 3344

K.P.M., M.P.M., K.P.F., M.P.F.

Auf Meißener Porzellan findet man sowohl auf als auch unter der Glasur Kennzeichnungen, die aus Buchstaben bestehen. Diese gehören zwei großen Gruppen an: zur einer gehören die Kombinationen M.P.M. („Meißner Porcellain Manufactur"), K.P.M. („Königliche Porcellain Manufactur"), K.P.F. („Königliche Porcellain Fabrique") sowie M.P.F. („Meißner Porcellain Fabrique").
Diese Buchstabenkombinationen sind in Unterglasurblau angebrachte Fabriksmarken.
Zur anderen Gruppe zählen bestimmte Inventurmarken, die nach Rückert (1966, S. 40) in Purpur oder Schwarz auf „das Geschirr des sächsischen Kurfürsten" aufgemalt wurden. Berling (1900, S. 157), Doenges (1907, S. 214), Grollier (1914, S. 118-119), Rückert (1966, S. 40), aber auch andere Autoren, führen folgende Abkürzungen an:
K.H.C. („Königliche Hof-Conditorei"), K.H.K. („Königliche Hof-Küche"), C.H.K. („Churfürstliche Hof-Küche", 1763 - 1806), K.C.P.C. („Königliche Churfürstliche Pillnitzer Konditorei"), C.P.C. („Churfürstliche Pillnitzer Conditorei", 1763-1806), K.H.C.W. („Königliche Hof-Conditorei Warschau") und K.H.K.W. („Königliche Hof-Küche Warschau").
Die Bedeutung eines B.P.T., meist in Verbindung mit der Schwertermarke, manchmal auch mit der Ortsbezeichnung Dresden, konnte, wie bereits erwähnt, von Grollier (1914, S. 121) nur vermutet werden („Boustouche Porzellan Trafik"). Bis heute gibt es keine zufriedenstellende Erklärung dafür.

Abb. 22. Deckelkanne, Meißener Porzellan, 2. V. 18. Jhdt., KPM und Schwertermarke in Unterglasurblau (s. Abb. 21); H 11,7 cm, D 6,5 cm. - Österreichisches Museum für angewandte Kunst, Inv. Ke 3344

112

Meißen, K(önigliche) P(orzellan)-M(anufaktur)
(Graesse 1864[1], S. 28, Nr. 136;
Graesse 1872[3], S. 48, Nr. 175)

113

Meißen, K(önigliche) P(orzellan)-M(anufaktur)
(Grollier 1914, S. 106, Nr. 690:
„Col. Grollier, n° 14246")

114

Meißen, K(önigliche) P(orzellan)-M(anufaktur)
(Berling 1900, Markentafel Nr. 15:
„Herzogl. Schloss in Altenburg")

115

Meißen, K(önigliche) P(orzellan)-M(anufaktur)
(Seyffarth 1960: „1723";
ähnliche Marke: Graesse 1915[14], S. 193, Nr. 15)

116

Meißen, K(önigliche) P(orzellan)-M(anufaktur)
(Brüning 1904, Markentafel I, Nr. 8;
ähnliche Marke: Walcha 1973, S. 499, Nr. 4)

117

Meißen, K(önigliche) P(orzellan)-M(anufaktur)
(Doenges 1907, S. 196, Nr. 39:
unter dem KPM Schwertermarke;
Rückert 1966, S. 39, Nr. 10)

118

Meißen, K(önigliche) P(orzellan)-M(anufaktur)
(Firmenschrift Meißen 1896)

119

Meißen, K(önigliche) P(orzellan)-M(anufaktur)
(Doenges 1907, S. 196, Nr. 37:
unter dem KPM Schwertermarke)

120

Meißen, K(önigliche) P(orzellan)-M(anufaktur)
(Doenges 1907, S. 194, Nr. 32;
Graesse 1915[14], S. 193, Nr. 16)

121

Meißen, K(önigliche) P(orzellan)-M(anufaktur)
(Graesse 1872[3], S. 48, Nr. 176)

122

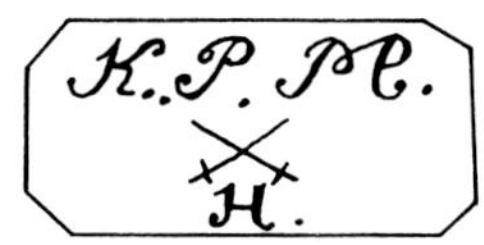

Meißen, K(önigliche) P(orzellan)-M(anufaktur)
(Chaffers 1863[1], S. 177: H. in Gold, Marke in Blau;
Doenges 1907, S. 196, Nr. 38;
Grollier 1914, S. 107, Nr. 694)

123

Meißen, K(önigliche) P(orzellan)-M(anufaktur)
(Deckelkännchen, Marke in Unterglasurblau
ÖMAK Ke 3344)

124

Meißen, K(önigliche) P(orzellan)-M(anufaktur)
(Warenzeichenblatt 1895: Anmeldung 1875 bzw.
1894, Reg. Nr. 2050/1895; Berling 1911, S. 154;
Graesse 1915[14], S. 195, Nr. 50; Seyffarth 1960;
Rückert 1966, S. 39, Nr. 9;
Walcha 1973, S. 499, Nr. 5)

125

Meißen, K(önigliche) P(orzellan)-M(anufaktur)
(Brüning 1904, Markentafel I, Nr. 9;
ähnlich, aber ohne Schwertermarke:
Grollier 1914, S. 106, Nr. 690:
„Col. Grollier, n° 14246")

126

Meißen, K(önigliche) P(orzellan)-M(anufaktur)
(Hofmann 1908, S. 237, Nr. 42)

127

Meißen, K(önigliche) P(orzellan)-M(anufaktur)
(Berling 1900, Markentafel Nr. 17:
„v. Dallwitz, Berlin", Marke in Blau)

128

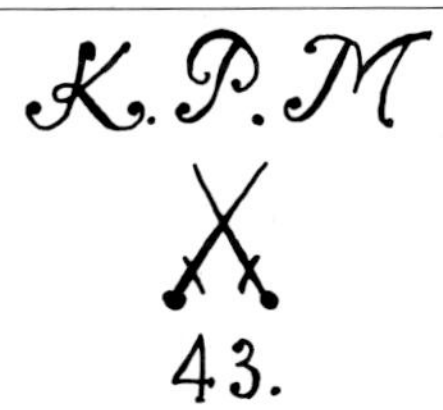

Meißen, K(önigliche) P(orzellan)-M(anufaktur)
(Grollier 1914, S. 107, Nr. 698:
„Col. Grollier, n° 14245")

129

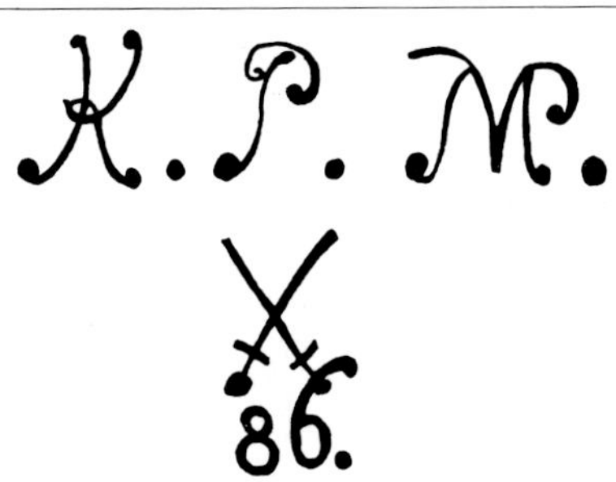

Meißen, K(önigliche) P(orzellan)-M(anufaktur)
(Franks Coll. 1896, Pl. II, Fig. 10:
86 in Gold, sonst blau)

130

Meißen, M(eißener P(orzellan)-M(anufaktur)
(Graesse 1864[1], S. 28, Nr. 137;
Graesse 1872[3], S. 48, Nr. 176)

131

Meißen, M(eißener) P(orzellan)-M(anufaktur)
(Seyffarth 1960: „um 1722";
ähnlich: Graesse 1915[14], S. 194, Nr. 17)

132

Meißen, M(eißener) P(orzellan)-M(anufaktur)
(Doenges 1907, S. 195, Nr. 33:
Rückert 1966, S. 39, Nr. 7)

133

Meißen, K(önigliche) P(orzellan)-F(abrik)
(Brüning 1904, Markentafel I, Nr. 7)

134

Meißen, K(önigliche) P(orzellan)-F(abrik)
(Seyffarth 1960: „1722";
ähnlich: Graesse 1915[14], S. 194, Nr. 18)

135

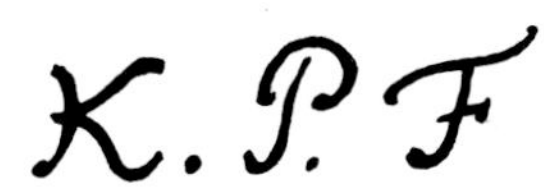

Meißen, K(önigliche) P(orzellan)-F(abrik)
(Rückert 1966, S. 39, Nr. 8;
Weitere KPF-Marken bei Grollier 1914, S. 107:
Nr. 699: „Col. Schweingel, Dresden",
Nr. 700: „Kat. der Auktion Salomon, Dresden,
1893, Nr. 265", Nr. 701: „Col. Grollier n° 14230"
und „Auktion Schweingel, n° 191")

Objekte mit dieser Bezeichnung befanden sich in der Sammlung Franks im Bethnal Green Museum (Franks 1896, Pl. II, Fig. 11, 12) und in der Sammlung Lanna, Prag (Leisching 1909, S. 75, Nr. 1269: eine Teekanne mit Schwertermarke, bez. B.P.T., Dresden 17.39.) sowie auch in der Sammlung Grollier, ehem. Sammlung Schweingel (Grollier 1914, S. 121).
Besonders wichtig sind die Marken der ersten Gruppe (vor allem das K.P.M. und K.P.F.). Um Mißbrauch mit weißem Meißener Porzellan, das später außerhalb der Manufaktur bemalt wurde, zu verhindern, wurde der Gebrauch einer Fabriksmarke für Meißener Porzellan zur dringlichen Notwendigkeit.
Aus einem kurzen, aber sehr aufschlußreichen Beitrag von Richard Seyffarth in den ,,Mitteilungsblättern der Keramikfreunde der Schweiz" (Nr. 50/1960, S. 71-74) erfahren wir, daß Höroldt im Herbst 1722 der Manufaktur-Kommission mitteilte, daß er ,,The-Krügel und Zukkerdosen mit M P M gemarkt habe. Daraufhin wird er am 8. November 1722 dahingehend instruiert, von nun ab mit K P F zu marken! Steinbrück aber macht am gleichen Tag den Vorschlag, jedes Stück, das zum Verkauf bestimmt sei, mit den Kurschwertern zu markieren" (Seyffarth 1960, S. 72).
Über die K.P.M.-Marke berichtet eine zeitgenössische Verlautbarung vom 7. 4. 1723 in der Leipziger Postzeitung, die besagt, daß von jedem Service zwei Stücke (Teekanne und Zukkerdose) mit K.P.M. unter der Glasur zu bezeichnen seien. Diese Vorschrift dürfte, zumindest über eine gewisse Zeit, befolgt worden sein. Hofmann (1908, S. 8-9) nennt unter Katalognummer 42 ein zehnteiliges Teeservice, von dem Teekanne und Zuckerdose die Schwertermarke und K.P.M. in Unterglasurblau tragen.
Auf der Deutschen Kunst-Ausstellung Dresden (der Teil ,,Alt-Meissener Porzellan" in der Bearbeitung von Berling) wurden 1899 Teile eines Frühstücksservices gezeigt, wobei wieder die Zuckerdose mit K.P.M. gemarkt war (Kat. Nr. 34, S. 78).
Im Folgenden sei (nach Berling 1900, S. 175) jene Verlautbarung vom 7. 4. 1723 aus der Leipziger Postzeitung zitiert, die nach Walcha (1973, S. 497) am 7. 8. 1723 auch in Prag veröffentlicht wurde:
,,Leipziger Post-Zeitungen. III Stück der XIV Woche, den 7 April, 1723.
Nachdem zeithero einige Personen in Dressden und anderer Orten Chur-Sächss. Lande sich gefunden, welche absonderlich weisse Porcellain-Serviçes aus der Königl. Niederlage gekaufft, oder durch andere kauffen lassen, solche bemahlet, mit Golde lacquiret, und hernach damit in Dressden und der Gegend, auch im Töplitzer Bade und sonsten hin und wieder hausiren gegangen, und ob wohl diese ihre auf gedachtes Porcellain gebrachte Vergöldung, Mahlerey und Zierrathen, wie sonderlich an denen differenten Farben, dass selbige nicht in die Glasur eingegangen, sondern nur erhoben darüber getragen sind, so fort wahrzunehmen, mithin diese nachgemahlte Arbeit weder von der gehörigen Feine, noch Beständigkeit, sondern so beschaffen ist, dass solche derjenigen, so in der Königl. Manufactur mit guten Feuer-festen Farben emailliret, vergöldet, und nach besonders guten Zeichnungen und Desseins ausgearbeitet, keineswegs zu vergleichen, sie dennoch ihr schlechtes und verfälschtes Guth vor rechtes zu debitiren, auch unter allerhand nichtigen und unwahren Vorgeben, unter andern, als ob solche ihre Waare aus der Königl. Manufactur herkäme, oder gar sie darbey engagiret und Teilhaber wären, zum Nachtheil und Miss-Credit sothaner Königl. Manufactur, die Käuffer an sich zu ziehen, und selbige zu ihrem Schaden fälschlich zu hintergehen sich unterstanden. So hat man zur Verhütung dessen vors künfftige nöthig befunden, von jedem Serviçe, so in der Königl. Fabrique obgedachter massen gemahlet und embelliret worden, zwey Stücke, nehmlich das Thee-Krügel und die Zucker-Dose auswendig am unteren Boden mit dem Buchstaben K.P.M. oder Königl. Porcelain-Manufactur zu bezeichnen, und zwar mit blauer, unter der Glasur dergestalt angebrachter, und zugleich mit selbiger eingebrannter Farbe, dass selbige zwar wohl zu sehen, aber nicht zu fühlen ist, welches sonsten nirgends praestiret werden kan, immassen, wenn auch jemand diese Buchstaben mit blauen Schmeltz nachmachen, und auswendig auf die Glasur tragen wolte, man

136

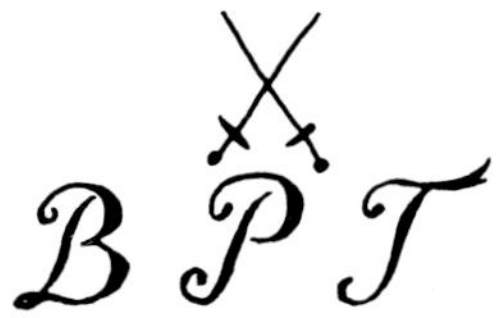

Meißen, Schwertermarke mit BPT
(Graesse 1872^{3}, S. 49, Nr. 189)

137

Meißen, Schwertermarke mit BPT
(Doenges 1907, S. 213, Nr. 143)

138

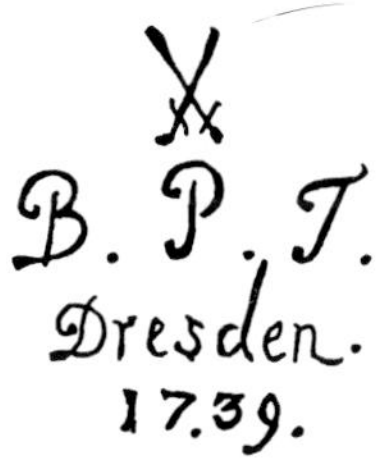

Meißen, Schwertermarke mit BPT
(Franks Coll. 1896, Pl. II, Fig. 11)

139

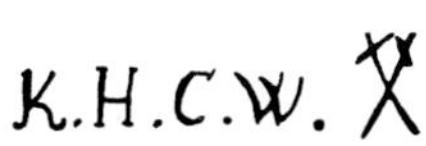

Meißen,
K(önigliche) H(of) C(onditorei) W(arschau)
(Grollier 1914, S. 118, Nr. 774:
„Col. Grollier, n° 14331",
Schwertermarke in Blau, Buchstaben Purpur)

140

Meißen,
K(önigliche) H(of) C(onditorei) W(arschau)
(Graesse 1872^{3}, S. 49, Nr. 190)

141

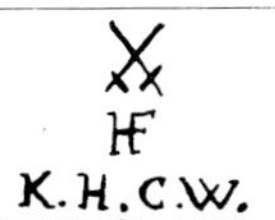

Meißen, Schwertermarke und
K(önigliche) H(of) C(onditorei) W(arschau)
(Grollier 1914, S. 119, Nr. 778:
„Col. Franks, n° 41")

142

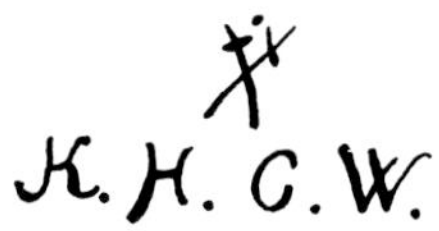

Meißen, Schwertermarke und
K(önigliche) H(of) C(onditorei) W(arschau)
(Doenges 1907, S. 213, Nr. 144;
Rückert 1966, S. 43, Nr. 55)

143

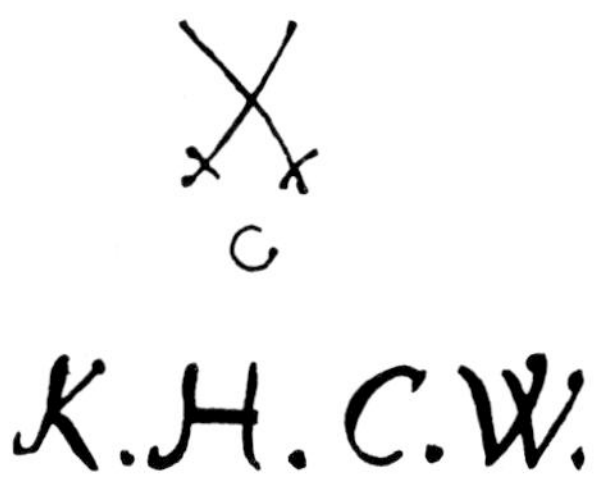

Meißen, Schwertermarke und
K(önigliche) H(of) C(onditorei) W(arschau)
(Franks Coll. 1896, Pl. I, Fig. 8;
Graesse 1915^{14}, S. 197, Nr. 93)

144

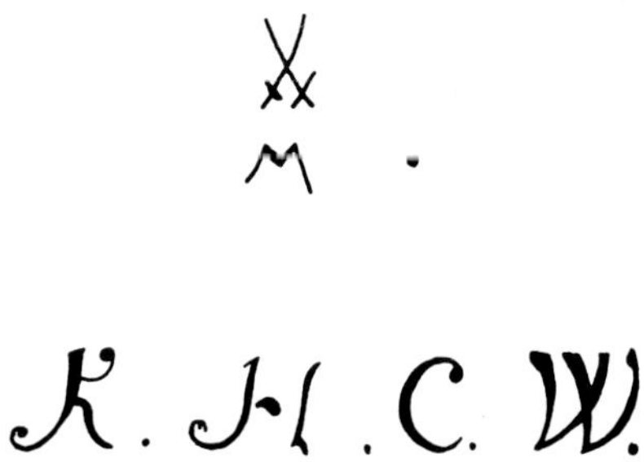

Meißen, Schwertermarke und
K(önigliche) H(of) C(onditorei) W(arschau)
(Berling 1900, Markentafel Nr. 25:
„v. Haugk, Dresden";
Doenges 1907, S. 213, Nr. 142;
Grollier 1914, S. 118, Nr. 772)

solche leichtlich fühlen würde. Die auf erwehnte Art gezeichneten Services nun werden alleine bey der Königl. Manufactur verfertiget, und können von obbemeldten Leuten und Herumträgern, auch sonsten von niemanden also nicht gezeichnet werden; und ist mehr berührte Niederlage, welcher der dazu verpflichtete Factor, Samuel Chladni, vorstehet, zur Zeit in Dressden auf der Pirnischen Gasse, neben dem Post-Hause in des Herrn Vice-Cantzler Ritters Hause anzutreffen, allwo dergleichen embellirte, nebst allen andern Sächss. Porcelain-Waaren, das gantze Jahr hindurch in einem offenen Gewölbe zu haben sind; darneben werden selbige auch in den drey gesetzten Mess-Zeiten zu Leipzig, und zwar in Auerbachs Hof daselbst von gedachtem Factor Chladni ebenfalls verkaufft. Sollte auch ausser dem nur bemeldten emaillirten Porcelain jemand mit bunt laquirten oder roth geschliffenen also genannten braunen Porcelain gedienet seyn, hat selbiger nur an bemeldten Orten in Dressden, und zur Messzeit in Leipzig sich deswegen zu melden. Welches also hierdurch, auf besondern Befehl, zu jedermans Wissenschaft nachrichtlich hinterbracht wird.''

J. G. Th. Graesse gab sowohl in seiner Publikation ,,Beiträge zur Geschichte der Gefässbildnerei, Porzellanfabrication, Töpfer- und Glasmacherkunst . . .'', die bereits 1853 in Dresden erschien, als auch in seinem Werk ,,Beschreibender Catalog der k. Porzellan- und Gefäss-Sammlung zu Dresden'', 20 Jahre später publiziert, als Grund für die Einführung einer Fabriksmarke an (1853, S. 35-36; 1873,, S. 69): ein Arbeiter der Dresdner Glasfabrik habe im Jahre 1712 Teeservice aus einer Art Milchglas unter dem Namen ,,Dresdner Porzellan'' in den Handel gebracht. Hinsichtlich der Einführung der Meißener Schwertermarke wiederum berief sich Graesse auf Steinbrück, dessen Ansicht es war, man könne das K P M auch als ''Köhler'sche Porzellan-Manufactur'' lesen, und daher seien die unverwechselbaren Meißener Schwerter notwendig geworden.

Die Datierung der M.P.M.- und K.P.M.- Marken in das Jahr 1712 durch Graesse (1873, S. 69) ist sicher nicht stichhältig, da die Verlautbarung aus der Leipziger Postzeitung einen festen Anhaltspunkt gibt. In späteren Auflagen des Graesse'schen Markenbuches wird diese frühe Datierung auch korrigiert. Berling (1900, S. 156) datiert die K.P.M.-Marke von ,,1723 bis höchstens 1730'', Rückert (1966, S. 38) die M.P.M.-Marke ,,seit Herbst 1722'', die K.P.F.-Marke ab November 1722. Von der 1723 in der Leipziger Postzeitung angekündigten K.P.M.-Marke meint er, daß sie möglicherweise ,,schon wieder 1724 verschwand''. Walcha (1973, S. 497) ist der Ansicht, die K.P.M.-, K.P.F.- und M.P.F.-Marken seien ,,frühestens seit der Mitte des Jahres 1722'' verwendet worden.

Die K.P.M.-Marke ist allein, sehr häufig aber in Kombination mit der Schwertermarke zu finden.

145 
Meißen, Königl. Hof-Küche Warschau (Grollier 1914, S. 118)

146 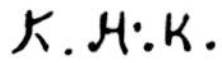
Meißen, Königl. Hof-Küche (Grollier 1914, S. 118)

147 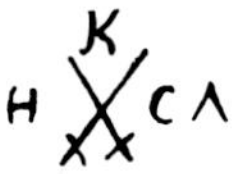
Meißen, Königl. Hof-Conditorei (Grollier 1914, S. 118: KHC in Purpur, Schwerter in Blau)

148 
Meißen, Königl. Hof-Conditorei (Grollier 1914, S. 119: „Col. Franks, n° 34": Buchstaben schwarz)

149 
Meißen, Königl. Hof-Conditorei (Grollier 1914, S. 118)

150 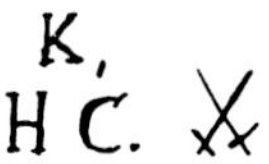
Meißen, Königl. Hof-Conditorei (Grollier 1914, S. 119: „Col. Grollier, n° 14242")

151 
Meißen, K(önigliche) H(of)-C(onditorei) (Berling 1900, Markentaf. Nr. 24: „Königl. Hofsilberkammer", KHC purpur, Schwerter blau; Doenges 1907, S. 213, Nr. 141; Graesse 1915[14], S. 197, Nr. 94)

152 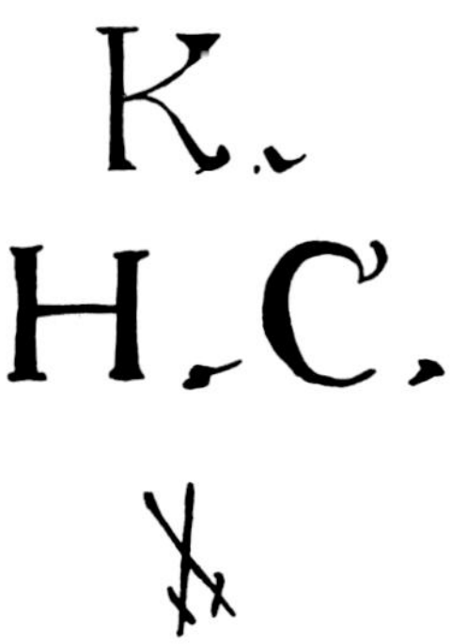
Meißen, K(önigliche) H(of)-C(onditorei) (Doenges 1907, S. 213, Nr. 140)

153 
Meißen, (Königl. Pillnitzer Conditorei?) Grollier 1914, S. 119: „Musée de Sèvres, n° 251")

154 
Meißen, (Königl. Pillnitzer Conditorei?) (Grollier 1914, S. 119)

155 
Meißen, (Königl. Pillnitzer Küche?) Schwerter in Blau, KPK in Lila (Grollier 1914, S. 119)

156 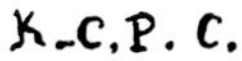
Meißen, Königl. Churfürstl. Pillnitzer Conditorei (Grollier 1914, S. 118)

157 
Meißen, KPPC? oder mißverstandene KPM-Marke (Grollier 1914, S. 119)

157 
Meißen KPPC? oder mißverstandene KPM-Marke (Marryat 1866, S. 116)

158 
Meißen, (Churfürstl. Hof-Conditorei?) (Grollier 1914, S. 119: Schwerter in Blau, CHC in Violett)

159 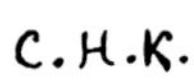
Meißen, Churfürstl. Hof-Küche (Grollier 1914, S. 118)

160 
Meißen, Churfürstl. Pillnitzer Conditorei (Grollier 1914, S. 118)

161 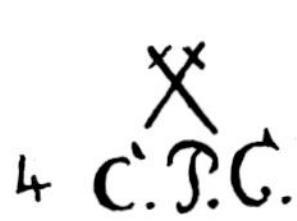
Meißen, Churfürstl. Pillnitzer Conditorei (Grollier 1914, S. 119: „Col. Grollier, n° 14220")

BUCHSTABENMARKEN ANDERER MANUFAKTUREN

Zahlreiche Porzellanfabriken verwendeten Buchstabenmarken, die farbig auf oder unter Glasur bzw. eingestempelt angebracht wurden. Sie seien hier deshalb möglichst vollständig angeführt, da sie häufig mit den entsprechenden Meißener Marken verwechselt wurden und werden.

B P M

Die 1883 gegründete „Buckauer Porzellan-Manufactur" in Magdeburg-Buckau führte ein gerahmtes B P M „unter Glasur in dunkler Farbe" (Adreßbuch 1896, S. 26; Adreßbuch 1907, S. 20). Die Manufaktur erzeugte unter anderem auch „Weisse und decorirte Kaffee-, Thee- und Tafelservice" (Adreßbuch 1896, S. 133), beschäftigte 1896 und 1907 200 Arbeiter und verfügte über eine eigene Malerei und Druckerei. Diese Manufaktur war häufig ausgezeichnet worden, u.a. mit der Silbermedaille auf der Weltausstellung in St. Louis 1904.
Die „Berliner Porzellan-Manufaktur Conrad Schomburg & Co.G.m.b.H.", später „Porzellanfabrik Teltow G.m.b.H." in Teltow bei Berlin (Adreßbuch 1907, S. 677) verwendete als Marke ein B P M in einem Dreieck, über dem eine Krone steht.

C P M

Danckert (1967[2], S. 47) gibt an, daß eine 1789 in Cmielow (Polen) gegründete Fabrik die Buchstaben C P M mit einem vertikalen Strich darüber als Marke verwendete.

F P M

Die Buchstaben F P M in ihrer Marke hatte die Firma H. Schmidt in Freiwaldau vor 1907 geführt (Adreßbuch 1907, S. 684).

K P M

Besonders häufig ist die Buchstabenkombination K P M in Fabriksmarken von Porzellanmanufakturen, und solche Marken sind verständlicherweise sehr leicht mit Meißen zu verwechseln, vor allem für unkritische Betrachter.
Wir wissen, daß die Berliner Porzellanmanufaktur das K P M als Abkürzung für K(önigliche) P(orzellan)-M(anufaktur) in einige ihrer Fabriksmarken aufgenommen hatte, doch sind diese Marken wegen der anderen beigegebenen Kennzeichen (Szepter, Adler usw.) schwer mit Meißen zu verwechseln.
Kritischer wird es bereits bei einer in „blau und grün unter Glasur" angebrachten Marke K P M mit leicht gebogener, zweimal durchstrichener Linie über den Buchstaben, die die Porzellanfabrik Carl Krister in Waldenburg auf ihren Erzeugnissen anbrachte (Adreßbuch 1896, S. 108; Adreßbuch 1907, S. 100). 1831 gegründet, beschäftigte diese Firma um 1907 nicht weniger als 1000 Arbeiter, unter anderem auch in der eigenen Malerei und Druckerei, und zu ihrer Produktion gehörten „Tafel-, Kaffee-, Tee- und Waschservice, Hotelgeschirre, Tassen, Blumentöpfe, Leuchter usw." (Adreßbuch 1907, S. 145). Laut Adreßbuch 1907 (S. 681) hatte Krister vor 1907 noch eine weitere K P M-Marke sowie eine K P F-Marke, eine KWPM- und eine CKW-Marke verwendet, die im vorliegenden Markenteil der Vollständigkeit halber ebenfalls abgebildet wurden.

Nr.	Marke	Hersteller
162	B.P.M.	Berliner Porzellan-Manufaktur Conrad, Schomburg & Co. (Adreßbuch 1907, S. 677)
163	B P M	Buckauer Porzellan-Manufaktur (Adreßbuch 1907, S. 20)
164	F. P. M.	H. Schmidt, Freiwaldau (Adreßbuch 1907, S. 684, 691)
165	K P F	C. Krister, Waldenburg (Adreßbuch 1907, S. 681, 689)
166	K. P. M.	A. W. Fr. Kister, Scheibe (Adreßbuch 1907, S. 84)
167	KPM	C. Krister, Waldenburg (Adreßbuch 1907, S. 100: ,,Blau und grün unter Glasur")
168	K.P.M	Königliche Porzellan-Manufaktur Berlin (Adreßbuch 1907, S. 94: ,,I. d. M. gest. Seit etwa 1835")
169	KPM	Königliche Porzellan-Manufaktur Berlin (Adreßbuch 1907, S. 94: ,,1837 - 1844")
170	K.P.M.	C. Krister, Waldenburg (Adreßbuch 1907, S. 681)
171	·KPM·	Kranichfelder Porzellan-Manufaktur R. Rothe (Adreßbuch 1907, S. 98: ,,I. d. M. gest.")
172	K WPM	Carl Krister, Waldenburg (Adreßbuch 1907, S. 681, 689)
173	KPM	Königliche Porzellan-Manufaktur Berlin (Adreßbuch 1907, S. 94: ,,Malerei-Marke seit 1832 in roter Farbe")
174	R.P.M	Hans Richter, Berlin (Adreßbuch 1907, S. 683, 690)
175	M. P. M. S.	C. Müller, Steinwiesen (Adreßbuch 1907, S. 354)
176	R P M	Rheinische Porzellanfabrik Mannheim (Adreßbuch 1907, S. 182 - 183: ,,I. d. M. gest.")
177	L. H. R.P.M.	Rheinische Porzellanmanufaktur, Oberkassel - Düsseldorf (Adreßbuch 1907, S. 683: ,,erloschen")
178	Walküre. S.P. M. Bayreuth.	Siegm. Paul Meyer, Bayreuth (Adreßbuch 1907, S. 118 - 120)
179	St. P. M.	Striegauer Porzellanfabrik vorm. C. Walter & Comp. (Adreßbuch 1907, S. 238: ,,Grün u. Glasur")

Ein K.P.M. mit zwei einander unter den Buchstaben kreuzenden Linien ,,I. d. M. (Masse) gest. oder blau auf Biskuit und Glasur'' (Adreßbuch 1907, S. 84) verwendete die ,,Porzellanfabrik A.W.Fr. Kister G.m.b.H.'' in Scheibe (Schwarzburg-Rudolstadt), eine Gründung des Jahres 1838. Diese Firma wurde mit zahlreichen Auszeichnungen bedacht, darunter in Wien 1873 mit der Verdienstmedaille und in St. Louis 1904 mit der Goldmedaille.
Das K P M – mit einem Kranichfuß als verlängerter Vertikale des P – zeigt die Fabriksmarke der ,,Kranichfelder Porzellan-Manufaktur Reinhard Rothe'' in Kranichfeld, 1903 gegründet, mit eigener Malerei und Druckerei, und neben ,,Vasen, Figuren, Jardinieren, Schalen, Nippes, Uhrgehäusen, Bierkrügen . . . '' vor allem auf Uhrgehäuse spezialisiert (Adreßbuch 1907, S. 98).

M P M

Manchmal ebenso leicht mit einer Meißener Marke zu verwechseln wie die K.P.M.-Marken anderer Manufakturen sind deren M.P.M.-Marken. Die Porzellanfabrik E. & A. Müller in Schönwald in Oberfranken, 1904 gegründet (Adreßbuch 1907, S. 124), stempelte M.P.M. als Fabriksmarke in die Masse. Zu den Spezialitäten dieser Fabrik zählten ,,Tafelgeschirre, Hotelgeschirre mit Schrift und Schleifen, Rand u. Band, Auf- u. Unterglasur''. Diese Fabrik exportierte vor allem in die Vereinigten Staaten und nach Kanada, und manche der jetzigen dort ansässigen stolzen Besitzer von Porzellan werden heute das M.P.M. lieber für M(eißner) P(orzellan)-M(anufaktur) lesen als für M(üllersche) P(orzellan) M(anufaktur).
Leichter von der Meißener M.P.M.-Marke zu unterscheiden ist natürlich die Marke der ,,Porzellanmalerei und Fayencefabrik C. Müller'' in Steinwiesen, da unter dem M.P.M. ein Dreieck mit dem Buchstaben S (Steinwiesen) angebracht ist. Diese Manufaktur wurde erst 1905 gegründet (Adreßbuch 1907, S. 354).
Kaum mit Meißen zu verwechseln dürfte die Marke (MPM in einem Dreieck) der Maastrichter Fabrik ,,N. V. Porselein- en Tegelfabriek Mosa'', gegründet 1883, sein (Danckert 1967[2], S. 167).

Abb. 23. Marke der Henkelschale Abb. 25, vermutlich Schuman und Sohn, Moabit (Berlin): Adler und SPM in Unterglasurblau (H 18 mm). - Privatbesitz

Abb. 24. Marke der Untertasse Abb. 25-26; vermutlich Schuman und Sohn, Moabit (Berlin): Adler und SPM in Unterglasurblau (H 18 mm). - Privatbesitz

Abb. 25. Henkelschale mit Untertasse, vermutlich Schuman & Sohn, Moabit (Berlin), Adler und SPM in Unterglasurblau (s. Abb. 23 und 24); Untertasse D 14,3 cm, Henkelschale H 5,6 cm. - Privatbesitz

Abb. 26. Detail der Untertasse (Abb. 25), vermutlich Schuman & Sohn, Moabit (Berlin). - Privatbesitz

R P M

Diese Buchstaben in schildförmiger Umrahmung dienten der ,,Rheinischen Porzellanfabrik Mannheim G.m.b.H." in Mannheim, 1900 gegründet, zur Kennzeichnung ihrer Produkte, unter denen sich auch in Unterglasur gemalte ,,Stroh- und Zwiebelmuster" befanden (Adreßbuch 1907, S. 181-182).
In die Masse gestempelt wurden die Buchstaben R.P.M. von den ,,k.k. priv. Porzellanfabriken"' des R. Persch in Mildeneichen und Raspenau, eine 1850 gegründete Firma, die um 1907 ca. 300 Arbeiter beschäftigte, über eine eigene Malerei und Druckerei verfügte und Musterlager in Hamburg, Konstantinopel, Wien und London besaß (Adreßbuch 1896, S. 148; Adreßbuch 1907, S. 303).
Eine R.P.M. mit einer Art Weltkugel, kaum mit einer Meißener, eher mit der entsprechenden Berliner Marke zu verwechseln, ist die Marke, die die Firma Hans Richter, Berlin, vor 1907 führte (Adreßbuch 1907, S. 683, Nr. 96).

S P M

Nach Danckert (1967^2, S. 185) verwendete die Firma M. Schuman und Sohn in Moabit (Berlin) ein SPM mit Adler in der Firmenmarke, und auch von der Ersten Bayreuther Porzellanfabrik ,,Walküre", Siegm. Paul Meyer, G.m.b.H., 1900 gegründet, sind zwei Marken (Danckert 1967^2, S. 15-16) mit den Buchstaben S P M in schildförmiger Umrahmung bekannt.

St P M

Die ,,Striegauer Porzellanfabrik vorm. C. Walter & Co" in Stanowitz, 1873 gegründet, markte ihre Erzeugnisse ,,in Grün unter der Glasur" mit einem Adler und den darunter befindlichen Buchstaben St. P. M. (Adreßbuch 1896, S. 236; Adreßbuch 1907, S. 238). Die Firma beschäftigte um 1907 130 Arbeiter und dekorierte in der eigenen Malerei und Druckerei vor allem Speise-, Kaffee- und Waschservice.

T P M

Die ,,Schlesische Porzellanfabrik P.Donath, G.m.b.H.", in Tiefenfurt, 1883 gegründet, hatte unter einem Adler die Buchstaben T P M in ihrer Marke.

DIE MEISSENER SCHWERTERMARKE

Wie bereits erwähnt, schlug Steinbrück am 8. November 1722 vor, ,,jedes Stück, das zum Verkauf bestimmt sei, mit den Kurschwertern zu markieren" (Seyffarth 1960, S. 72). Nach Seyffarth soll ab 1723 die Schwertermarke auf jedem Porzellan angebracht worden sein. Einige wichtige Archivalien des Jahres 1731 beziehen sich auf die Schwertermarke. In der Rubrik ,,Arbeit und worinnen solche bestehet" bezeichnet die ,,Specificatio, Derer bey der K. Porc. Manf. zu Meissen Mense Aprilis Ao. 1731 würcklich in Diensten stehenden Fabricanten und Personen" (Berling 1900, S. 185) die Tätigkeit des vierzehnjährigen Lehrlings Joh. Friedr. Stein aus Dresden folgendermaßen: ,,Hatt die verglüheten Porcelain-Geschirre, ehe selbige zum Glassuren genommen werden, zu renoviren und jedes Stück mit (Anm.: hier ist die Zeichnung der Schwertermarke im Dokument eingefügt) zu signieren, wie auch gewisse Farben – zu präpariren."
Oft wird von vornherein angenommen, daß die Anbringung der Fabriksmarke von bedeutenden Persönlichkeiten durchgeführt wurde, deren Stellung dieser verantwortungsvollen und wichtigen Tätigkeit entsprach.
Wir wissen hingegen aus solchen Dokumenten wie dem eben zitierten, daß im Produktionsablauf das Marken des Porzellans zu einem Zeitpunkt geschah – und geschieht –, der bei Verwendung von Unterglasurfarbe technisch bestimmt ist: nach dem Herausnehmen des verglühten Porzellans aus dem Ofen und vor dem Glasieren. Zu diesem Zeitpunkt malt oder stempelt ein Mitarbeiter der jeweiligen Manufaktur die Marke auf das Porzellan. Dies ist, vor allem wenn Stempel verwendet werden, eine durchaus untergeordnete Tätigkeit und kann ohne große Fachkenntnisse durchgeführt werden. Das gleichmäßige Aufmalen einer Porzellanmarke (meist in Kobaltblau) auf den einmal gebrannten, noch nicht glasierten Scherben

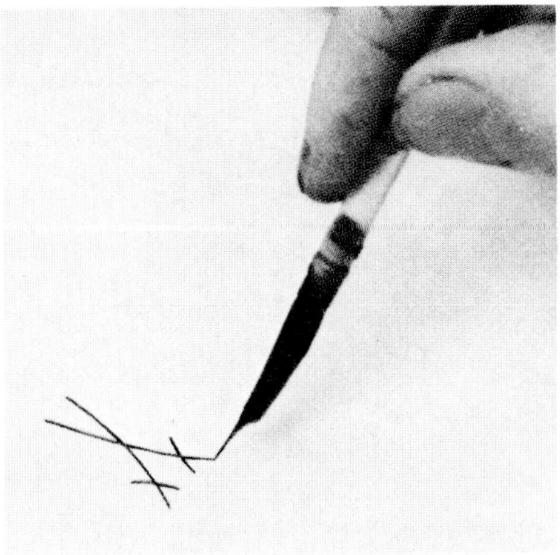

Abb. 27. Zeichnung der Meißener Schwertermarke mit der Feder, Reproduktion aus :,,MEISSEN 75", Informationen über das gegenwärtige Wirken der ersten europäischen Porzellanmanufaktur, zusammengestellt von Jürgen Schärer, Meißen 1975, S. 28

180		Meißener Schwerter (Seyffarth 1960: ,,1725 - 1730''; ähnl.: Graesse 1915[14], S. 195, Nr. 52)
181		Meißener Schwerter (Seyffarth 1960: ,,um 1735'')
182		Meißener Schwerter (Seyffarth 1960: ,,ab 1722'', Blau, rot, purpur, schwarz auf Glasur)
183		Meißener Schwerter, unterglasurblau (Teller ÖMAK Ke 2800)
184		Meißener Schwerter, Schwertermarke und B in Blau, Mauksch in Rot (Berling 1900, Markentafel Nr. 61: ,,Kunstgewerbe-museum Dresden''; Doenges 1907, S. 219; Graesse 1915[14], S. 197)
185		Meißener Schwerter (Seyffarth 1960: ,,um 1750'')
186		Meißener Schwerter (Seyffarth 1960: ,,um 1750'')
187		Meißener Schwerter (Seyffarth 1960: ,,um 1745'')
188		Meißener Schwerter; Schwerter blau, L gold (Berling 1900, Markentafel Nr. 46: ,,Kunstgewerbe-museum Dresden''; Graesse 1915[14], S. 196)
189		Meißener Schwerter (Untertasse, ÖMAK Ke 4712: Schwerter in Unter-glasurblau, H in Gold)
190		Meißener Schwerter (Berling 1900, Markentafel Nr. 47: ,,Graf Vitzthum, Lichtenwalde''; Doenges 1907, S. 223)
191		Meißener Schwerter Unterglasurblau (Untertasse ÖMAK Ke 689)
192		Meißener Schwerter (Graesse 1872[3], S. 49; Doenges 1907, S. 198: ,,1750 – 1756''; Rückert 1966, S. 41)
193		Meißener Schwerter (Graesse 1864[1], S. 28; Warenzeichenblatt 1895: Anmeldung 1875 bzw. 1894, Reg. Nr. 2040)
194		Meißener Schwerter (Graesse 1864[1], S. 28; Graesse 1872[3], S. 48; Doenges 1907, S. 197)
195		Meißener Schwerter (Graesse 1872[3], S. 48: ,,Vieux Saxe 1730''; Doenges 1907, S. 197)
196		Meißener Schwerter (Berling 1911, S. 154; Warenzeichenblatt 1895: Anmeldung 1875 bzw. 1894, Reg. Nr. 2088)

197		Meißener Schwerter (Berling 1900, Markentafel Nr. 30: ,,Graf Brühl, Pforten''; Doenges 1907, S. 197; Rückert 1966, S. 41)
198		Meißener Schwerter, unterglasurblau (Kännchen ÖMAK Ke 3483)
199		Meißener Schwerter, unterglasurblau (Kumme ÖMAK Ke 905)
200		Meißener Schwerter in Unterglasur-blau, 10 in Gold auf der Glasur (Teller, ÖMAK Ke 4300)
201		Meißener Schwerter und B in Blau (Berling 1900, Markentafel Nr. 59: ,,Kunstgewerbe-museum Dresden'')
202		Meißener Schwerter (Berling 1900, Nr. 31: ,,Graf Brühl, Pforten''; Doenges 1907, S. 197; Rückert 1966, S. 41)
203		Meißener Schwerter (Berling 1900, Nr. 18: ,,kgl. Porzellan-sammlung Dresden''; Doenges 1907, S. 201; Rückert 1966, S. 39)
204		Meißener Schwerter in Unterglasurblau (Deckeldose ÖMAK Ke 3749)
205		Meißener Schwerter (Berling 1900, Markentafel Nr. 45; Doenges 1907, S. 223; Rückert 1966, S. 43)
206		Meißener Schwerter in Blau auf der Glasur, 89. in Gold (ÖMAK Ke 6450)
207		Meißener Schwerter in Blau auf der Glasur, 10 in Gold (Kännchen ÖMAK Ke 4300)
208		Meißener Schwerter (Seyffarth 1960: ,,1722 und später'': Marke in Blau, Rot, Purpur, Schwarz)
209		Meißener Schwerter (Seyffarth 1960: ,,1722 und später'': Marke in Blau, Rot, Purpur, Schwarz)
210		Meißener Schwerter; Marke in Blau auf der Glasur, Johanneums-nummer eingeritzt (ÖMAK Ke 3488)
211		Meißener Schwerter (Franks Coll. 1896, Pl. II, Nr. 16: Marke in Lila auf der Glasur, Inventar-nummer eingeschnitten)
212		Meißener Schwerter und imitierte ostasiat. Marke in Unterglasurblau (Koppchen ÖMAK Ke 1307)

ist bereits eine anspruchsvollere Arbeit, wurde aber doch, wie wir am Beispiel des Lehrlings Stein aus Dresden sehen, durchaus auch von Anfängern gehandhabt.
Da neben den Fabriksmarken in Unterglasurblau oft auch die Zeichen der Blaumaler stehen, ist anzunehmen, daß immer dann, wenn ein Porzellan unterglasurblauen Dekor erhielt, der Blaumaler die Fabriksmarke und daneben sein Zeichen selbst gemalt hat. In Meißen wird dies wohl nicht anders gewesen sein als in Wien, und so waren die „Schwerterer", wie man in Meißen jene Mitarbeiter nannte, die die Schwertermarke auf den Porzellanen anbrachten, sicher vor allem Lehrlinge und Blaumaler.
Aus dieser Tatsache resultiert auch die immer wieder variierende Form der Schwertermarke, eine Form, der man nun mit großen Vorbehalten Anhaltspunkte zur Datierung zuschreiben darf, da die Handschrift jedes „Schwerterers" eine andere war.
Vermutlich waren die unterglasurblauen Schwerter anfangs sehr groß und plump. Dies geht aus einem Brief hervor, den Nohr, der Sekretär Hoyms, an seinen in Meißen als Kontrollor beschäftigten Bruder schrieb: „Ihr sollt dem mahler sagen, dass er die fürohin vor Lemaire oder seiner Excell. zu machenden Geschirre ja selber oder durch seine Leute Zeichnen lassen solle, damit wenigstens nicht so schreckich grosse Prügeln an statt dero Schwerdter darauf gemahlt werden." (Berling 1900, S. 159).
Seyffarth (1960, S. 73) schreibt zur Form der Schwertermarke:
„. . ., dass ab 1723 die Kurschwerter auf jedes Erzeugnis angebracht wurden. Jene Periode ist durch grosse, oft unbeholfen gemalte Schwerter gekennzeichnet. Diese Marken waren bis 1724 verbindlich; danach wurden die Schwerter eleganter und langgezogener und die Parierstangen kleiner. Dies geht etwa bis 1740, wo dann die ganze Marke wesentlich kleiner gestaltet wird."
In einem leider nicht datierten Aktenstück (Berling 1900, S. 156) wird ausdrücklich betont, daß jedes Stück die Schwertermarke erhalten solle; vermutlich hatten sich die „Manufacturisten" nicht ausnahmslos an eine bereits ergangene Verordnung gehalten: Es „haben die Manufacturisten nochmahls die nachdrückliche Bedeütung erhalten, ohne Aufzeichnung derer Chur-Schwerdter die Geschirre unter der Glasur kein einziges Stück fertigen, noch wegliefern zu lassen."
Auf sehr kleinen Porzellanobjekten, der sogenannten Galanterieware, wo kein Platz für die Schwerter war, sollte eine andere, leider nicht überlieferte Marke angebracht werden. Darüber heißt es im selben Dokument (Berling 1900, S. 156): „Da aber auch solche Stücke e.g. Stock-Knöpffe, Tobacks-Pfeiffen-Köpffe, Messer-Heffte, Adler, so genannte Nationes, nebst andern modellirten Kleinen Stücken offtermahls vorkommen, auf welche dergleichen Marque zu machen kein Platz füglich ausfündig gemacht werden kann, kommet auf Ihr. Königl. Majestät Selbst eigene allerhöchste disposition an, wie Sie es in diesem Stücke gehalten wissen wollen?"
Berling schließt aus verschiedenen, im selben Aktenstück enthaltenen Angaben, daß es aus dem Jahre 1730 stammen müsse. Am 19. Mai 1731 ordnete der König an:
„. . . wollen wir geschehen lassen, dass nur auf ordinaire Serviçes Unsere Chur Schwerdter mit Blauer Farbe unter der Glasur bezeichnet, die übrigen aber so nicht zu klein sind, als Stockknöpfe u. dgl. mit beygehender marque Lit. D. gezeichnet werden." Diese „beygehende marque" ist leider, wie bereits erwähnt, nicht überliefert.
Die Schwertermarke war jedoch nicht bei allen Käufern von Meißener Porzellan beliebt. Der türkische Kaufmann Manasses Athanas verweigerte die Annahme von Porzellan mit der Schwertermarke (s. Abschnitt über die „Peitschenmarke", S. 36), und auch der französische Kaufmann Lemaire war mit der Schwertermarke nicht einverstanden: „Die zwey Chur Schwerdter, womit in regula hiesige Porcellaine unter der glassur mit blauer Farbe pflegen marquiret zu werden, will er weggelassen und dargegen eine chinesische lettre oder anderes signum adhibiret wissen." (Berling 1900, S. 175). Im selben Jahr, als Lemaire „chinesische lettres" vorschlug – 1728 – „gab die Manufaktur-Kommission an Inspektor Reinhardt

213		Meißener Schwerter (Seyffarth 1960: ,,1724''; ähnlich: Rückert 1966, S. 41, Nr. 28)
214		Meißener Schwerter (Berling 1900, Markentafel Nr. 29: ,,Gräfin Rex, Dresden''; Doenges 1907, S. 197; Rückert 1966, S. 39)
215		Meißener Schwerter (Seyffarth 1960)
216		Meißener Schwerter (Berling 1900, Markentafel Nr. 28: ,,Gutmann, Berlin''; Doenges 1907, S. 197; Rückert 1966, S. 39)
217		Meißener Schwerter (Brüning 1904, Markentafel I, Nr. 1)
218		Meißener Schwerter (Berling 1900, Markentafel Nr. 20: Marke in Blau; Rückert 1966, S. 39)
219		Meißener Schwerter (Brüning 1904, Markentafel I, Nr. 1)
220		Meißener Schwerter in Unterglasurblau Teller aus dem Schwanenservice (ÖMAK Ke 6144)
221		Meißener Schwerter in Gold (Berling 1900, Markentafel Nr. 16: ,,Graf Vitzthum, Lichtenwalde''; Doenges 1907, S. 195)
222		Meißener Schwerter (Berling 1900, Markentafel Nr. 27: ,,Kunstgewerbe-museum Dresden''; Doenges 1907, S. 197; Rückert 1966, S. 41)
223		Meißener Schwerter (Franks Coll. 1896, Pl. I, Fig. 4: Marke und K in Blau)
224		Meißener Schwerter (Berling 1900, Markentafel Nr. 56: ,,Gräfin Rex, Dresden''; Doenges 1907, S. 224; Graesse 1915[14], S. 196; Rückert 1966, S. 41)
225	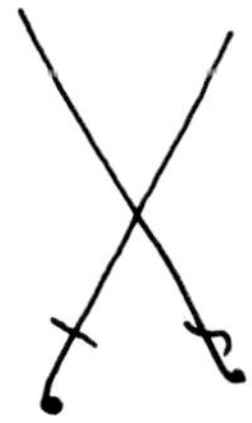	Meißener Schwerter in Unterglasurblau (ÖMAK Ke 7478)
226		Meißener Schwerter (Warenzeichenblatt 1895: Anmeldung 1875 bzw. 1894, Reg. Nr. 2075/1895; Berling 1911, S. 154; Rückert 1966, S. 41)

Abb. 28. Detail des Randdekors des Tellers (Abb. 35), Meißener Porzellan, 2. V. 18. Jhdt. - Österreichisches Museum für angewandte Kunst, Inv. Ke 4000

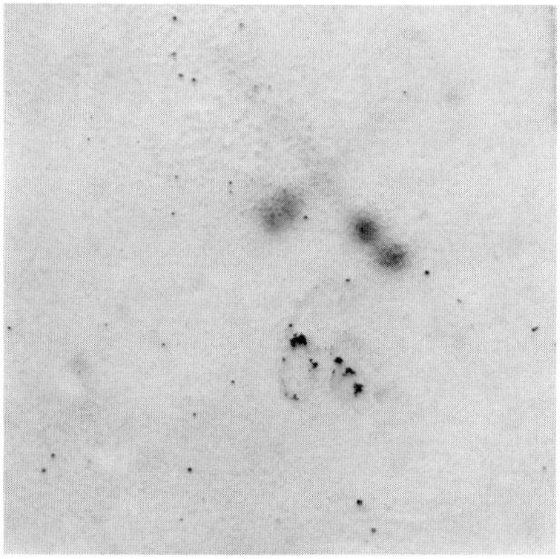

Abb. 29. Marke der ovalen Deckeldose Abb. 30, Meißener Porzellan, 2. V. 18. Jhdt., unterglasurblaue Schwertermarke (H 12 mm) und Goldnummer 68 auf der Glasur (stark abgerieben). - Österreichisches Museum für angewandte Kunst, Inv. Ke 2802

Abb. 30. Ovale Deckeldose, Meißener Porzellan, 2. V. 18. Jhdt., unterglasurblaue Schwertermarke, goldene Nummer 68 auf der Glasur (Gold stark abgerieben), s. Abb. 29; H 6,4 cm, 12,2 x 9,8 cm. - Österreichisches Museum für angewandte Kunst, Inv. Ke 2802

die verbindliche Anweisung, die Türkenkoppchen unter allen Umständen mit den Schwertern zu marken" (Seyffarth 1960, S. 73). Nach Meinung Berlings (1900, S. 158) konnte Lemaire es jedoch durchsetzen, daß bei seinen Porzellanen „die Chur Schwerdter nicht einmahl über die Glasur gemahlet gewesen".

Sosehr uns diese einander widersprechenden Archivalien und Berichte verwirren, so geben sie doch nur ein gutes Spiegelbild der Markenhandhabung in Meißen, die tatsächlich verwirrend gewesen sein muß.

In einer Rechtfertigung des Kontrollors Nohr wegen der Lemaire'schen Lieferungen hieß es, Graf Hoym habe es angeordnet, daß „die Geschirre die Zeichnung der Churschwerdter nicht bekommen sollen." (Berling 1900, S. 158). Doch Berling (1900, S. 176) zitiert den Brief des Sekretärs Nohr an seinen Bruder, der in Meissen als Kontrollor tätig war: „Jedoch sollet ihr euch mit dem Obermeister ins besondere abrede nehmen, dass ausser denen Schwerdtern Er all dieses Porcellain noch mit einer besonderen imperceptiblen und Le Maire selbst unbekannten Marque gekennzeichnet werden solle, wie sie anfangs auch zu thun gewohnt gewesen sind, da sie nehmlich unten am Fuss des Geschirres an einem orte, wo mans nicht sehr gesehen, 2 oder 3 kleine Ritzgen mit dem nagel des Fingers eingerundet haben".

Diese Kennzeichnung war laut Berling ursprünglich ein Formerzeichen (später wurden die Formerzeichen mit Stempeln eingedrückt).
Zur frühesten Verwendung der Schwertermarke gibt es keine absolut sicheren Anhaltspunkte. Seyffarth (1960, S. 73) schreibt, daß „ab 1723 die Kurschwerter auf jedes Erzeugnis angebracht wurden". Rückert (1966, S. 38) hingegen meint, daß es „unklar ist, ob man dieses Zeichen nicht auch schon in der Böttgerzeit manchmal verwendet hat."
Uns ist die Schwertermarke vor allem in Blau unter der Glasur geläufig. Sie konnte aber auch in die Masse gestempelt und farbig auf die Glasur gemalt werden.
Berling (1900, S. 156) spricht davon, daß die Schwertermarke in den zwanziger Jahren in blauer Emailfarbe über Glasur oder „auf die von Glasur frei gelassene Bodenfläche gemalt" wurde. Die Aufglasurmarke erklärt sich Berling dadurch, daß „die bereits glasierten Restbestände des Meissner Warenlagers derartig bezeichnet wurden, als Befehl kam, alle Stücke sollten von nun an die Schwertermarke tragen."
Diese nachträgliche Bezeichnung schließt auch Rückert (1966, S. 38) nicht aus: „Da man jedoch bis in die späten 20er Jahre unbemaltes Geschirr der Böttger- und früheren Hoeroldtzeit auf Lager hatte, das bereits glasiert war, malte man anscheinend auf diese Stücke die Schwerter auch über der Glasur mit Emailblau nachträglich auf."
Funk (1922, S. 441) berichtet sogar von „Schwertern in Aufglasurfarbe in Blau, Eisenrot, Purpur und Gold."
Berling nennt ebenfalls Schwertermarken in Gold, Purpur und Rot (1900, S. 155) und bildet eine Schwertermarke in Gold ab (1900, nach S. 160, Nr. 16) sowie eingestempelte Marken, darunter Schwertermarken, die er auf Böttger-Steinzeug fand (1900, nach S. 160, Nr. 2-4). Seyffarth (1960) erwähnt Aufglasurmarken in Blau, Rot, Purpur und Schwarz ab 1722.

Abb. 31. Kennzeichnung der Henkelschale zur Untertasse (Abb. 34), Meißener Porzellan, 2. V. 18. Jhdt., unterglasurblaue Schwertermarke (H 8 mm), Goldnummer 67 auf der Glasur (teilweise abgerieben). - Österreichisches Museum für angewandte Kunst, Inv. Ke 2801

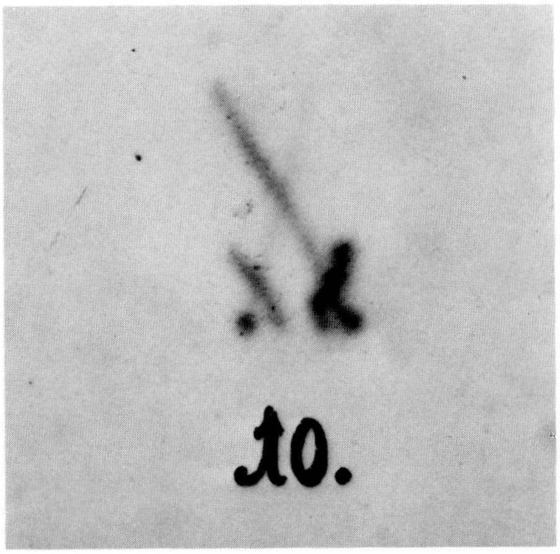

Abb. 32. Kennzeichnung des Tellers mit Chinoiserien, Abb. 35, Meißener Porzellan, 2. V. 18. Jhdt., unterglasurblaue Schwertermarke (H 17 mm), Goldnummer 10. auf der Glasur. - Österreichisches Museum für angewandte Kunst, Inv. Ke 4000

Abb. 33. Detail der Malerei (Abb. 35), Meißener Porzellan, 2.V. 18. Jhdt. - Österreichisches Museum für angewandte Kunst, Inv. Ke 4000

Abb. 34. Untertasse, Meißener Porzellan, 2. V. 18. Jhdt., unterglasurblaue Schwertermarke (s. Abb. 31), Goldnummer 67 auf der Glasur; D 12,5 cm. - Österreichisches Museum für angewandte Kunst, Inv. Ke 2801

Abb. 35. Teller mit Chinoiserien, Meißener Porzellan, , 2. V. 18. Jhdt., unterglasurblaue Schwertermarke (s. Abb. 32), Nummer 10. in Gold auf der Glasur; D 16,9 cm. - Österreichisches Museum für angewandte Kunst, Inv. Ke 4000

MEISSENER PORZELLAN MIT JOHANNEUMSNUMMERN

Einige Meißener Porzellane aus der Sammlung des Österreichischen Museums für angewandte Kunst in Wien tragen eingeschliffene, geschwärzte Buchstaben-Nummern-Kombinationen, die als ,,Johanneumsnummern'' geläufig sind. Zur Bedeutung dieser ,,Johanneumsnummern'' schrieb Rückert (1966, S. 37):

Ab 1721 markierte man sämtliche Porzellane der Königlichen Sammlung im Japanischen Palais in Dresden mit großen, eingeschliffenen, manchmal auch nur aufgemalten Zeichen, die reinen Inventarcharakter hatten ('Johanneumsnummer', da die Sammlung im 19. Jahrhundert im Johanneum in Dresden aufbewahrt wurde). . . Blau-weiß bemaltes ostasiatisches Porzellan bezeichnete man mit einer Zackenlinie . . ., Meißener Porzellan mit einem 'W' und Böttgersteinzeug mit einem 'R' . . . Beim Meißener Porzellan war man vor 1725 in der Kategorie 'Weiß' erst bis Nr. 68 gekommen, bei 'Schlicht' bis Nr. 92; eine dritte Kategorie war 1723 bis Nr. 73 durchgezählt und reicht dann 1727 bis Nr. 97. Für die 'braune' Ware hatte man vor Juni 1722 die Nummern 1-87 vergeben und für die 'schwarze' (also schwarz glasierte) Ware die Nummern 1-40. Bis 1727 verzeichnete man lediglich 13 'lackierte' Stücke. Daraus ergibt sich, daß die öfters vorkommenden hohen 'Johanneumsnummern' wahrscheinlich erst in den 30er Jahren des 18. Jahrhunderts eingeschliffen wurden.''

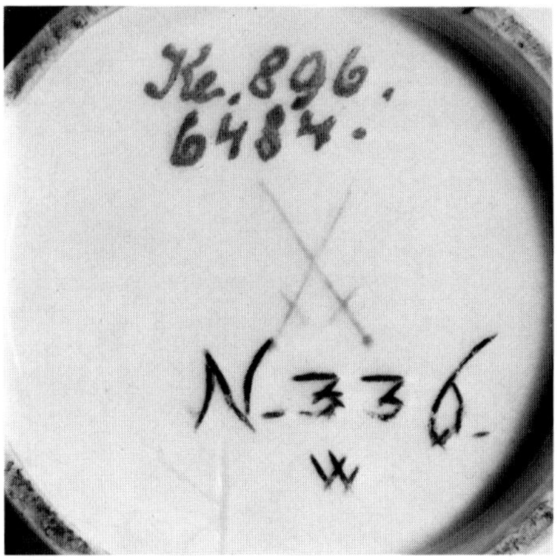

Abb. 36. Kennzeichnung der Schale Abb. 45, Meißener Porzellan, wohl um 1730-1735, Schwertermarke (H 11 mm) in Blau auf der Glasur, eingeschnitten und geschwärzt: N-336-W, eingeritzt: K. - Österreichisches Museum für angewandte Kunst, Inv. Ke 896

Abb. 37. Kennzeichnung der Untertasse zur Schale Abb. 45, Meißener Porzellan, wohl um 1730-1735, Schwertermarke (H 8 mm) in Blau auf der Glasur, eingeschnitten und geschwärzt: N=339-W. - Österreichisches Museum für angewandte Kunst, Inv. Ke 896

Abb. 38. Deckel der Dose Abb. 42, Meißener Porzellan, wohl um 1730-1735. - Österreichisches Museum für angewandte Kunst, Inv. Ke 3488

Abb. 39. Deckel der Dose Abb. 43, Meißener Porzellan, wohl um 1730-1735. - Österreichisches Museum für angewandte Kunst, Inv. Ke 3487

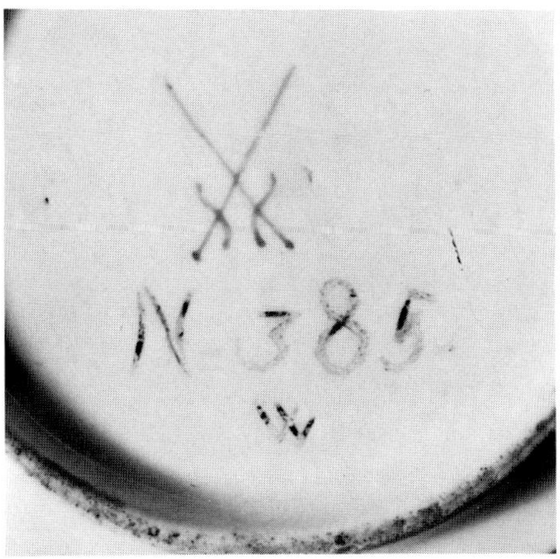

Abb. 40. Kennzeichnung der Deckeldose Abb. 42, Meißener Porzellan, wohl um 1730-1735, Schwertermarke (H 13 mm) in Blau auf der Glasur, eingeschnitten und geschwärzt: N=385-W. - Österreichisches Museum für angewandte Kunst, Inv. Ke 3488

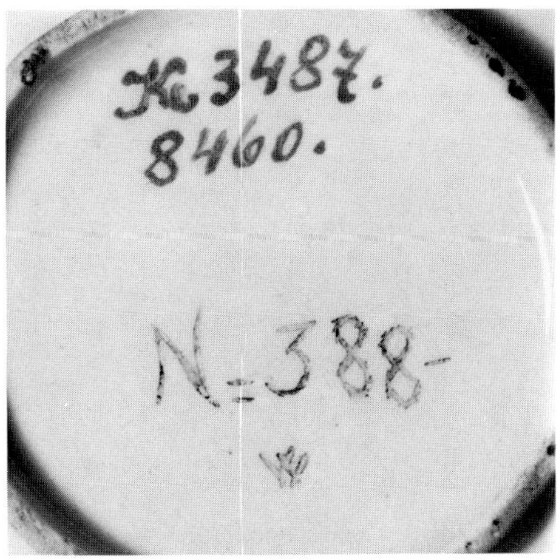

Abb. 41. Kennzeichnung der Deckeldose Abb. 43, Meißener Porzellan, wohl um 1730-1735, eingeschnitten und geschwärzt: N=388-W (Breite 19 mm). - Österreichisches Museum für angewandte Kunst, Inv. Ke 3487

Abb. 42. Deckeldose, Meißener Porzellan, wohl um 1730-1735, Kennzeichnung: Schwertermarke in Blau auf der Glasur, eingeschnitten und geschwärzt: N=385-W (s. Abb. 40);H 9,6 cm. - Österreichisches Museum für angewandte Kunst, Inv. Ke 3488

Abb. 43. Deckeldose, Meißener Porzellan, wohl um 1730-1735, Kennzeichnung: eingeschnitten und geschwärzt: N=388-W (s. Abb. 41); H 9 cm. - Österreichisches Museum für angewandte Kunst, Inv. Ke 3487

Abb. 44. Detail der Malerei (Abb. 45), Meißener Porzellan, 2. V. 18. Jhdt. - Österreichisches Museum für angewandte Kunst, Inv. Ke 896

Abb. 45. Becher, Meißener Porzellan, um 1730-1735, Schwertermarke in Blau auf der Glasur, eingeschnitten und geschwärzt: N-336-W (s. Abb. 36), eingeritzt: K; H 7,3 cm, D 9,5 cm. - Österreichisches Museum für angewandte Kunst, Inv. Ke 896

„PUNKT-" UND „STERNMARKE" SOWIE SPÄTERE SCHWERTERMARKEN

Der Schwertermarke wurden oftmals andere Zeichen beigegeben: Malerbuchstaben, Former- und Dreherzeichen, Punkte, Sterne, Ziffern usw.
Diese zusätzlichen Kennzeichnungen verleiteten lange schon zahlreiche Autoren zu unzulässigen Verallgemeinerungen in der Datierung bestimmter Formen der Schwertermarke. So wurde die sogenannte „Punktmarke" in die „Punktzeit" von 1763-1774 datiert, die „Sternmarke" in die „Marcolini-Zeit" von 1774-1814.
Auch wenn man die anscheinend immer etwas verworrene Situation in der Kennzeichnung des Meißener Porzellans nicht berücksichtigt, bleiben noch immer genügend Fragen offen, die bei Datierungsversuchen zur Vorsicht mahnen.
„Weit verbreitet ist der Irrtum", bemerkt dazu Rückert (1966, S. 38), „daß man von 1763 bis ca. 1780 den Schwertern zwischen den Griffen regelmäßig einen Punkt zugefügt habe. Belege hierfür gibt es nirgends". Marken mit Punkt gab es bereits vor 1763; Funk (1922, S. 441) gibt das Jahr 1756 dafür an, und in der sogenannten „Punktzeit" gab es sehr wohl auch Schwertermarken ohne Punkt.
„Punkte zwischen den Schwerterknäufen oder über und neben den Parierstangen sind, als reine Arbeitermarken, sicher schon vor 1756 und ganz zweifellos auch noch nach 1780 angewendet worden," meint Doenges (1907, S. 199-200).
Die Datierung ab 1756 geht vermutlich auf Berling (1900, S. 160) zurück: „Diejenigen Stükke, die die Schwertermarke mit einem Punkte tragen, sind meist in den Formen des späten Rokoko und des beginnenden ‚Louis XVI-Stiles' gehalten, sodaß ich sie etwa von 1756-1780 ansetze . . . Sicher hat sich diese Marke erst nach und nach eingebürgert, denn eine sie betreffende Verordnung scheint niemals erlassen worden zu sein . . ."
Ähnlich problematisch ist die Situation bei der „Sternmarke": Die früheste Verwendung dieser Marke läßt sich nach Rückert (1966, S. 38) aus den Porzellanen der sogenannten ‚Russischen Bestellung' von 1772-1774 schließen, da hier Schwerter mit und ohne Punkt bzw. ein Porzellan mit der Schwertermarke mit Stern vorkommen.
Berling hingegen nahm den Beginn der Schwertermarke mit Stern etwa um das Jahr 1780 an: „An sie (die Punktmarke) schliesst sich zeitlich unmittelbar die mit Stern versehene Marke an . . . Man ist gewohnt, sie mit der während der Marcolini-Periode gebrauchten für gleichbedeutend zu halten. Das Studium der Porzellane hat mich auch zu keiner andern Ansicht gebracht, nur möchte ich den Beginn der Sternmarke nicht mit dem der Marcolini'schen Leitung (1774), sondern etwas später, und zwar um das Jahr 1780 annehmen..."
Für Biskuitporzellan wurde entsprechend der unterglasurblauen „Sternmarke" ein Dreieck in die Masse geritzt oder gestempelt und manchmal mit einem Stern über der Spitze versehen.
Die „Sternmarke" war vermutlich noch nach Marcolini einige Jahre verwendet worden (Berling 1900, S. 160).
Ungewöhnlich kritiklos gibt Hofmann (1932, S. 301) die gängige, verallgemeinernde Ansicht wieder: „Anders verhält es sich mit zwei Beizeichen, die der Schwertermarke offiziell in gewissen Zeiträumen beigefügt worden sind: ein Punkt zwischen den beiden Parierstangen der Schwerter, während der Jahre 1763-1774 verwendet (‚Punkt-Zeit'), und ein Stern an der gleichen Stelle für die Periode, in der die Fabrik unter Leitung des Grafen Marcolini stand, also von 1774 bis 1814. Ähnliche Bezeichnungen, die sich auf den jeweiligen Besitzer einer Fabrik oder den augenblicklichen Direktor beziehen, treffen wir auch anderwärts."
Mit dieser letzten Bemerkung hat Hofmann zwar recht, doch muß dazu bemerkt werden, daß andere große Manufakturen (wie Sèvres oder Wien) gegenüber Meißen eine wesentlich bessere Kennzeichnung hatten, die auch eine zeitliche Abgrenzung der Marken ermöglich-

Abb. 46. Kennzeichnung der Doppelhenkelschale Abb. 49, Meißener Porzellan, vermutlich 3. V. 18. Jhdt., unterglasurblaue Schwertermarke mit Punkt (H 10 mm), Blaumalerkennzeichen Mö in Unterglasurblau. - Österreichisches Museum für angewandte Kunst, Inv. Ke 555

Abb. 47. Kennzeichnung der Untertasse Abb. 49, Meißener Porzellan, vermutlich 3. V. 18. Jhdt., unterglasurblaue Schwertermarke mit Punkt (H 11 mm), unterglasurblauer Blaumalerbuchstabe K, eingepreßt: 37. - Österreichisches Museum für angewandte Kunst, Inv. Ke 555

Abb. 48. Detail der Malerei im Spiegel der Untertasse von Abb. 49, unterglasurblauer Dekor mit Aufglasurrot und -gold. - Österreichisches Museum für angewandte Kunst, Inv. Ke 555

Abb. 49. Doppelhenkelschale mit Untertasse, Meißener Porzellan, vermutlich 3. V. 18. Jhdt., unterglasurblaue Schwertermarke mit Punkt und Blaumalerzeichen MÖ bzw. K (s. Abb. 46 und 47); Schale H 6,6 cm, Untertasse D 12,7 cm. - Österreichisches Museum für angewandte Kunst, Inv. Ke 555

te; dazu kamen noch die Jahresbuchstaben in Sèvres und die Jahresstempel in Wien sowie nahezu komplette Listen mit Malerkennzeichen oder Modelleur- und Bossiererbuchstaben. Bis auf wenige Zusammenstellungen (z. B. einzelne Listen für Former- und Dreherbuchstaben) fehlen uns solche Listen für Meißen, die das Identifizieren eines Porzellans mit einem bestimmten Maler, Modelleur oder Bossierer ermöglichen würden. Ohne intensive Arbeit im Meißener Archiv und die Unterstützung durch die Manufakturleitung werden solche Listen auch in Zukunft nicht vorliegen können. Anders liegt die Situation bei der Kennzeichnung der figuralen Modelle: aufgrund der Modellnummern auf Porzellanen, der ausführlichen Angaben bei Berling (1900, 1911) sowie dem Vorliegen von Meißener Firmenkatalogen wird es mir vielleicht möglich sein, in absehbarer Zeit eine relativ komplette Zusammenstellung der figuralen Meißener Modelle zu erarbeiten.
Ab etwa 1816 wurden die römischen Ziffern I und später II unter die Schwerter gesetzt. Diese Schwertermarke mit I datiert Doenges (1907, S. 199) in die Zeit von ,,nach 1816 bis etwa 1830''; Funk meint, daß ,,eine I oder II in der Zeit von 1816 - 1835, allerdings nicht auf allen Stücken, angebracht'' wurde (1922, S. 441). Walcha datiert die Schwertermarke mit I frühestens mit: ,,einige Zeit nach 1814'' (1973, S. 498) und die Schwertermarke mit II nach 1820. Nach der Meißener Firmenschrift von 1975 (S. 28) wurden die Meißener Schwerter mit I bzw. II zur Kennzeichnung von Massen unterschiedlichen Versatzes in der Zeit von 1817 bis 1823 verwendet.

227		Meißener Schwerter mit Punkt (Graesse 1872^3, S. 48)
228		Meißener Schwerter mit Punkt (Graesse 1872^3, S. 49)
229		Meißener Schwerter mit Punkt (Graesse 1872^3, S. 49; Doenges 1907, S. 198: ,,ca. 1756 - 1780''; Rückert 1966, S. 41)
230		Meißener Schwerter (Hofmann 1908, S. 237, Nr. 209)
231		Meißener Schwerter mit Punkt (Brüning 1904, Markentafel I, Nr. 40)
232		Meißener Schwerter mit Punkt (Hofmann 1908, S. 237, Nr. 172)
233		Meißener Schwerter mit Punkt (Hofmann 1908, S. 237, Nr. 179)
234		Meißener Schwerter mit zwei Punkten (Hofmann 1908, S. 237, Nr. 187)
235		Meißener Schwerter mit zwei Punkten (Brüning 1904, Markentafel I, Nr. 3)
236		Meißener Schwerter mit Punkt und Mö (=Möbius) in Unterglasurblau (Untertasse ÖMAK Ke 6573)
237		Meißener Schwerter mit Punkt und Mö in Unterglasurblau (Berling 1900, Nr. 58: ,,v. Haugk, Dresden''; Doenges 1907, S. 224; Rückert 1966, S. 41)
238		Meißener Schwerter mit Punkt und Mö in Unterglasurblau (Untertasse ÖMAK Ke 555)
239		Meißener Schwerter mit Punkt und Mö in Unterglasurblau (Doppelhenkelschale ÖMAK Ke 555)
240		Meißener Schwerter und Mö (=Möbius) in Unterglasurblau (Untertasse ÖMAK Ke 555)
241		Meißener Schwerter mit Punkt und K in Unterglasurblau (Untertasse ÖMAK Ke 555)
242		Meißener Schwerter und Maler (?) zeichen in Unterglasurblau (Untertasse ÖMAK Ke 555)
243		Meißener Schwerter und 4. in Unterglasurblau (Koppchen ÖMAK Ke 8573)

244

Meißener Schwerter mit Punkt in Unterglasurblau (Franks Coll. 1896, Pl. II, Fig. 18)

245

Meißener Schwerter mit Punkt (Brüning 1904, Markentafel I, Nr. 2)

246

Meißener Schwerter mit Punkt (Brüning 1904, Markentafel I, Nr. 2)

247

Meißener Schwerter mit Punkt (Warenzeichenblatt 1895: Anmeldung 1875 bzw. 1894, Reg. Nr. 2009/1895; Berling 1911, S. 154; ähnlich Rückert 1966, S. 41, Nr. 32)

248

Meißener Schwerter mit Punkt und L in Blau (Berling 1900, Markentafel Nr. 57: ,,Kunstgewerbe-museum Dresden'', Doenges 1907, S. 224, Nr. 189)

249

Meißener Schwerter mit Punkt in Blau (Berling 1900, Markentafel Nr. 32; Doenges 1907, S. 198: ,,zwischen 1756 und 1780''; Rückert 1966, S. 41)

250

Meißener Schwerter (Graesse 1864[1], S. 28: ,,Meißen 1778''; Graesse 1872[3], S. 48)

251

Meißener Schwerter (Warenzeichenblatt 1895: Anmeldung 1875 bzw. 1894, Reg. Nr. 2063/1895; Doenges 1907, S. 198; Berling 1911, S. 154)

252

Meißener Schwerter mit Punkt in Blau, 3 in Gold (Berling 1900, Markentafel Nr. 49: ,,Kunstgewerbe-museum Dresden''; Doenges 1907, S. 223)

253
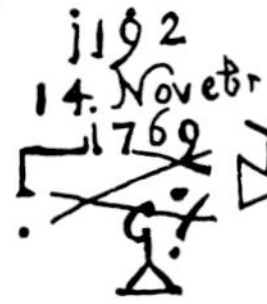
Meißener Schwerter mit Punkt (Franks Coll. 1896, Pl. II, Fig. 17: Marke graublau, 1192 14. Novebr 1769 in Lila, andere Zeichen in Olivgrün)

254

Meißener Schwerter mit Punkt in Unterglasurblau Punkt in Gold (Berling 1900, Markentafel Nr. 48; Doenges 1907, S. 223; Rückert 1966, S. 39; Walcha 1973, S. 449)

255

Meißener Schwerter mit Punkt in Blau auf der Glasur Sog. ,,Koselmarke'' in Gold, Johanneumsnummer eingeschnitten (Franks Coll. 1896, Pl. I, Fig. 6)

Abb. 50. Henkelschale mit Untertasse, Meißener Porzellan, wohl gegen Ende 18. Jhdt.; Henkelschale: unterglasurblaue Schwertermarke mit Stern (s. Abb. 51), am Rand eingepreßt: 55 D, in Gold auf der Glasur: 98., ein unterglasurblauer Punkt; Untertasse: unterglasurblaue Schwertermarke mit Stern, beim Standring 3 kurze Striche nebeneinander in Unterglasurblau; Henkelschale H 6,6 cm, Untertasse D 13,6 cm. - Österreichisches Museum für angewandte Kunst, Inv. Ke 3905

Abb. 51. Kennzeichnung eines Meißener Tellers mit bunten Streublumen, unterglasurblaue Schwertermarke mit Stern (H 27 mm). - Österreichisches Museum für angewandte Kunst, Inv. Ke 164

256

Meißener Schwerter mit Stern (Graesse 1864[1], S. 28; Graesse 1872[3], S. 48)

257

Meißener Schwerter mit Stern (Hofmann 1908, S. 237, Nr. 196)

258

Meißener Schwerter mit Stern (Hofmann 1908, S. 49: ,,um 1780'')

259

Meißener Schwerter mit Stern (Berling 1900, Markentafel Nr. 33; Doenges 1907, S. 198: ,,1780 - 1816''; Rückert 1966, S. 41)

260

Meißener Schwerter mit Stern in Blau (Berling 1900, Markentafel Nr. 60: ,,v. Haugk, Dresden'')

261

Meißener Schwerter mit Stern in Unterglasurblau (Koppchen ÖMAK Ke 6181)

262

Meißener Schwerter mit Stern in Unterglasurblau (Untertasse ÖMAK Ke 3905)

263

Meißener Schwerter mit Stern und 4 in Unterglasurblau, 3 in Braun (?) aufglasur (Untertasse ÖMAK Ke 897)

264

Meißener Schwerter, Stern u. zwei Punkte in Unterglasurblau (Henkeltasse ÖMAK Ke 3904)

265

Meißener Schwerter Stern und drei Punkte in Unterglasurblau (Untertasse ÖMAK Ke 3904)

266

Meißener Schwerter mit Stern in Unterglasurblau (Untertasse ÖMAK Ke 3595)

267

Meißener Schwerter mit Stern (Brüning 1904, Markentafel I, Nr. 5)

268

Meißener Schwerter mit Stern (Warenzeichenblatt 1895, Reg. Nr. 2082/1895)

269

Meißener Schwerter und Stern in Blau, 23 eingepreßt, No: 97 in Schwarz (Franks Coll. 1896, Pl. II, Fig. 19)

270
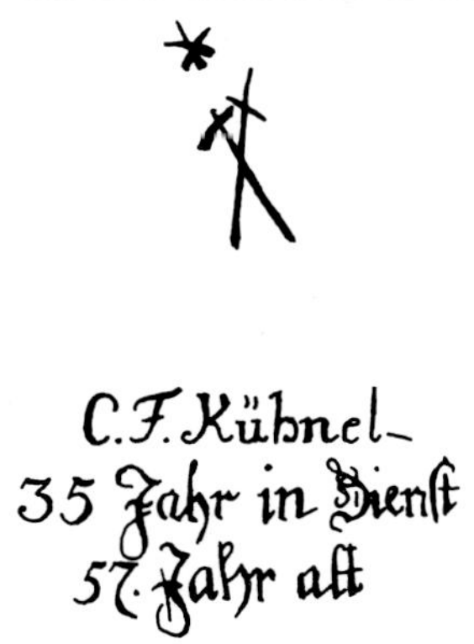

Meißener Schwerter mit Stern in Blau, Schrift in Braun (Franks Coll. 1896, Pl. II, Fig. 20)

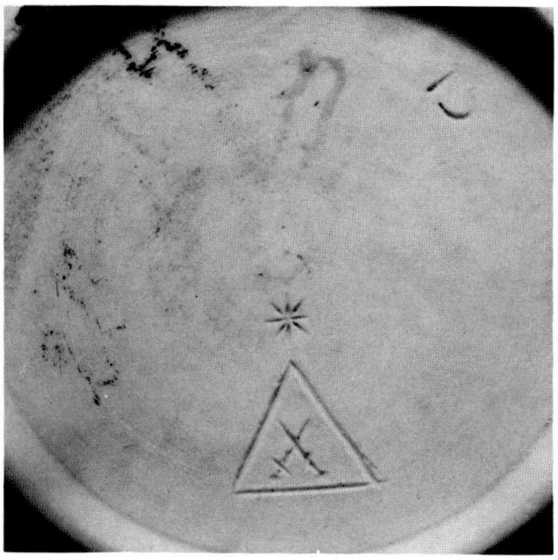

Abb. 52. Kennzeichnung einer Henkelschale mit Reliefdekor in Biskuit, eingeritzte Schwertermarke in Dreieck mit Stern (H 12 mm). - Österreichisches Museum für angewandte Kunst, Inv. Ke 1898

Abb. 53. Kennzeichnung der Biskuitfigur Abb. 56, Meißener Porzellanmanufaktur, 3. Drittel 18. Jhdt., eingeritzte Schwertermarke in Dreieck (H 13 mm), darüber kaum sichtbare blaue Schwertermarke (H 11 mm), eingeritzt: Modellnummer J. 16. - Österreichisches Museum für angewandte Kunst, Inv. Ke 3644

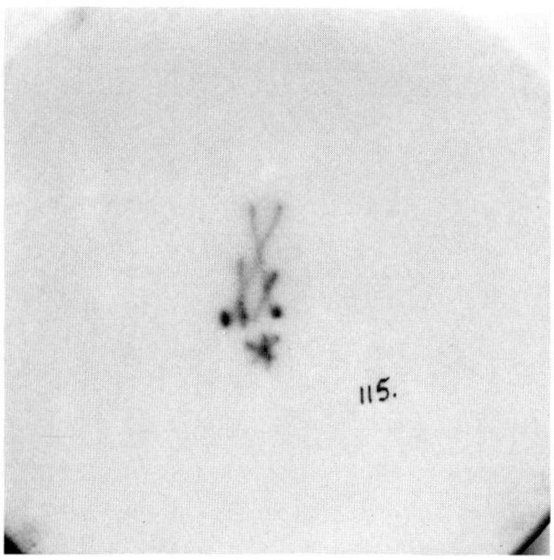

Abb. 54. Kennzeichnung der Henkelschale Abb. 55, Meißener Porzellan, wohl um 1800, unterglasurblaue Schwertermarke mit Stern (H 16 mm), Malernummer 115. in Gold auf der Glasur, am Rand 2 nebeneinanderstehende unterglasurblaue Punkte sowie Ritzzeichen A. - Österreichisches Museum für angewandte Kunst, Inv. Ke 638

Abb. 55. Henkelschale, Meißener Porzellan, wohl um 1800, Kennzeichnung: unterglasurblaue Schwertermarke mit Stern, Malernummer 115. in Gold auf der Glasur (s. Abb. 54), am Rand 2 nebeneinanderstehende unterglasurblaue Punkte sowie Ritzzeichen A; H 6,4 cm. - Österreichisches Museum für angewandte Kunst, Inv. Ke 638

Abb. 56. Biskuitfigur, Meißener Porzellanmanufaktur, 3. Drittel 18. Jhdt.; eingeritzte Schwertermarke in Dreieck, J.16., blaue Schwertermarke kaum sichtbar (s. Abb. 53); H 19,3 cm. - Österreichisches Museum für angewandte Kunst, Inv. Ke 3644

Abb. 57. Kennzeichnung der Untertasse Abb. 58, Meißener Porzellan, 1. V. 19. Jhdt., Schwertermarke und Malernummer 4 in Unterglasurblau (H 15 mm), in Schwarz auf der Glasur bez.: „ Königstein.“, eingeritzt: //, am Standring innen 2 unterglasurblaue, nebeneinanderstehende Punkte. - Österreichisches Museum für angewandte Kunst, Inv. Ke 172

Abb. 58 Detail der Malerei (Untertasse zur Schale Abb. 59). - Österreichisches Museum für angewandte Kunst, Inv. Ke 172

Abb. 59. Henkelschale, Meißener Porzellan, 1. V. 19. Jhdt., in Unterglasurblau: Schwertermarke mit Stern und 4 (H 16 mm), in Schwarz auf der Glasur bez.: „Meissen.", eingestempelt: 18, 46; H 7,4 cm. - Österreichisches Museum für angewandte Kunst, Inv. Ke 172

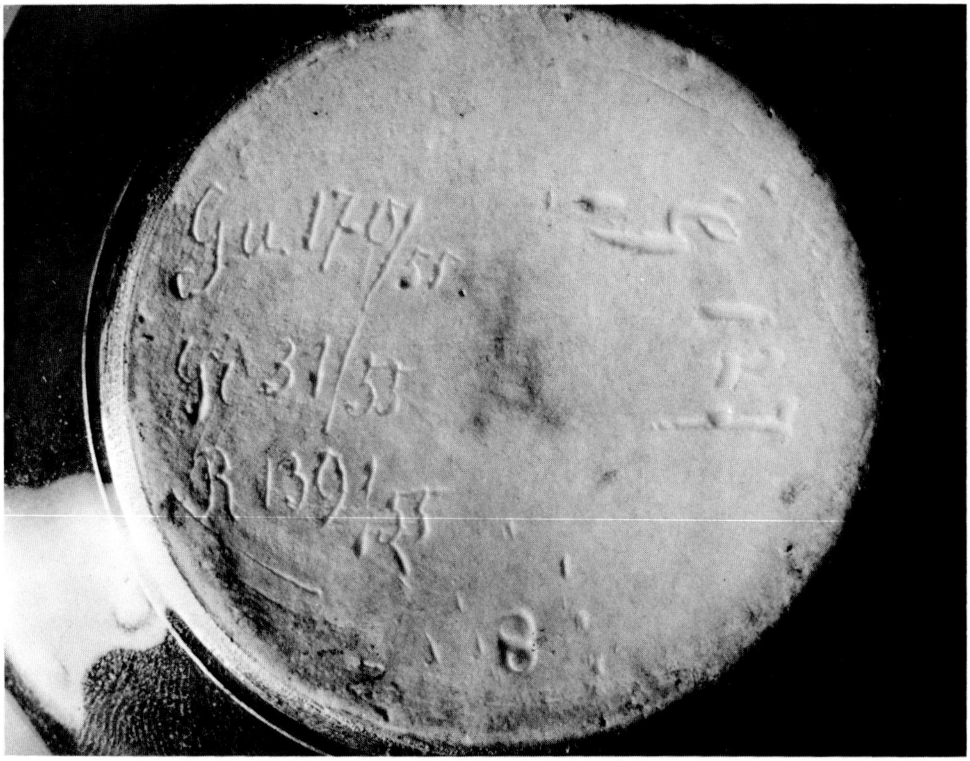

Abb. 60. Unterseite der Deckeldose Abb. 61: blaue Schwertermarke (H 11 mm) auf unglasiertem Boden, eingeritzt und glasiert: G 127, eingestempelt: 8, weitere Ritzzeichen (Buchstaben-Zahlen-Kombinationen), die sich vermutlich auf die Dekorationstechnik beziehen. - Österreichisches Museum für angewandte Kunst, Inv. Ke 3470

Abb. 61. Deckeldose, Meißener Porzellan, vor 1887, Pâte-sur-pâte-Dekoration („Massemalerei"), blaue Schwertermarke auf unglasiertem Boden (s. Abb. 60), eingeritzt, glasiert: G 127, eingestempelt: 8, weitere Ritzzeichen (s. Abb. 61); H 5,7 cm, D 9,3 cm. - Österreichisches Museum für angewandte Kunst, Inv. Ke 3470 (1887 von der Manufaktur Meißen erworben)

271		Meißener Schwerter mit Jahreszahl 1741 in der Malerei der Schale (Franks Coll. 1896, Pl. II, Fig. 15)
272	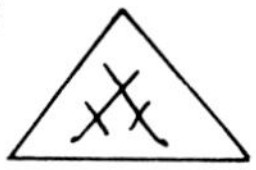	Meißen (Brüning 1904, Markentafel I, Nr. 6; Rückert 1966, S. 41)
273		Meißener Schwerter (mit Stern) in Blau sowie in Dreieck eingepreßt (Hofmann 1908, Nr. 266)
274		Meißener Schwerter eingepreßt (Franks Coll. 1896, Fig. 21)
275		Meißener Schwerter eingepreßt (Berling 1900, Markentafel Nr. 4)
276		Meißener Schwerter eingepreßt (Berling 1900, Markentafel Nr. 3)
277		Meißen, Marke eingepreßt (Franks Coll. 1896, Pl. I, Fig. 1)
278		Meißen, Marke eingepreßt (Franks Coll. 1896, Pl. I, Fig. 2)
279		Meißener Schwerter eingepreßt (Berling 1900, Markentafel Nr. 2)
280	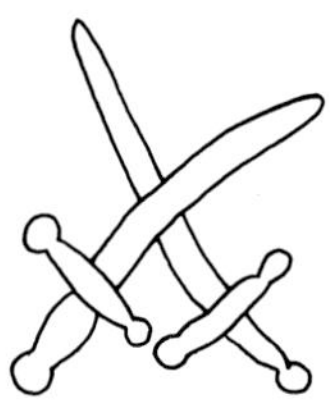	Meißener Schwerter eingepreßt (Berling 1900, Markentafel Nr. 26: ,,Kgl. Schloß in Dresden''; Doenges 1907, S. 217, Nr. 160)
281		Meißener Schwerter mit Schleifstrich (Graesse 1872^{3}, S. 48)
282		Meißener Schwerter mit Schleifstrich (Hofmann 1908, S. 237)
283		Meißener Schwerter mit Schleifstrichen (Graesse 1872^{3}, S. 48: ,,Vaisselle dite anglaise . . .''; Doenges 1907, S. 203, Nr. 71 - 72 und Rückert 1966, S. 41, Nr. 43 - 44: unbemaltes Mittelgut)
284		
285		Meißener Schwerter mit je zwei Schleif-strichen (Graesse 1872^{3}, S. 48: ,,Vaisselle dite anglaise . . .''; Doenges 1907, S. 203 und Rückert 1966, S. 41: ,,Brack, unbe-malt'')
286		
287		Meißener Schwerter mit Schleifstrichen (Graesse 1872^{3}, S. 48; Doenges 1907, S. 203; Rückert 1966, S. 43)
288		Meißener Schwerter (Untertasse ÖMAK Ke 7070)
289		Meißener Schwerter mit zwei Schleif-strichen (Hofmann 1908, S. 237, Nr. 171)
290		Meißener Schwerter (Graesse 1872^{3}, S. 48; Doenges 1907, S. 203; Rückert 1966, S. 43)
291		Meißener Schwerter (Graesse 1872^{3}, S. 48; Doenges 1907, S. 203; Rückert 1966, S. 43)

Abb. 62. Schale mit Untertasse aus dem ,,Krokus-Service", Entwurf K. Hentschel, Meißener Porzellan, um 1900, unterglasurblaue Schwertermarke (H 9 mm) und 71. in Unterglasurblau, eingepreßt: Q 111, undeutlich eingeritzte Zahl; Henkelschale H 9,2 cm, Untertasse D 15,3 cm. - Österreichisches Museum für angewandte Kunst, Inv. Ke 4326 (erworben von der Pariser Weltausstellung 1900)

Bei der Datierung der verschiedenen Formen der Schwertermarke im 19. und 20. Jahrhundert sind wir fast ausschießlich auf Walcha angewiesen, da es kaum andere Fachliteratur gibt, die sich ausführlich mit der Meißener Manufaktur im 19. und 20. Jahrhundert auseinandersetzt. Nach Walcha (1973, S. 498) wurden im 19. Jahrhundert bis etwa 1860 wieder die Knaufschwerter verwendet, im gesamten 19. Jahrhundert und im ersten Viertel des 20. Jahrhunderts Schwerter, ,,in einer steilen, degenhaft geschwungenen Form mit hochliegendem Schnittpunkt der Klingen." Knaufschwerter fand ich allerdings auch auf Jugendstilporzellanen der Meißener Manufaktur, sodaß die obere zeitliche Grenze 1860 bei Walcha nicht wiederspruchslos akzeptiert werden kann.
Eine Marke mit Punkt zwischen den Spitzen der knauflosen Schwerter (auch als ,,Pfeiffer-Punkt" geläufig) kennzeichnete die Direktion von Max Adolf Pfeiffer, nach dem zweiten Weltkrieg bis 1947 wurde ein etwa halbkreisförmiger Bogen (nach dem damaligen Direktor auch ,,Neuhaus-Bogen" genannt) unter die Schwertgriffe gesetzt. Heute wird eine sehr gleichmäßige Form der Schwertermarke ohne weitere Beizeichen verwendet. Ab 1974 war für die Meißener Manufaktur auch die Schwertermarke mit dem Schriftzug ,,Meissen" darunter geschützt.
Den Schutz der charakteristischen Meißener Marken, unter ihnen auch verschiedener Formen der Schwertermarke, sicherte sich die Meißener Manufaktur durch die Anmeldung zur Markenregistrierung beim Patentamt. Dies war im Jahre 1875 erstmals möglich.

292		Meißener Schwerter in Unterglasurblau (Berling 1900, Markentafel Nr. 34; Rückert 1966, S. 41, Nr. 39)
293		Meißener Schwerter (Firmenschrift Meißen 1970, S. 20)
294		Meißener Schwerter (Kat. Meißen 1972)
295		Meißener Schwerter (Kat. Meißen 1972; ähnlich: Walcha 1973, S. 499, Nr. 18)
296		Meißener Schwerter (Firmenschrift Meißen 1970, S. 20)
297		Meißener Schwerter (Kat. Meißen 1972; ähnlich: Doenges 1907, S. 199: ,,etwa 1860'')
298		Meißener Schwerter (Walcha 1973, S. 499, Nr. 19)
299		Meißener Schwerter in Unterglasurblau (Teller, ÖMAK Ke 3466)
300		Meißener Schwerter (Firmenschrift Meißen 1970, S. 20: ,,1815 - 1860'')
301		Meißener Schwerter (Firmenschrift Meißen 1970, S. 20: ,,1860 - 1924'')
302		Meißener Schwerter (Firmenschrift Meißen 1970, S. 20: ,,1924 - 1934'')
303		Meißener Schwerter (Kat. Meißen 1972: ,,1924 - 1934'')
304		Meißener Schwerter (Walcha 1973, S. 499, Nr. 20: ,,1924 - 1933'' unter der Direktion von Max Adolf Pfeiffer)
305		Meißener Schwerter (Walcha 1973, S. 499, Nr. 21: ,,nach dem zweiten Weltkrieg bis 1947'')
306		Meißener Schwerter (Firmenschrift Meißen 1970, S. 20: ,,ab 1934'')
307		Meißener Schwerter (Firmenschrift Meißen 1970, S. 20: ,,in das Porzellan im Rohzustand einge-prägter Weißstempel für Waren, die undekoriert das Werk verlassen'')

Farblos in die Masse gestempelte Kennzeichen wurden in der Meißener Porzellanmanufaktur vor allem für Böttgersteinzeug, Biskuitporzellan sowie für weiß aus der Manufaktur gehendes Porzellan (Marke Nr. 307, S. 88) verwendet.
Die Erzeugung von Objekten aus Böttgersteinzeug war keineswegs auf die Frühzeit der Meißener Manufaktur beschränkt, sondern erlebte auch später, vor allem im 20. Jahrhundert nach dem Ersten Weltkrieg, eine Blütezeit. Eine Spezialität dieser Produktion waren Plaketten, Münzen und Medaillen, die sich fast ausnahmslos durch exakte Datierung von den meisten anderen Produkten der Meißener Porzellanmanufaktur unterscheiden. Stilgeschichtlich sind solche genau datierte Objekte von großer Bedeutung, da sie feste Anhaltspunkte zur besseren Einordnung undatierter Gegenstände bieten und zu Stilvergleichen herangezogen werden können.
Die meisten der Medaillen und Plaketten tragen die Meißener Schwerter und zusätzlich oft noch die Initialen der Entwerfer (z. B. PB = Paul Börner, ME =Max Esser usw.). Da viele namhafte Künstler an der Entstehung dieser Kleinkunst beteiligt waren (Paul Börner, Max Esser, Richard Langer, Paul Scheurich, Richard Scheibe u. a.), ist auch der künstlerische Wert dieser Gegenstände entsprechend hoch einzuschätzen. Manche Sammler haben sich dieses bisher eher unterbewerteten Gebietes schon angenommen, und wie ich der Antiquitäten-Zeitung (Nr. 5/1980, S. 90) kürzlich entnahm, formierte sich schon eine Interessengemeinschaft in Bochum, die sich dem Spezialgebiet keramischer Münzen und Medaillen widmen will.
Otto Walcha (1973, S. 205) schrieb zu diesem Thema:
„Mit der Münzen-, Medaillen- und Plakettenherstellung entwickelte Börner einen neuen Zweig des Manufakturschaffens. Gelegentlich waren auch schon früher Plaketten und Medaillons mit Flachreliefs angefertigt worden, unter Börners Händen entstanden weit über tausend dieser kleinen Kunstwerke, darunter zur Zeit der Inflation auch Porzellannotgeld für das Land Sachsen, für die Stadt Meißen und für einige andere deutsche Städte. Börners lebhafte Phantasie, sein ausgeprägtes ästhetisches Gefühl, die geschickte Aufteilung der Flächen und die großartige Durchmodellierung der oft winzigen Reliefs machen alle diese Prägungen zu wertvollen Kunstwerken.“

Abb. 63. Kennzeichnung der Henkelkanne Abb. 65, Böttger-Steinzeug, Meißen, wohl um 1715; eingepreßte Marke (L 6 mm). - Österreichisches Museum für angewandte Kunst, Inv. Ke 3660

Abb. 64. Detail der Henkelkanne Abb. 65: Golddekor (teilweise abgerieben). - Österreichisches Museum für angewandte Kunst, Inv. Ke 3660

Abb. 65. Henkelkanne, Böttgersteinzeug, glasiert, Golddekor, Meißen, um 1715 (Deckel fehlt, Standring beschädigt, Henkel angeklebt, Gold abgerieben); H (Henkel): 15,5 cm. - Österreichisches Museum für angewandte Kunst, Inv. Ke 3660

Abb. 66 und 67. Medaille, Böttgersteinzeug, Meißen 1921, bez.: LUDWIG RICHTER FEST MEISSEN JUNI 1921, bzw.: 10 M, Schwertermarke, DIR LUDWIG RICHTER GAB MAN WENIG DANK ZUR FREUDE / DOCH DEINER JUGEND KINDER BRINGEN DIR IHN HEUTE; D 4 cm. - Firma Odette Gresle, Marktredwitz

Abb. 68 und 69. Medaille, Böttgersteinzeug, Meißen, bez.: HERBERGSTALER DER WALDENBURGER JUGEND, bzw.: Schwertermarke, SCHLES. STADT WALDENBURG; D 5 cm. - Firma Odette Gresle, Marktredwitz

Abb. 70 und 71. Plakette, Böttgersteinzeug, Meißen 1960, bez.: Schwertermarke, 1960 250 JAHRE, bzw.: AR-Monogramm, STAATLICHE MEISSEN GEGR 6·VI·1710; 4,6 x 4,6 cm.- Firma Odette Gresle, Marktredwitz

Abb. 72 und 73. Medaille, Böttgersteinzeug, Meißen, bez.: Schwertermarke, bzw.: JOHANN FRIEDRICH BÖTTGER · ERFINDER DES PORZELLANS 1682 1719; D 3,7 cm. - Firma Odette Gresle, Marktredwitz

Abb. 74. Deckeldose, Böttgersteinzeug, Meißen, 20. Jhdt., Kennzeichnung s. Abb. 75; H 8 cm, L 14,5 cm. - Wiener Privatbesitz

Abb. 75. Kennzeichnung der Deckeldose Abb. 74, Böttgersteinzeug, Meißen, 20. Jhdt. - Wiener Privatbesitz

MEISSENER SCHWERTER MIT SCHLEIFSTRICHEN

Fast jede Porzellanmanufaktur des 18. Jahrhunderts hatte gegen die ,,Pfuschmaler'' zu kämpfen, die sich weißes Porzellan verschafften, es bemalten und dann mit Gewinn verkauften. Immer wieder bemühten sich Maler außerhalb der Manufakturen, weiß glasiertes, unbemaltes Porzellan zu erhalten, immer wieder versuchten Manufakturmaler, zu Hause weißes Porzellan zu bemalen, um ihren Verdienst zu verbessern.
Manchmal wurde dies den ,,Hausmalern'' sehr leicht gemacht, denn die Manufakturen hatten mehrere Gründe, unbemaltes Porzellan abzugeben. Oft war es Platzmangel, der zur Abgabe solchen Porzellans zwang, oder eine neue Leitung wollte unmodern gewordene Formen abstoßen, oder – und dies war vermutlich auch ein gewichtiger Grund – das Porzellan war fehlerhaft und sollte daher nicht mehr der aufwendigen Prozedur zeitraubender und wertvoller Bemalung unterzogen werden.
Die ,,Pfuscher'', die Meißener Porzellan außerhalb der Manufaktur bemalten, schädigten häufig nicht nur den Absatz der Manufakturware, sondern oft auch den guten Ruf der Manufaktur; manche Hausmalerei war jedoch von ausgezeichneter Qualität und gehört heute zu den begehrtesten Porzellanen.
Für jede europäische Manufaktur war es am Beginn ihrer Produktion schwierig, vollkommen fehlerfreies Porzellan zu erzeugen. Dies traf auch für die Manufaktur Meißen im Jahre 1720 zu: ,,Das Geschirr kam noch immer sehr oft schief oder zerborsten aus dem Ofen, und von 24 Dutzend Tassen war oft kaum ein Dutzend brauchbar" (Berling 1900, S. 33). Soweit es möglich war, wurde dieses fehlerhafte Porzellan weiterverwendet, da das Material zu kostbar war, um zerschlagen zu werden. Jeder Porzellansammler kennt dickwandiges, im Brande verzogenes Porzellan mit Glasurfehlern und Brandrissen aus der Frühzeit der europäischen Manufakturen und die vielen Versuche, diese Fehler wieder verschwinden zu lassen.
Durch Bemalung war manches möglich: das Verdecken von Glasurfehlern durch gemalte, kleine Insekten, das Übermalen von Brandrissen durch einen Zweig oder einen Baumstamm.

GÜTEBEZEICHNUNGEN VON MEISSENER PORZELLAN

Über den ersten aktenkundig überlieferten Sortierbericht aus dem Jahre 1712 informiert uns Johannes Just (1970/71, S. 209):
,,Der Meißner Inspektor Steinbrück sortierte damals das ‚Brack Guth', unter welchem Begriff also zunächst alles grob schadhafte Porzellan bzw. Steinzeug verstanden wurde,

'1. In unnutzbare Scherben,
2. dergestalt zerbrochene Gefäße, daß sie unmöglich zu gebrauchen,
3. dergestalt schadhafte, daß sie noch im Nothfall zu gebrauchen,
4. ziemlich brauchbare, aber doch kein Kaufmannsguth, weil noch einige Mangel daran befindlich, als
   1. daß sie schief oder außer der Forme
   2. voller Blasen
   3. an irgend einem Ende zerstoßen oder fleckicht.'''

Bereits Anfang der zwanziger Jahre des 18. Jahrhunderts unterschied man das Porzellan in Meißen je nach seiner Güte in ,,Gut, Mittelgut und Brack'' (Berling 1900, S. 33) bzw. ,,Gut'', ,,Mittel'', ,,Brac'' (Rückert 1966, S. 14). Für 1722 weist Just die Begriffe Mittelgut und Brack in der Meißener Manufaktur nach, und die Begriffe Gut, Mittelgut und Brack sind 1731 akten-

kundig: „Über das eigentliche sogenannte gute Guth, oder ganz ohne Mangel seyende porcelain, soll auch der Factor das Mittel- und brac-Guth. . . zu vertreiben suchen, damit der diesfalls zu Meißen vorhandene Vorrath nach und nach vermindert" wird (aus einer Instruktion an den Faktor Chladni in Dresden, zitiert nach Just 1970/71, S. 209), Walcha (1973, S. 458) verweist auf die Gütebezeichnungen „Gut", „Mittelgut", „Brac" und „Rommelhux", die 1723 eingeführt wurden.
Die letzte Kategorie „Rommelhux" wurde vernichtet. Aber auch „Brack" sollte nicht mehr in den Verkauf gelangen. Im Jahre 1725 (Böhmert 1880, S. 66; Berling 1900, S. 33; Rückert 1966, S. 15) wurde verfügt, daß „Brack" nicht verkauft, sondern nur an die Porzellanarbeiter abgegeben werden dürfe. Von diesen wurde es aber trotz Verbotes weiterverkauft. Kaendler schlug zwar einmal vor, auch den „Brack" zu zerschlagen, um den Handel damit zu unterbinden, doch drang er mit diesem Vorschlag nicht durch.
Ab 1740 erhielten auch „Manufacturverwandte und andere sichere Personen, bei denen es zu nothdürftigen Gebrauche verbleibt" (Berling 1900, S. 33) Porzellan der Kategorie „Brack".
Von großem Interesse sind in diesem Zusammenhang die Bemerkungen, die Böhmert (1880, S. 66-67, 91) über das sogenannte „Brackbenefiz" macht: „Im Jahre 1725 wurde die Bestimmung eingeführt, nach welcher der sog. Brack, das ist das geringere Ausschussporzellan, nicht verkauft werden, sondern zur Vertheilung an das Manufacturpersonale gelangen solle. Dieses Brackbenefiz nahm nach und nach die Form eines Emoluments an, welches vorzüglich zur Unterstützung von Kranken, Wittwen und Waisen der Manufacturarbeiter verwendet wurde . . . Zufolge des Hauptrescriptes vom 13. Mai 1764 wurde aber diese Naturalvertheilung aufgehoben und die Verauctionirung des Bracks angeordnet, laut höchster Marginalresolution vom 15. December 1764 aber zu demselben Zwecke eine Geldentschädigung von zehn Prozent des Auctionsbetrages bewilligt, welche nachmals den Namen des Brackbenefizes erhielt und seit 1766 den Wittwen- und Waisenkassen zufloss. Vom Jahre 1776 an wurden den Kassen anstatt dieser Procente jährlich 300 Thlr. ausgezahlt. 1785 wurde dies Summe auf 400 Thlr. erhöht."
Die Unterscheidung von „Gut, Mittelgut und Brack" (Berling 1900, S. 33) dürfte nicht konsequent befolgt worden sein, da am 22. 1. 1740 eine Verfügung ausdrücklich bestimmte, diese drei Arten von Porzellan seien genau zu unterscheiden, das „Mittelgut" sei um fünf Prozent billiger zu verkaufen und „Brack" dürfe überhaupt nicht in den Handel gelangen.
Gegen Ende der zwanziger Jahre des 18. Jahrhunderts dürfte ein Befehl erlassen worden sein, überhaupt kein weißes Porzellan mehr zu verkaufen (Berling 1900, S. 55). Über die Tätigkeit des Bartholomäus Seuter berichtet der Reiseschriftsteller Johann Georg Keyssler in seinem 1740 gedruckten Buch, das auch einen Besuch in Dresden am 23. 10. 1729 erwähnt: „Seuter verkauft die schönsten Porzellanwerke, von denen er viele ganz in weiß von Dresden kommen läßt und durch nette Gemählde und Email noch viel kostbarer gemacht hat . . . Seit anderthalb Jahren ist verbothen gantz weißes Porzellan zu verkauffen, sondern denjenigen Profit, welchen außwärtige Künstler mit Verguldung und Anmahlung desselben machten, im Lande selbst zu ziehen, und werden zu solchem Ende vierzig Mahler unterhalten, welche gute Arbeit en mignature liefern . . ." (Walcha 1973, S. 166; Rückert 1966, S. 16).
Aber auch dieser Befehl dürfte nicht ausnahmslos befolgt worden sein, und Walcha (1973, S. 166) nimmt an, daß „noch reichlich Weißporzellan, wenn auch vielfach von minderer Qualität, meist über Nordböhmen an die privaten Veredelungbetriebe" gelangte und die Hausmalerei damit keineswegs beendet gewesen sei.
Im Jahre 1731 fragte die Kommission bereits wieder an, „. . . ob es der König bei der alten Bestimmung über die Ausschussware lassen wolle, oder ob ‚zu mehreren debit diese sorten derer Geschirre wieder verloset werden sollen'" (Berling 1900, S. 55).
Auch das sogenannte „Mittelgut" häufte sich manchmal zu beträchtlichen Mengen an und

wurde dann besonders bilig verkauft, doch ist es nach Berling (1900, S. 61) ,,nicht an die eigentlichen Händler, sondern an solche Privatleute abgegeben worden, von denen man annehmen konnte, daß sie es zu eigenem Gebrauch verwandten.
Da aber mit dem unbemalten Mittelgute verschiedene Betrügereien vorkamen, wurde am 22. Januar 1740 bestimmt, dass das Mittelgut nur noch mit einfacher Malerei versehen verkauft werden solle, es sei denn, ,dass es soviel Risse zeige, dass es das Emaillierfeuer nicht mehr aushalte.' Der Verkauf von Mittelgut fand bis zum 1. September 1750 in Meissen, dann aber in Dresden statt.''
Nach Berling (1900, S. 172, Anm. 166) soll im Jahre 1750 Mittelgut im Werte von ,,12.140 Thlr.'' verkauft worden sein.
Um das sich trotz verschiedener Maßnahmen immer mehr anhäufende fehlerhafte Porzellan loszuwerden, entschloß man sich in der Meißener Manufaktur auch zu Auktionen: ,,Anfänglich wurde in Folge Rescripts vom 13.Mai 1764 nur das Verauctioniren des Bracks, den man nunmehr durch die verbesserte Schleiferei in Menge gewann, anbefohlen. Sehr bald aber wurde laut einer höchsten Marginalresolution vom 23. September 1764 auch der Auctionsvertrieb des bunten Mittelgutes in schlechten und ungangbaren Artikeln zu Dresden und Leipzig genehmigt, und endlich das Auctionswesen dergestalt ausgedehnt, dass der Auctionserlös im Jahre 1766 bis auf eine Summe von 63342 Thlr. 13 Gr. als das Maximum der jährlichen Auctionseinnahmen anstieg. Im Jahre 1768 fiel der Auctionserlös wieder unter 20 000 Thlr. herab und erhielt sich dann abwechselnd bald hoch bald niedrig'' (Böhmert 1880, S. 49).
Die Sortierung des Porzellans in Güteklassen an der Meißener Manufaktur war keineswegs immer gleich; auch die Bezeichnungen einzelner Güteklassen änderten sich. Nach Just (1970/71, S. 210) kam es ,,seit der Mitte des 18. Jahrhunderts zu einer ständigen Divergenz zwischen tatsächlicher Sortiergepflogenheit und den für die einzelnen Güteklassen gebrauchten Begriffen . . . Es entstanden die jüngeren Begriffe ,Ausschuß' und ,Unscheinbares' . . . Eine Güteklasse ,Unscheinbares' treffen wir erstmals in den Sortierlisten vom Jahre 1825 an. Unscheinbare Porzellane lagen in der Qualität noch unter dem Brack . . .'' Die Güteklassen ,,Gut, Mittelgut, Ausschuß, Brack, Unscheinbares, Bruch'' hatten sich laut Just erst Anfang des 19. Jahrhunderts herausgebildet. 1854 faßte man Ausschuß und Brack in eine Gruppe zusammen, 1869 schaffte man die bisherigen Begriffe ab und plädierte für die Begriffe ,,erste Wahl'' bzw. ,,zweite Wahl'', doch kam es ,,im weiteren Verlauf der Betriebsgeschichte noch wiederholt zu Umwertungen'' (Just 1970/71, S. 211).

AUSSCHUSS UND WEISSWARE

Man sah sich in Meißen bald veranlaßt, eine besondere Kennzeichnung für unbemalte bzw. für Ausschußporzellane einzuführen.
Die Bezeichnung solcher Porzellane in Form von Durchschleifen der Fabriksmarke war in manchen europäischen Porzellanmanufakturen, neben Meißen z. B. auch in Sèvres, bekannt. Man wollte sich damit gegen die ,,Pfuschmaler'' (Hofmann 1932, S. 297) schützen, die sich aber mit mancherlei Tricks zu helfen wußten, um diese Zeichen wieder verschwinden zu lassen.
Hofmann (1932, S. 311) weist auch darauf hin, in welchem Stadium der Porzellanfabrikation solche Ausschußzeichen angebracht wurden: ,,. . . das sog. Ausschußzeichen, ein Merkmal, das dem fertigen weißen Porzellan gegeben wurde, wenn es bei der sorgfältigen Prüfung nach Ausräumen des Ofens dem kritischen Blick des ,Sortierers' nicht standhalten konnte. Selbstverständlich mußte dies in einer Technik geschehen, die einfach war und sich am fertigen Stück anwenden ließ. Es kamen also nur Zeichen in Frage, die mit dem Rädchen einge-

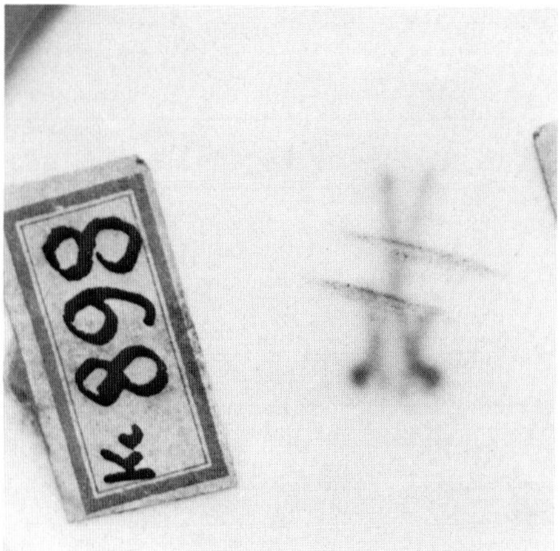

Abb. 76. Kennzeichnung der Untertasse Abb. 80, Meißener Porzellan, außerhalb der Manufaktur dekoriert; unterglasurblaue Schwertermarke (H 15 mm), zweimal durchschliffen. - Österreichisches Museum für angewandte Kunst, Inv. Ke 898

Abb. 77. Kennzeichnung der Henkelschale Abb. 79, Meißener Porzellan, außerhalb der Manufaktur dekoriert; unterglasurblaue Schwertermarke (H 15 mm), zweimal durchschliffen, - Österreichisches Museum für angewandte Kunst, Inv. Ke 898

Abb. 78. Detail der Malerei der Untertasse (Abb. 80), Meißener Porzellan, außerhalb der Manufaktur dekoriert. - Österreichisches Museum für angewandte Kunst, Inv. Ke 898

Abb. 79. Henkelschale, Meißener Porzellan, außerhalb der Manufaktur dekoriert, Kennzeichnung: zweimal durchschliffen, unterglasurblaue Schwertermarke (s. Abb. 77), undeutliche eingepreßte Zahl (18? 13?); H 6 cm. - Österreichisches Museum für angewandte Kunst, Inv. Ke 898

Abb. 80. Untertasse zur Henkelschale Abb. 79, Meißener Porzellan, außerhalb der Manufaktur dekoriert; Kennzeichnung: zweimal durchschliffene unterglasurblaue Schwertermarke (s. Abb. 76); D 13 cm. - Österreichisches Museum für angewandte Kunst, Inv. Ke 898

Abb. 81. Detail der Malerei der Untertasse (Abb. 80), Meißener Porzellan, außerhalb der Manufaktur dekoriert. - Österreichisches Museum für angewandte Kunst, Inv. Ke 898

schliffen werden konnten, als glatte Striche quer durch die Fabrikmarke oder in ihrer Nähe. Diese Arbeit besorgte eine einfache Schleifmaschine, die gleiche, mit der auch der Bodenrand der Geschirre abgeschliffen wurde."

In Meißen wurde zu einem bisher noch nicht bekannten Zeitpunkt angeordnet, daß bei den weiß aus der Fabrik gehenden Porzellanen „ein Strich über die Schwerter eingeschnitten werden solle" (Berling 1900, S. 161). Berling meint, daß diese Kennzeichnung etwa um 1760 eingeführt wurde und kann sie mit Sicherheit für das Jahr 1766 belegen: „Die Gräfin Moszcinska hatte damals in der Fabrik einen unbemalten Porzellanhund bestellt; ‚da es aber der Manufactur untersagt ist, weiss Geschirr zu verkaufen', so fragte die Leitung höhernorts an, wie sie sich zu verhalten habe. Der Kurfürst entschied sich nun am 24. November 1766 dahin, dass der Hund weiss abgegeben, ‚dennoch aber nicht ohne dem bey weissen Geschirren gewöhnlichen Einschnitt abgeliefert' werden dürfe."

In diesem Zusammenhang muß angemerkt werden, daß weißes, unbemaltes Porzellan nicht immer mit fehlerhaftem Porzellan identisch war. Manche Käufer scheinen das unbemalte dem bemalten Porzellan vorgezogen zu haben; nirgends ist aber die Makellosigkeit von Masse und Glasur so offenkundig wie beim weißen, undekorierten Porzellan, nirgends der kleinste Fehler so augenfällig wie bei diesem. Vorschläge zur Kennzeichnung weiß abgegebenen Porzellans wurden in Meißen in der Folge noch mehrfach gemacht, doch meist nicht realisiert. Marcolini schlug am 2. Dezember 1774 vor (Berling 1900, S. 161): um „sich aber doch des Debits des weissen Porcellaines zu versichern, da es beliebt ist und öfters gesucht wird, wäre mein Vorschlag, um die Churschwerter annoch die Worte Sans peinture setzen und unter der Glasur mit einbrennen zu lassen." Dieser Vorschlag wurde am 17. 1. 1775 zwar gutgeheißen, doch wohl nie realisiert. Eine solche Bezeichnung „Sans peinture" ist meines Wissens auf keinem Meißener Porzellan überliefert. Das Wort „Ausschuss" in Purpur auf der Glasur finden wir hingegen auf einem von Just (1970/71, S. 212) abgebildeten Porzellan. Auf Empfehlung Marcolinis vom 10. Februar 1779 sollte auf jedem Stück „Brac und Ausschuss" eingebrannt werden, das für Auktionen bestimmt war (Berling 1900, S. 161). Vermutlich war ab etwa 1795 auch die Ausschußware mit einem Einschnitt versehen worden. Berling stellt dazu fest (1900, S. 161): „Die Ausschussware war wohl meistens, keineswegs immer, mit dem weissen Porzellan gleichbedeutend."

KENNZEICHNUNG DURCH SCHLEIFSTRICHE

Je nach Anbringungsart sowie Anzahl der Schleifstriche werden den so gekennzeichneten Schwertermarken verschiedene Bedeutungen zugeschrieben.

Zu den informativsten Beiträgen über dieses Spezialproblem zählt der Artikel von Johannes Just: „Geschnittene Marken auf Meißner Porzellan – Güteklassen und Weißverkauf" im Jahrbuch der Staatlichen Kunstsammlungen Dresden (1970/71). Auf diesen Autor wird daher im folgenden öfters eingegangen.

Der meines Wissens erste Autor, der auf die Bedeutung dieser Schleifstriche hinwies, war Graesse in seinem Werk „Guide de l'amateur de Porcelaines et de Poteries . . .", das im Jahre 1872 in der dritten Auflage erschien (in der mir zur Verfügung stehenden ersten Auflage sind diese Schleifstriche bei den Schwertermarken noch nicht enthalten, die zweite Auflage war mir nicht zugänglich). Die im Kreuzungspunkt der Schwerter durchschliffene Marke bedeutet bei Graesse fehlerfreies, weißes Geschirr („Vaisselle blanche sans faute"). Dies ist die einzige Kennzeichnung der Schwertermarke mittels Schleifstrich, bei deren Auslegung auch die späteren Autoren mit Graesse einer Meinung sind.

Für sogenanntes „englisches oder feines Geschirr" mit Fehlern („Vaisselle dite anglaise ou fine avec quelques défauts") bildet Graesse die Schwertermarke mit einem Strich über den Knäufen als Ausschuß („rebut"), mit einem Strich über den Parierstangen als „Brack"

(,,autre espèce de rebut") ab.
Fehlerhaftes Tafel-, Kaffee- und Teegeschirr (,,Vaisselle pour la table et pour le café et le thé avec défauts") wurde laut Graesse 1872[3] so gekennzeichnet, daß die Parierstangen der Schwerter beim ,,Ausschuß" zweifach durchschliffen, bei ,,Brack" dreifach und bei ,,Unscheinbar" vierfach durchschliffen wurden.
Es ist mir zwar völlig unbekannt, welche Art von Porzellan Graesse als ,,englisches Geschirr" bezeichnet, doch sind seine Aussagen so eindeutig und bestimmt, daß man sie berücksichtigen oder zumindest kennen sollte, auch wenn alle späteren Autoren zu anderen Deutungen gelangten. Die Quelle für die Erklärungen Graesses ist leider heute noch nicht bekannt.
In der ersten Auflage des ,,Graesse" ist diese Art von Porzellanbezeichnung für den Verkauf, wie bereits erwähnt, nicht berücksichtigt; in der 11. Auflage (1906 erschienen, bearbeitet von Jeannicke) erlitt die Exaktheit der 3. Auflage offensichtlich bereits Einbußen. Teilweise scheinen die dort angegebenen Erklärungen sogar falsch zu sein, so z.B. wenn die in der Mitte durchschliffene Schwertermarke als zweite Wahl bezeichnet wird (,,2^{d} choix"). Als ,,Rebut" scheinen dort Schwertermarken mit jeweils zwei Strichen über, unter der Marke bzw. durch die Marke auf, als ,,Brac" eine mit drei und eine mit vier Strichen durchschliffenen Marke – auch dies eine Veränderung gegenüber der 3. Auflage.
Zumindest ab der 14. Auflage des ,,Graesse" sind diese Zeichen nicht mehr enthalten, um plötzlich in den neuesten Auflagen, die wir vom ,,Graesse" kennen (mir liegt derzeit die 23. Auflage von 1974 als letzte vor) wieder aufzutauchen, und zwar mit ziemlich einschneidend geänderter Auslegung hinsichtlich der Bedeutung der eingeschliffenen Striche im Zusammenhang mit den Schwertermarken.
Die früheste Veröffentlichung der bei Graesse 1974[23] anzutreffenden Deutung ist mir aus dem Buch von Doenges (1907, S. 203) bekannt, aus dem sie offensichtlich von Rückert (1966, S. 40) übernommen wurde, auf den anscheinend seinerseits wieder der Bearbeiter des Graesse 1974[23] zurückgriff.
Diese Erklärung der Schleifstriche lautet folgendermaßen (Doenges 1907, S. 203): ,,Ein (mit einem Rädchen, das Glasur und Farbe entfernt) durch die Kreuzungsstelle der Parierstangen gezogener Strich bedeutet bei unbemaltem Porzellan das fehlerfreie Stück; das Mittelgut (Ausschuß) wird bezeichnet durch einen Strich an den Knäufen oder den Spitzen der Schwerter, Brack durch zwei Striche an den Knäufen oder den Spitzen der Schwerter. Bei bemaltem Porzellan bedeuten zwei Striche durch die Parierstangen der Schwerter den Ausschuß (sogenannte zweite Wahl), drei Striche den Brack (dritte Wahl), vier Striche die ,unscheinbaren' Stücke."
Berling (1900 bzw. 1911) kannte diese Deutung nicht; vermutlich waren ihm keine Archivalion zu diesem Spezialproblem bekannt, wobei festzustellen ist, daß Berling kaum an so wichtigen Dokumenten vorbeigegangen wäre. Die Quelle der von Doenges gegebenen Erläuterungen war mir nicht eruierbar. Vielleicht stützte er sich auf die Ausgabe des ,,Graesse", die mir nicht zugänglich war. Bei einem Markenbild scheint mir eine solche nachweisbare Beziehung Doenges-Graesse möglich: bei der ,,Graesse"-Ausgabe 1906[14] (S. 187, Nr. 578) ist neben der dreifach durchschliffenen Marke ein Punkt zu finden, der bei Graesse 1872[3] nicht zu sehen ist. Leider waren mir nicht alle Ausgaben des ,,Graesse" verfügbar, sodaß ich das erste Vorkommen dieses typischen Punktes (vielleicht sogar nur ein Druckfehler?) nicht herausfinden konnte. Kann es denn sein, daß Doenges bei seiner Deutung der Schleifstriche den französischen Text der ersten Ausgaben des ,,Graesse" falsch interpretierte?
Die auch bei Rückert abgedruckte und heute allgemein akzeptierte Deutung der Schwertermarken mit Schleifstrichen durch Doenges wäre auch für mich vollkommen plausibel, besäße des Österreichische Museum für angewandte Kunst in Wien nicht eine Henkelschale mit Untertasse, die die mehrfach durchschliffene Schwertermarke zeigt, die aber mit hoher

Wahrscheinlichkeit nicht in Meißen selbst bemalt wurde. Nach der heute allgemein akzeptierten Auslegung der Schleifstriche (nach Doenges) würde diese Marke aussagen, daß das Porzellan ,,bemalt, aber fehlerhaft" von Meißen abgegeben wurde. Dem entgegen steht eine Purpurmalerei, die höchstwahrscheinlich nicht aus Meißen stammt. Sie ist außerordentlich gut mit einer im selben Museum befindlichen Malerei auf einer Henkelschale mit Untertasse vergleichbar, die das gefälschte AR-Monogramm (Augustus Rex-Marke), vermutlich der Firma Wolfsohn in Dresden, trägt.

Es muß noch darauf verwiesen werden, daß die Datierung der Schwertermarken mit Schleifstrichen bei Graesse 1974 [23] nicht ganz korrekt ist. Berling meint, wie bereits erwähnt, daß die Kennzeichnung mit Schleifstrichen um etwa 1760 eingeführt wurde; ab 1766 kann er sie durch Archivalien belegen. Rückert (1966, S. 23) läßt eine Verwendung vor 1766 ebenfalls offen. Aus den Archivalien, die Berling nennt, geht hervor, daß diese Kennzeichnung mit Gewißheit schon vor 1766 stattfand, auch wenn der Autor erst für dieses Jahr archivalische Belege hat. Graesse 1974 [23] vereinfacht die Datierung in unzulänglicher Weise, wenn es dort heißt: ,,unbemaltes Porzellan mit Schleifstrichen ab 1766" und ,,Bemaltes Porzellan mit Schleifstrichen ab 1766", da eine Verwendung vor diesem Jahr dadurch völlig ausgeschlossen wird.

Gleichzeitig mit den ersten Ausgaben des ,,Graesse" erschien die ,,Histoire des Poteries, Faïences et Porcelaines" von J. Marryat, ein Werk, das mir in seiner zweiten Auflage, aus dem Englischen übersetzt von d'Armaillé und Salvetat und mit einem Vorwort von Riocreux vorliegt. Im zweiten Band dieser 1866 erschienen zweiten Auflage geht Marryat ebenfalls auf den Verkauf von weißem Porzellan durch die Manufaktur Meißen, auf die spätere Bemalung außerhalb der Manufaktur und auf den Mißbrauch mit diesen nun dekorierten Porzellanen ein (Marryat 1866, Bd. II, S. 118-119): ,,On a mis en vente, dequis peu, des porcelaines qu'on peut appeler frauduleuses. Des marchands ont acheté à la manufacture royale de Meissen des porcelaines blanches sur lesquelles ils ont appliqué des peintures de manière à tromper ceux qui ne soupçonnent pas la fraude. Pourtant, comme tous les articles fabriqués à la manufacture royale et vendus blancs ou non colorés, sont coupés, sur le vernis, d'une ligne transversale passant sur les épées bleues en croix, cette marque suffit pour désigner toutes les pièces qui n'ont pas été peintes à la manufacture royale. En même temps, il faut faire remarquer qu'on trouve souvent des pièces ornées des dessins de la plus grande valeur, peints sur porcelaine blanche par des artistes qui n'ont jamais fait partie de l'établissement royal, et qui portent, par conséquent, cette barre sinistre.

Les imitations colorées, sorties des ateliers de Meissen portent également cette barre, augmentée de deux ou de trois lignes tranversales selon l'infériorité de l'article. Quant toute la pièce est contrefaite on peut découvrir la fraude par le peu d'éclat comparatif de la peinture, et par la teinte du fond, plus blanche dans les imitations que dans la véritable porcelaine de Meissen dont le fond a toujours une nuance bleuâtre. Les marchands ont donc soin de couvrir de couleur tout le fond; mais la marque est apposée sur le vernis, et non dessous comme dans la véritable porcelaine de Dresde."

Der sehr wichtige Artikel von Johannes Just bringt insoferne Klarheit, als der Autor eindeutig betont, daß es etwa bis zur Mitte des 19. Jahrhunderts keine Kennzeichnung der Güteklassen gab. Vorher diente der Schleifstrich nur zur Kennzeichnung der Weißware. Nach Just (1970/71, S. 214) wird ,,die ausschließliche Verwendung der geschnittenen Marke als Zeichen des Weißverkaufs . . . an anderen Stellen direkt bezeugt: Als Marcolini 1776 die Eröffnung des Dresdner ,Ausschuß-Porcellain-Gewölbes' anzeigen ließ, wurde angekündigt, daß ,wegen der betrügerischen Nachmahlerey . . . das weiße Ausschußgut unten mit einem Schnitt durch die Churschwerter bemerkt' ist." Eine Kennzeichnung von Ausschuß und Brack ist für 1850 nachweisbar (zitiert nach Just 1970/71, S. 214): ,,Um künftig jede mögliche Verwechslung der Ausschuß- und Brackwaren mit den besseren Sorten in den sogenannten englischen Artikeln, als Gruppen, Figuren, Vasen etc. zu verhüten, ist beschlossen worden, von jetzt an, unmittelbar nach dem Sortieren dieser Gegenstände, die Ausschuß- und Brackstücke und zwar die ersteren mit einem, die letzteren aber mit zwei kleinen Einschnitten unter den Schwertern durch die Schleifer bezeichnen zu lassen." Das „Unscheinbar" wurde damals mit drei Schleifstrichen bezeichnet. Just verweist ausdrücklich darauf, daß die Schleifstriche „hier nicht durch die Schwerter, sondern unter diesen angebracht werden sollten. Damit wäre bei konsequenter Durchführung eine Verwechslung mit dem Weißstrich nicht möglich."

Aufgrund einer Vorschrift vom 9. Juli 1852 wurden nun aber auch die verschiedenen Qualitätsabstufungen bei Weißware durch Schleifstriche gekennzeichnet. Es wurde bestimmt, „daß die zum Weißverkauf gelangenden Ausschußwaren mit zwei, die Brackwaren mit drei und die unscheinbaren Geschirre mit vier Einschnitten durch oder nach Befinden in die Nähe der Schwerdter bezeichnet werden. Es ist zu diesem Zwecke die Anschaffung geeigneter kleiner 2 bis 4schneidiger Schleifräder beschlossen worden" (zitiert nach Just 1970/71, S. 214).

Hier beginnt die Kennzeichnung durch Schleifstriche meiner Ansicht nach verwirrend zu werden, da es offenbar freigestellt wurde, ob die Schwerter selbst durchschliffen wurden oder die Schleifstriche in ihrer Nähe angebracht werden sollten.

Im Jahre 1853 wurde bestimmt, daß „Ausschuß, Brack und Unscheinbar auch bei unterglasur dekoriertem Porzellan mit zwei, drei und vier Strichen versehen werden solle, daß diese Striche jedoch nicht durch die Schwerter, sondern über oder neben diese geschliffen werden müssen" (Just 1970/71, S 214). Just nimmt an, daß die Anwendung der geschnittenen Marke aus der Zeit um 1850 bereits 1869 eine Modifizierung erfahren mußte, da in diesem Jahr die Benennungen der Güteklassen geändert wurden.

Archivalische Unterlagen fand Just allerdings erst wieder aus dem Beginn des 20. Jahrhunderts (1906): „Während auf die tadellosen Geschirre, die sogenannte 1. Wahl, nur künstlerisch wertvolle Dekors kommen, pflegt man Geschirre mit kleineren Fehlern in Form oder Farbe, sogenannte 2. Wahl, die in der Marke, den Churschwertern, zwei Schnitte zeigen, nur einfacher zu verzieren. Nicht dekoriertes Porzellan in weißem Zustand wird nicht mehr in den Verkehr gebracht" (zitiert nach Just 1970/71, S. 215)

Die Begriffe „I. Wahl", „2. Wahl" haben sich bis heute erhalten. In einer undatierten Broschüre des 20. Jahrhunderts („Richtlinien zur Entgegennahme von Aufträgen") geht die Manufaktur Meißen auf die „Güteunterscheidung" und die entsprechende Kennzeichnung ein: „Aus der Natur des Werkstoffes und durch die Einwirkung der Elemente während des Trokken - und Brennvorganges ergibt sich eine Trennung der Erzeugnisse in verschiedene Güteklassen. Als Handelsware kommt nur I. und II. Wahl vor. II. Wahl ist durch zwei Schleifschnitte durch die Schwertermarke gekennzeichnet, so daß eine Nachprüfung leicht möglich ist. Die Veranlassung zur Einreihung in die II. Wahl sind in der Regel kleine Formabweichungen, Brenn= Masse = und Glasurfehler. Geschirre II. Wahl werden hauptsächlich für farbige Randbemalungen, einfache Blumenmalereien einschließlich der Rosenmalerei und zu leichten indischen Malereimustern verwendet".

Diese Kennzeichnung der 2. Wahl durch zwei Schleifstriche wurde kürzlich aufgegeben. Ab 1. 1. 1980 wird nicht mehr die Schwertermarke selbst, sondern der in Unterglasurbau gemalte kleine Strich durchschliffen: zwei Schleifstriche bedeuten zweite Wahl; die drei- bzw. viermal durchschliffene dritte bzw. vierte Wahl wird im Gegensatz zur zweiten Wahl nicht exportiert.

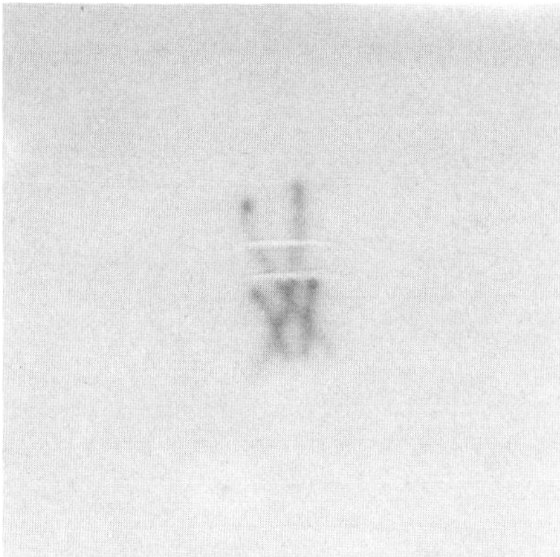

Abb. 82. Kennzeichnung des Tellers Abb. 138 (S. 184), Meißener Porzellan, modern: unterglasurblaue, zweimal durchschliffene Schwertermarke (H 9 mm), II. Wahl. - Wiener Privatbesitz

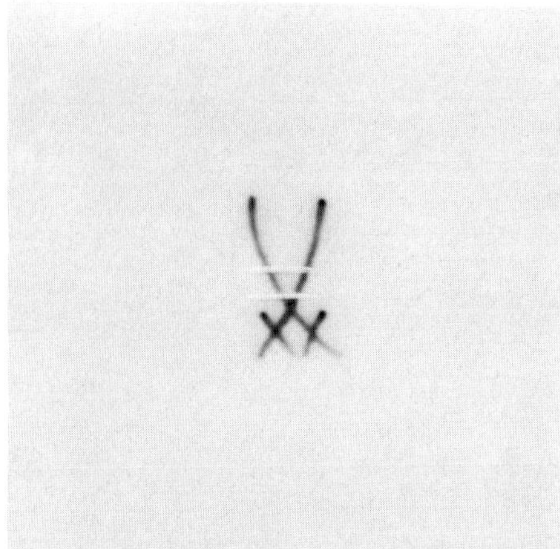

Abb. 83. Kennzeichnung des Tellers Abb. 139 (S. 185), Meißener Porzellan, modern: unterglasurblaue, zweimal durchschliffene Schwertermarke (H 10 mm), II. Wahl. - Wiener Privatbesitz

Zur Geschichte der Verwendung der Schleifstriche, der Stelle ihrer Anbringung und ihrer Bedeutung kann man nur wiederholen, was für viele andere Kennzeichen auf Meißener Porzellan gilt: daß die Sachlage reichlich verwirrend ist. Aus den vor allem von Just zitierten Archivalien geht hervor, daß immer berücksichtigt werden muß, zu welchem Zeitpunkt der Schleifstrich angebracht wurde, da sich die entsprechenden Vorschriften – oft in rascher Folge – änderten.

Die ab 1980 gültige Form der Kennzeichnung hat hier zumindest für die Zukunft Klarheit geschaffen.

DIE IMITATION UND FÄLSCHUNG DER MEISSENER SCHWERTERMARKE IN ENGLAND

Es hat den Anschein, als wären die Meißener Schwerter in keinem Land so häufig gefälscht worden wie in England. ,,The Dresden ,crossed swords' was copied all over England" (Binns 1906, S. 178).

Die englische Sitte – oder Unsitte? – war jedoch nicht auf die Marken kontinentaler Porzellanmanufakturen beschränkt. Manche englische Manufaktur eignete sich die Marke eines anderen englischen Unternehmens an: Worcester imitierte nach Hannover (1925, S. 484-485) die Marke von Chelsea; Bow und Chelsea verwendeten den Anker, der wiederum von Coalport übernommern wurde; das Kreuz von Worcester wurde von Lowestoft und Caughley imitiert usw.: ,, . . . for in earlier times especially the English factories had no conscientious scruples about appropriating the marks of one another. We find, for instance, Worcester porcelain of the best period bearing the mark of Chelsea. Bow and Chelsea both used an anchor as their mark, which was also employed at Coalport; the Worcester crescent was used at Lowestoft and Caughley, and so forth. And, at the same time, the most famous Continental marks – the crossed swords of Meissen and the double L of Sèvres – where abused on all sides in the great English factories . . ."

Auf dem Kontinent selbst, besonders in Deutschland, suchte man vom Ruhm der Meißener Schwerter insofern zu profitieren, als man sie in mehr oder weniger veränderter Form anwendete, d. h. nicht direkt fälschte, sondern die von Berling (1911, S. 154) so genannnten ,,verwechslungsfähigen fremden Typen" schuf, auf die später noch im Detail eingegangen wird.

Ohne Zweifel wurde Meißener Porzellan in England seit jeher sehr geschätzt, wenn es auch meist unter der falschen Flagge ,,Dresden China" lief. Neben Meißener Formen und Dekoren ,,übernahm" man auch gleich die Schwertermarke.

Diese Marke wurde laut Honey und andere Autoren (Honey 1934, S. 169) in Worcester, Bow, Chelsea, Derby, Lowestoft und Bristol verwendet. Godden (1970, S. 762) erwähnt in seiner Zusammenstellung ,,Swords (crossed) Marks": Bristol, Coalport, Derby, Lowestoft, Minton und Worcester als ,,copies of the Dresden factory marks."

Bei der meist sehr exakten Kopie der Meißener Schwerter auf englischem Porzellan fühlte man sich offensichtlich nie sehr wohl. Eine gewisse Verlegenheit spiegelt sich dementsprechend auch in der englischen Fachliteratur wider, die den Umstand der übernommenen Meißener Schwertermarke in Ausdrücken kommentiert, die von ,,borrowed marks" (Barrett 1953, S. 43), ,,the meissen cross swords borrowed by Champion" (Burton-Hobson 1909, S. 95), bis zu ,,forgeries" (Blacker ABC, o.J., S. 64), ,,the counterfeit Dresden mark (the crossed swords)" (Binns 1906, S. 137), ,,spurious marks, the crossed swords of Dresden and a Chinese fretted square" (Solon 1903, S. 155) bis zu ,,the crossed swords of Meissen and the double L of Sèvres . . . abused on all sides in the great English factories" (Hannover 1925, S. 485) reicht.

Auch über die beabsichtigte Wirkung der in England verwendeten Meißener Schwerter gehen die Meinungen auseinander. Binns (1906, S. 25) gab die entschuldigend wirkende Erklärung ab, daß eben das aus Meißen und China importierte Porzellan sehr gesucht war und die Marken ohne Täuschungsabsicht angebracht wurden: ,, . . . the porcelain imported from Dresden and China was highly valued and much sought after; and without imputing any intent to deceive, the marks were used as being those on china in high favour." Eine gewisse Entschuldigung für die Fälschung fremder Marken auf englischem Porzellan (Worcester) gibt Solon (1903, S. 155). Er meint, daß die Täuschungsabsicht nicht sehr weit getrieben worden sei, da nicht selten Porzellane mit einer chinesischen Dekoration die Schwertermarke und Porzellane mit chinesischen Marken Meißener Blumen trügen: ,,The deceitfut intent that this unscrupulous marking of the ware with a foreign sign seems to indicate was not carried very far. It is not rare to meet with a piece on which the crossed swords are accompanied with a decoration in the Chinese style, while another specimen unites the fretted square with paintings of Dresden flowers . . .'' Diesem Phänomen begegnet man jedoch bei zahlreichen Fälschern und Imitatoren auch außerhalb Englands: die Firma Samson, Paris, verwendete nachweislich neben der eigenen Fabriksmarke verschiedene fremde Marken, die mit Form und Dekor der kopierten Porzellane nicht das geringste zu tun hatten (z. B. den Wiener Bindenschild auf Kopien nach Modellen der Manufaktur Sèvres usw.). Die Absicht, durch die berühmte Marke ein besseres Verkaufsergebnis zu erzielen, war für deren Verwendung zumindest mitbestimmend.

BRISTOL

Die Meißener Manufaktur übte, wie bereits erwähnt, nicht nur auf das kontinentaleuropäische Porzellan, sondern auch auf das englische einen großen Einfluß aus. Dieser ging von Übernahmen figuraler Modelle, von Gefäßformen und Dekoren bis zur Nachahmung oder Fälschung der Schwertermarke.

In kaum einer anderen englischen Manufaktur wurden die Meißener Schwerter so häufig auf den eigenen Erzeugnissen angebracht wie in Bristol unter Champion, der diese Marke ,,ausborgte'', wie es bei Burton-Hobson so merkwürdig heißt: ,, The Meissen cross swords borrowed by Champion'' (Burton-Hobson 1909, S. 95).

Andere Autoren finden für dieses ,,Ausborgen'' härtere Ausdrücke, die bis zu ,,Fälschungen'' gehen. ,,The crossed swords of Dresden were freely appropriated'', berichtet Solon (1903, S. 195).

Ausführlicher geht Blacker (ABC, S. 248) auf die Schwertermarke in Bristol ein. Sie wurde in dieser Manufaktur in verschiedenster Weise verwendet: kombiniert mit dem B von Bristol und einer Nummer, mit dem Kreuz von Bristol und einer Nummer, mit dem Bristol-Kreuz ohne Nummer, oder nur mit einer Nummer; wobei die kopierte Meißener Marke manchmal in schwachem Blau unter der Glasur, die anderen Marken in stärkerem Blau auf der Glasur, die Nummern in Gold angebracht wurden (,,the Dresden crossed swords . . . combined with the B and a number, or with the + and a number, or simply with the cross without a number, or, again, with the number without any other mark. Sometimes the Dresden mark is in faint blue under the glaze, with the other marks in darker enamel blue over the glaze, and now and again the number is found in gold.'')

Auch Jewitt (1878, S. 395) kannte natürlich kombinierte Bristol-Marken:

,,The Dresden mark of crossed daggers occasionally occurs in connection with the cross or the letter B; the latter marks being in some instance painted over the former, and in others close by.''

Und Chaffers (1874[4], S. 855) nennt einige Objekte:

,,Some of the Bristol china was marked with the crossed swords of Dresden, a dot in centre. A cup and saucer of hard paste, painted with festoons of flowers and richly gilt, has this mark in blue, and a numeral and dot in gold, in the possession of the Rev. T. Staniforth; the tea pot of the same service has the mark of the cross in blue. Sometimes the pieces have numerals in gold, 1, 2, 3, and so on with a dot, below or at the side, denoting the pattern.''

In dem Buch ,,English pottery and porcelain'' (London o. J.) werden kombinierte Bristol-Marken erwähnt:

,,The Dresden mark of crossed swords is frequently found on Bristol china, blue under the glaze, sometimes combined with the cross, the letter B, and painter's number over the glaze. When a number in gold is added to the Dresden, or any other Bristol mark, it indicates the gilder not the painter . . . the Dresden cross in a triangle is impressed . . . There is, however,

308		Bow, Marke in Braun (Honey 1948, S. 265)
309		Bow Marke in Blau (Honey 1948, S. 265)
310		Bristol, Schwertermarke in Unterglasurblau (Burton 1902, Pl. XXXII)
311		Bristol, Schwertermarke in Unterglasurblau (Rackham I/1928, Pl. 95, Nr. 65, 771)
312		Bristol, Schwertermarke in Unterglasurblau (Rackham 1917, Pl. 99, 86, 480)
313		Bristol, Schwertermarke mit Punkt in Unterglasurblau (Burton 1902, Pl. XXXII)
314		Bristol, Schwertermarke mit Punkt (Mackenna 1947, Fig. 41)
315		Bristol, Schwertermarke mit Punkt (Mackenna 1947, Fig. 61)
316		Bristol, Schwertermarke in Dreieck (Jewitt I/1878, S. 396)
317		Bristol, Schwertermarke in Dreieck (Grollier 1914, S. 179, Nr. 1181)
318		Bristol, Schwertermarke (Jewitt I/1878, S. 396; Blacker ABC, o. J., S. 247)
319		Bristol, Schwertermarke (Solon 1903, S. 196)
320		Bristol, Schwertermarke (Lichtfield 1900, S. 91; Doenges 1907, S. 208, Nr. 118)
321		Bristol, Schwertermarke in Blau, 1 in Gold (Mackenna 1947, Fig. 39: ,,Author's coll.'')
322		Bristol, Schwertermarke in Unterglasurblau, 2 in Gold (Mackenna 1947, Markentafel nach Fig. 116, Nr. 10)
323		Bristol, Schwertermarke (Godden 1974, S. 76)

but little risk of mistaking Champion's ware, though unmarked, it is so essentially different in paste and glaze from any other, and even from the Dresden, of which it was avowedly an imitation. The Bristol glaze is rich, and of a creamy white compared with the cold and glassy surface of the Dresden, and Bristol specimens, although marked with the crossed swords, cannot be mistaken for the latter."

Selbst Fachleute finden keine Erklärung dafür, warum welche Bristol-Marken miteinander kombiniert wurden. F. Severne Mackenna (1947, S. 85) unterscheidet vier Typen von Bristol-Marken, zu denen er auch die Meißener Schwerter zählt: ein Kreuz, ein B, eine Nummer, und die Meißener Schwerter („At first glance a table of Bristol marks appears fairly straightforward, for it contains only four main types, a cross, a B, a numeral, and a Meissen crossed-swords; but when it comes to studying the combinations in which these four marks occur and an attempt is made to understand their meaning or the rules which governed their use, we find ourselves lost in a maze of contradictory conjecture, leading in almost every case to no useful conclusion").

Angeblich kombinierte Champion die Meißener Schwertermarke mit dem Bristol-Kreuz, um Unannehmlichkeiten aus dem Weg zu gehen (Mackena 1947, S. 86), indem er die Meißener Marke mit dem blauen Kreuz übermalte. Dieser Annahme widersprechen nach Mackenna zwei Tatsachen: einerseits wurden sogar dem Parlamentskommitee einige Porzellane mit der Schwertermarke auf Bristol-Porzellan gezeigt, und andererseits steht das aufglasurblau angebrachte Bristol-Kreuz oft nicht einmal in der Nähe der unterglasurblauen Schwertermarke. Mackenna glaubt daher, daraus schließen zu können, daß das blaue Kreuz womöglich überhaupt keine Fabriksmarke, sondern eher die Marke eines Dekorateurs war („The occurrence of the Meissen crossed-sword mark in conjunction with the over-glaze cross has intrigued some observers, and it is usual to explain it by supposing that Champion was endeavouring to avoid trouble by covering the Meissen mark with the blue cross. This I think wrong, for two reasons; first, we know that he marked some of the pieces which were made to show to the Parliamentary committee with the Meissen crossed-swords, and secondly, the overglaze cross very frequently comes nowhere near the underglaze mark. In fact I consider that there is a good deal of evidence to support a suggestion that the blue cross was not a factory mark at all, but was that of a decorator or decorators. This would account for its appearance in addition to the Meissen mark . . ."). Binns (1906, S. 178-179) stellt zwar fest, daß die Meißener Schwerter in ganz England kopiert wurden, daß aber die Verwendung dieser Marke auf dem Hartporzellan von Bristol, das in seiner Masse dem Meißener Porzellan sehr ähnlich ist, einer Täuschung sehr nahe kommt. Daß dies von Champion jedoch nicht beabsichtigt war, geht nach Meinung Binns aus der Art und Weise hervor, wie die Schwertermarke mit anderen Kennzeichen kombiniert worden war („We have already stated that Champion's ideal was the Dresden fabric; he carried this even as far as the mark itself. In that he was not alone, for the Dresden ‚crossed swords' was copied all over England; but upon the hard porcelain of Bristol, resembling as it does in a wonderful degree the Dresden paste, the use of the mark approaches very nearly to deception. That this was not the intention of Champion is made evident by the manner in which he frequently disguises the mark. It rarely occurs quite by itself; it is either accompanied by a number between the hilts of the swords and a spot in the angle formed by the blades above the hilts or by the +. The crossed swords mark is always in blue under the glaze, and generally very pale in colour; the + is often placed right over the swords in enamel blue, as if to cross them out and cancel them . . . the + in these cases is sometimes to be found chipping or peeling off. The numbers which accompany these marks . . . are said to be, and most probably are, the distinguishing marks of decorators . . . The letter B occurs sometimes with a number . . ."

Gerade dieses „chipping or peeling off" (Abblättern, Abreiben) des auf der Glasur angebrachten Bristol-Kreuzes ist gefährlich, weil dann als Fabriksmarke nur mehr die gefälschte Meißener Schwertermarke in Unterglasurblau übrig bleibt und das Porzellan, vor allem wenn

es sich um eine Kopie nach einem Meißener Original handelt, statt für Bristol leicht für Meißen gehalten werden könnte.
Mackenna geht allerdings auf die vorerst verblüffende Tatsache ein, daß die Meißener Marke auch auf Bristol-Porzellan vorkomme, das vom Typus her keineswegs eine solche Marke erwarten ließe. In einem bestimmten Fall glaubt der Autor, daß die unterglasurblaue Schwertermarke lange vor dem Zeitpunkt der Dekorierung angebracht worden war (Mackenna 1947, S. 87: „Surprise is sometimes expressed at encountering the Meissen mark on specimens whose decoration, either by its type or quality, would not lead one to expect such a mark. Dr. Oxford, writing about a tea service painted by Wm Stephens for his brother with a decorating including the initials J. A. S., of which the teapot and one cup have the Meissen mark, says 'The use of the Dresden mark on this service is strange.' A little thought will show that the mark, being underglaze, was applied long before any decoration was decided upon.") In diesem einen Fall mag die Ansicht Mackennas zutreffen, doch gibt es unzählige Beispiele dafür, daß Marken fremder Manufakturen auf Porzellane kopiert wurden, die weder in Form noch Dekor, weder in Technik noch Porzellanmasse auch den Porzellantypus dieser fremden Manufakturen kopierten. Das klassische Beispiel dafür ist die Pariser Firma Samson, die den Wiener Bindenschild auf Imitationen von Sèvres-Porzellan verwendete oder die Kopenhagener Wellenmarke auf Porzellanen, die mit Kopenhagener Modellen nicht das geringste zu tun haben.
Bezüglich der Verwendung der Meißener Schwerter auf Bristol-Porzellan betont Blacker (ABC, S. 247-248) zwar, daß die Schwertermarke – in Verbindung mit der Nummer 1 – bei Kopien nach Meißener Porzellan vorkommt, doch sind auch hier sicher Ausnahmen denkbar („. . . the figure 1 will be seen with the Dresden mark, which was copied by Champion when he copied the ware . . . ")
Eine ganze Reihe von Schwertermarken von Bristol-Porzellanen bildet Grollier (1914, S. 174-178) ab.

CAUGHLEY UND COALPORT

Blacker (ABC, S. 260) erwähnt neben den frühen C- und S-Marken der Periode Turner (Caughley) auch zwei Schwertermarken mit einem S zwischen den Griffen auf Caughley-Porzellan (S – Salopian). Eine dieser Schwertermarken zeigt einen Stern zwischen den Klingen und erinnert somit an die Meißener „Sternmarke", eine Ähnlichkeit, die sicher bewußt angestrebt wurde.
Auch in dem Buch „English Pottery and Porcelain" (o. J., S. 122) wird eine Caughley-Marke mit S und einem Stern abgebildet. Die Manufaktur Caughley wurde von Coalport übernommen. Auch dieses letztgenannte Unternehmen kopierte Meißener Porzellan, von der Form und der Farbigkeit bis zur Marke (Blacker, ABC, S. 263: „The business was a success from the beginning, perhaps because 'copying' paid, so extensively was it practised. Dresden was copied – shape, colour, embossing, mark, and all . . . "). Litchfield (1900, S. 121) verweist allerdings darauf, daß die Imitationen von Meißener Porzellan durch Coalport im Gegensatz zu den hochwertigen Imitationen von Sèvres-Porzellan eher armselig waren: „The production of Coalport vary exceedingly, from very highly finished and carefully decorated specimens in the manner of old Sèvres, to rather poor imitations of Dresden china vases, and cups and saucers of the time when encrusted flowers were the fashion. Imitations of Chelsea and Worcester were also made here. Some of the finest pieces of Coalport have, from their close resemblance to Sèvres china, been passed off for such."

324		Bristol, Schwertermarke (Jewitt I/1878, S. 397)
325		Bristol, Schwertermarke in Unterglasurblau, 3 in Gold (Cat. Schreiber Coll. 1885, Pl. IV, Fig. 62)
326		Bristol, Schwertermarke in Unterglasurblau, 3 in Gold (Cat. Schreiber Coll. 1885, Pl. IV, Fig. 63)
327		Bristol, Schwertermarke in Blau, 3 in Gold (Grollier 1914, S. 174: ,,Col. Schreiber, n° 711'')
328		Bristol, Schwertermarke in Blau, 3 in Gold (Mackenna 1947, Fig. 111)
329		Bristol, Schwertermarke (Jewitt I/1878, S. 396)
330		Bristol Schwertermarke (Binns 1906, S. 179; Blacker ABC o. J., S. 247)
331		Bristol, Schwertermarke in Unterglasurblau (Burton 1902, Pl. XXXII)
332		Bristol, Schwertermarke in Unterglasurblau, 5 in Gold (Cat. Schreiber Coll. 1885, Pl. IV, Fig. 67)
333		Bristol, Schwertermarke (Jewitt I/1878, S. 396; ähnlich, aber ohne Kreuz: Doenges 1907, S. 208, Nr. 121)
334		Bristol, Schwertermarke (Binns 1906, S. 179; Blacker ABC o. J. S. 247)
335		Bristol, Schwertermarke und Kreuz in Blau, 7 in Gold (Mackenna 1947, Fig. 34: ,,Author's coll.'')
336		Bristol, Schwertermarke (Grollier 1914, S. 174, Nr. 1138: ,,Geological Museum, L. 8'')
337	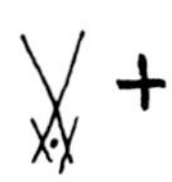	Bristol, Schwertermarke (Mackenna 1947, Fig. 9)
338		Bristol, Schwertermarke unterglasurblau, Kreuz blau auf der Glasur (Honey 1948, S. 275, Nr. 3)

339		Bristol, Schwertermarke (Jewitt I/1878, S. 396)
340		Bristol, Schwertermarke (Binns 1906, S. 179)
341		Bristol Schwertermarke (Hodgson 1903, S. 65; ähnlich Jewitt I/1878, S. 396)
342		Bristol, Schwertermarke mit Kreuz u. 8 (Jewitt I/1878, S. 396; ähnlich, aber ohne Punkte: Doenges 1907 S. 208, Nr. 120)
343		Bristol, Schwertermarke mit Kreuz u. 8 (Binns 1906, S. 179)
344		Bristol, Schwertermarke mit Kreuz u. 7 (Mackenna 1947, Fig. 38: „Mr. Frank Arnold's collection")
345		Bristol, Schwertermarke in Unterglasurblau, 7 und Kreuz auf der Glasur in Blau (Rackham 1917, Pl. 99, 81/456: „Allen Coll., um 1775")
346		Bristol, Schwertermarke in Unterglasurblau, Kreuz blau auf der Glasur, rote Nummer (Mackenna 1947, Markentafel Nr. 8)
347		Bristol, Schwertermarke in Unterglasurblau (Kreuz vermutlich aufglasur) (Rackham 1917, Pl. 99, 78/465)
348		Bristol, Schwertermarke unterglasurblau, Kreuz blau aufglasur (Rackham I/1928, Pl. 95, 56/457)
349		Bristol, Schwertermarke in Unterglasurblau, Kreuz vermutlich blau aufglasur (Burton 1902, Pl. XXXII)
350		Bristol, Schwertermarke (Binns 1906, S. 179; ähnliche Marke: Blacker ABC, o. J., S. 247)
351		Bristol, Schwertermarke (Hodgson 1903, S. 65)
352		Bristol, Schwertermarke (Mackenna 1947, Fig. 35: „Stephen Simpson's coll.")
353		Bristol, Schwertermarke (Grollier 1914, S. 174)
354		Bristol, Schwertermarke (Grollier 1914, S. 174: „Col. Schreiber")
355		Bristol, Schwertermarke (Grollier 1914, S. 174)

CHELSEA

Eher selten dürften die Meißener Schwerter auf Chelsea-Porzellan vorkommen, obwohl diese Manufaktur gerade in ihrer Frühzeit zahlreiche Meißener Modelle kopierte.
Hannover (1925, S. 497) weiß von einer Schale mit Untertasse aus Chelsea-Porzellan in der Sammlung Schreiber zu berichten, doch wurde bisher angenommen, daß es sich dabei um Einzelstücke zur Ergänzung eines Meißener Services handelt („On one occasion even the Meissen mark was included in the copy, though, in the case in question – a cup and saucer with insects, No. 401 in the Schreiber Collection – it was probably only a piece made to supplement a Meissen service"). In seinem Katalog der Sammlung Schreiber im Victoria und Albert Museum beschreibt auch Bernard Rackham (1928, S. 43-44, No. 195, Abb. Pl. 27) diese Schale mit den Meißener Schwertern, die außen mit Insekten bemalt ist: „The occurrence of a mark so unusual on Chelsea porcelain suggests that the piece may have been made to complete a Meissen service, as in the case of two cups and saucers made to match a Meissen specimen figured in 'The Cheyne Book', pl. 20, Nos. 61, 62. The cup was bought by Lady Charlotte Schreiber in Paris on March 11, 1872, see Journals, I., p. 136: 'On our way – to the Quai Voltaire – we had met with a curious Octagon Chelsea cup, painted with insects, and marked in blue with the Dresden swords, 12/-, this was at Chapin's."
Grollier (1914, S. 191) bildet zwei Schwertermarken auf Chelsea-Porzellan, beide aus der Schreiber-Collection, ab; eine davon erinnert mit dem Punkt zwischen den Griffen an die Meißener Punktmarke.
Blacker (ABC, S. 85) berichtet zwar auch davon, daß Meißener Porzellan in Chelsea kopiert wurde, erwähnt jedoch nichts von einer Übernahme der Schwertermarke: „In the London Tradesman, 1747, was a notice that the Chelsea Works were producing imitations of Chinese and Dresden china . . . " An anderer Stelle (Blacker, ABC, S. 111) trifft derselbe Autor eine zwar bemerkenswerte, doch nicht überprüfbare Feststellung, wenn er behauptet, daß Chelsea Meißen kopierte und den goldenen Anker als Marke verwendete, daß Meißen aber seinerseits Chelsea kopierte und den goldenen Anker ebenfalls als Marke übernahm (!): „. . . any of the figures and groups were copied direct from the Meissen (Dresden) models of Kändler and Acier. Examples of these copies may be seen in the British Museum. So Chelsea copied Meissen, and used the gold anchor mark. Meissen now copies Chelsea, and uses the gold anchor mark. . . "

DERBY

Nach Aussage von Solon (1903, S. 97) wurden die ersten Porzellanfiguren der Manufaktur Derby, die nach London zum Verkauf gesandt wurden, als „zweites Dresden" bezeichnet und die Verwendung der Schwertermarke in der Manufaktur Derby war nicht selten: „To imitate German porcelain was the object he (Duesbury) had in view; the first figures that were sent to the London sales were called 'Second Dresden,' and the mark of the crossed swords was not unfrequently used. In the catalogue of 1756, where they are so described, we also find mention of 'services for dessert and a great variety of useful and ornamental porcelain after the finest Dresden models.'"
William Duesbury (II.) war von der Qualität der Porzellanproduktion Derbys in seiner Zeit überzeugt. Binns (1906, S. 137) überliefert uns die Reaktion Duesburys, als er einmal auf die Fälschung der Meissener Marke auf englischem Porzellan angesprochen wurde: „When the counterfeit Dresden Mark (the crossed swords) on English china was commented on to Mr. William Duesbury (II.), he, with conscious pride in his production, exclaimed: 'A fig for the crossed swords, Derby will cross sticks against any or all of the three factories of Europe.'"

356		Caughley, Schwertermarke (Honey 1948, S. 274: ,,in Blau'')
357		Caughley, Schwertermarke (Honey 1948, S. 274: ,,in Blau'')
358		Caughley (?), Schwertermarke (Grollier 1914, S. 195, Nr. 1288: ,,Col. Grollier, n° 13446'')
359		Caughley, Schwertermarke (Jewitt I/1878, S. 270)
360		Caughley, Schwertermarke (Blacker, 19th cent., S. 344; Blaker ABC o. J., S. 260; ähnlich: Graesse 1872[3], S. 54, Nr. 313)
361		Caughley, Schwertermarke (Auscher o. J., S. 208: ,,en bleu, en or'') S – Salopian
362		Caughley, Schwertermarke (Grollier 1914, S. 187, Nr. 1232)
363		Caughley, Schwertermarke (Chaffers 1863[1], S. 149; Lichtfield 1900, S. 100)
364		Caughley, Schwertermarke (Hodgson 1903, S. 115)
365		Caughley, Schwertermarke (Blacker ABC o. J., S. 260)
366		Caughley, Schwertermarke (Blacker, 19th cent., S. 344)
367		Chelsea (?), Schwertermarke (Grollier 1914, S. 191: ,,Kensington, col. Schreiber, n° 407'')
368		Chelsea (?), Schwertermarke (Grollier 1914, S. 191, Nr. 1262)
369		Derby (?), Schwertermarke (Rackham I/1928, Pl. 93 Schreiber-Coll., ,,um 1775'')
370		Chelsea (?), Schwertermarke (Rackham I/1928, Pl. 93 Schreiber-Coll., ,,um 1775''; Honey 1948, S. 260)
371		Chelsea (?) Schwertermarke (Cat. Schreiber Coll. 1885, Pl. II, Fig. 28)

Dieser Ausspruch, wörtlich kaum übersetzbar, ist sinngemäß wohl folgendermaßen zu verstehen: „Zum Teufel mit den gekreuzten Schwertern, Derby wird die Klingen mit irgendeiner oder allen drei Manufakturen Europas kreuzen."
Die gekreuzten Linien der Duesbury-Derby-Marke sollten eben Stöcke darstellen, um die Meißener Schwerter zu schlagen: „The crossed lines are termed, by some, batons, daggers, or swords; but the story is that Duesbury meant them to represent sticks, with which he could beat the Dresden crossed swords" (Blacker, ABC, S. 180).
Neben der Meißener Schwertermarke kopierte Derby auch die Marken von Sèvres und Chantilly: „The Dresden, Sèvres, and Chantilly marks, as shown, were copied." (Blacker, ABC, S. 183).
Die gekreuzten Stöcke Derbys, mit drei Punkten auf jeder Seite, sollen um 1782 eingeführt worden sein (Solon 1903, S. 107: „The two crossed sticks, with three dots of each side, are said to have been added in 1782; their significance, if they have any, has not been explained . . . ").
Es kommt bei Imitationen fremder Marken durch andere Manufakturen manchmal vor, daß sie durch Hinzufügen von bestimmten Kennzeichen ein ganz charakteristisches Aussehen erhalten und dadurch manchmal bereits zu den Marken der kopierenden Manufaktur gezählt werden können. Die Schwertermarke von Worcester könnte man durch Hinzufügen der charakteristischen Zahlen 9. bzw. 91. zu diesen „erworbenen" Marken zählen; die gleiche Eigenschaft spricht Solon (1903, S. 107) jedoch der Schwertermarke von Derby ab: „The cross swords of Dresden, or the two L's of Sèvres, may scarcely be given as Derby marks, nevertheless, they were occasionally affixed to the ware . . . "
Litchfield (1900, S. 137) bildet als frühe Derby-Marke eine Schwertermarke mit Punkt ab, eine Marke, die auch Burton-Hobson (1909, S. 97) kennen.
Rackham (1928, I, S. 59) stellt in seinem Katalog der Sammlung Schreiber fest, daß die Meißener Schwertermarke vor allem auf Figuren und im allgemeinen unter der Glasur auf Derby-Porzellanen angebracht wurden („The crossed swords . . . of Meissen, chiefly on figures and generally under the glaze . . . occasionally used in the later years of the factory").
Bei Grollier (1914, S. 203-207) finden wir verschiedene Formen der Schwertermarken auf Derby-Porzellan.

372

Derby,
Schwertermarke
(Jewitt II/1878, S. 92)

373

Derby,
Schwertermarke
(Lichtfield 1900, S. 137;
Doenges 1907,
S. 208, Nr. 124)

374

Derby (?),
Schwertermarke
(Grollier 1914, S. 204:
,,Geological Museum, J. 84 and 85")

375
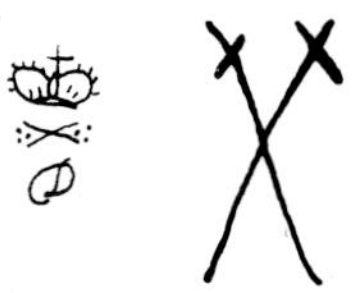
Derby, Schwertermarke in Blau, Derby-Marke in Rot
(Haslem 1876, Markentafel Nr. 28)

376

Derby, Schwertermarke in Blau,
311 eingepreßt
(Grollier 1914, S. 203:
,,Geological Museum, J. 18")

377
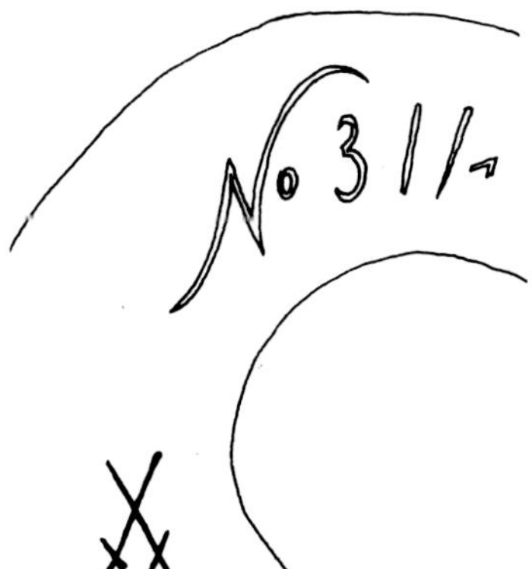

Derby,
Schwertermarke in Unterglasurblau,
No 314 eingeritzt
(Rackham 1917, Pl. 96, 28/127:
,,um 1830, R. Allen Coll.")

378

Derby (?),
Schwertermarke
(Grollier 1914, S. 205:
,,Col. Grollier,
n° 14515")
(unterste Marke aus zwei spiegelgleichen, gekreuzten S = Samson, Paris?)

379
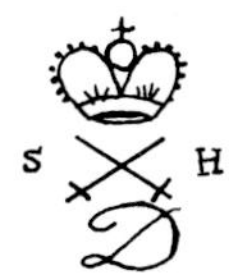

Derby, Firmenmarke von Stephenson & Hancock mit Schwertermarke in Rot
(Haslem 1876, Markentafel Nr. 31)

380

Derby, Stephenson & Hancock
(Chaffers 1863, S. 143;
Lichtfield 1900, S. 138:
,,Sampson Hancock in 1859";
ähnlich Honey 1948,
S. 263, Nr. 31, in Rot)

381

Derby, Stephenson & Hancock
(English Pottery, S. 100;
ähnlich: Bemrose 1898, S. 166, Nr. 22:
Stephenson & Hancock, ab 1862)

382

Derby
(Grollier 1914,
S. 207, Nr. 1367:
,,Col. Grollier,
N° 14509":
SS irrtümlich für SH
= Stephenson & Hancock)

383
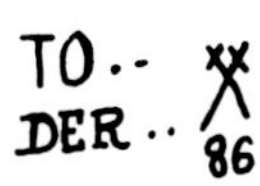

Derby (?)
(Grollier 1914,
S. 204, Nr. 1340:
,,Geological Museum, J. 59")

384
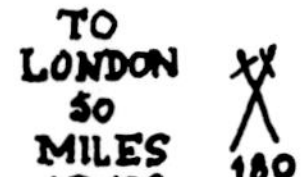

Derby (?)
(Grollier 1914,
S. 204, Nr. 1341:
,,Geological Museum, J. 59 b")

Die Kopien der Meißener Schwerter durch die Manufaktur Worcester unterscheiden sich so wesentlich von ihren Vorbildern, daß sie meist kaum mit den echten Meißener Schwertermarken verwechselt werden können. Diese Worcester-Marken tragen meist eine Zahl (9 oder 91) zwischen den Klingen der Schwerter und werden durch ihre spezifische Ausprägung daher mit einiger Berechtigung als eigene Marken dieser englischen Manufaktur angesehen. Worcester imitierte jedoch nicht nur die Schwertermarke, sondern auch die Marken von Sèvres und Chantilly sowie chinesische Marken.

Hobson (1910, S. 182-183) glaubt nicht daran, daß damit Fälschungsabsichten verbunden waren, sondern daß auf diese Weise unvollständige Service anderer Manufakturen ergänzt wurden bzw. daß die Verwendung fremder Marken auch mit der Imitation der fremden Vorbilder eng zusammenhing. Diese letzte Ansicht ist allerdings nicht immer zutreffend.

Hobson ist der Überzeugung, daß die von Worcester imitierte Schwertermarke leicht von der Meißener Marke unterschieden werden kann, eben weil sich für gewöhnlich Nummern zwischen den Klingen befinden: „Another source of confusion is the free use which the Worcester potters made of the marks of other factories, both English and foreign. In this they were only doing what was done without scruple at most china works at the time, and I do not believe that any deliberate fraud was contemplated. In some cases the specimens bearing foreign marks may have been made to match defective foreign services; in others the mark was the logical conclusion to a whole-hearted imitation of a foreign design. But in the most conspicuous cases, vz., in the use of the Chinese fretted square, the mock Chinese characters, and the Meissen crossed swords distinguished by a number between the points, the adoption was so complete that these marks may be regarded almost as Worcester factory marks; and at the same time the use made of the adopted mark was so naïve, that not even the most simple could be deceived by it. Thus we find the Meissen crossed swords (with the usual number 9 between the points) on printed ware, and the Chinese square on specimens decorated in Sèvres style, and there is a whole service painted in Chinese style which is marked with the Chinese square supplemented by the Worcester crescent."

Auch Binns (1906, S. 95) glaubt, daß die Manufaktur Worcester mit der Verwendung von Meißener und chinesischen Marken keine Täuschungsabsichten verband, wenn auch nicht immer die Zahlen 9 oder 91 bei den imitierten Schwerten zu finden sind. Der Autor nimmt an, daß eben Porzellan aus Meißen und China sehr begehrt waren und die entsprechenden Marken in England deshalb für hoch eingeschätztes Porzellan verwendet wurden („The Dresden cross swords usually, but not always, with the numeral 9 or 91 between the points, was also rather frequently made use of, and such use, as also that of the Chinese fret, with the frequency of Chinese patterns, leads us to the assumption that the porcelain imported from Dresden and China was highly valued and much sought after; and without imputing any intent to deceive, the marks were used as being those on china in high favour").

Solon hingegen (1903, S. 155) spricht diesen imitierten fremden Marken die Täuschungsabsicht zwar nicht gänzlich ab, meint aber, daß diese nicht sehr weit führen konnte, da die Schwertermarke oft auf Porzellan mit einer Dekoration in chinesischem Stil und die chinesische Marke auf Porzellan mit Meißener Blumen vorkam („Spurious marks, the crossed swords of Dresden and a Chinese fretted square, were employed at the same period. The deceitful intent that this unscrupulous marking of the ware with a foreign sign seems to indicate was not carried very far. It is not rare to meet with a piece on which the crossed swords are accompanied with a decoration in the Chinese style, while another specimen unites the fretted square with paintings of Dresden flowers . . . ").

Blacker (ABC, S. 67) spricht hingegen direkt von Meißen- und Sèvres-Markenfälschungen auf Worcester-Porzellan: „Dresden marks and Sèvres, or rather, Vincennes were good for-

385		Worcester, (Binns 1865, S. 95; Jewitt I/1878, S. 228; Blacker ABC o. J., S. 67)
386		Worcester, (Binns 1865, S. 95; Jewitt I/1878, S. 228; Blacker ABC o. J., S. 67)
387		Worcester, Schwertermarke (Binns 1906, Tafel zwischen S. 78 und 79)
388		Worcester, Schwertermarke (Binns 1906, Tafel zwischen S. 82 und 83)
389		Worcester, Schwertermarke (Fisher 1947, S. 164, Nr. 16)
390		Worcester, Schwertermarke (Hodgson 1903, S. 136)
391		Worcester, Schwertermarke (Hobson 1910, S. 190, Nr. 124: ,,Dubourg Coll.'')
392		Worcester, Schwertermarke und Marke aus imitierten ostasiatischen Zeichen (Cat. Schreiber Coll. 1885, Pl. III, Fig. 47, Nr. 515; Hobson 1910, S. 189, Nr. 106)
393		Worcester, Schwertermarke (Hobson 1910, S. 190: ,,Dyson Perris Coll.'')
394		Worcester, Schwertermarke (Binns 1906, S. 93, 95)
395		Worcester, Schwertermarke (Binns 1906, Tafel zwischen S. 66 und 67)
396		Worcester, Schwertermarke (Hodgson 1903, S. 136)
397		Worcester, Schwertermarke (Hodgson 1903, S. 136)
398		Worcester, Schwertermarke (Hobson 1910, S. 190, Nr. 121)
399		Worcester, Schwertermarke (Fisher 1947, S. 164, Nr. 17)
400		Worcester, Schwertermarke (Hobson 1910, S. 190, Nr. 125)
401		Worcester, Schwertermarke (Rackham I/1928: Schreiber Coll., Pl. 94, 41/646: Marke in Blau, ,,um 1770'')
402		Worcester, Schwertermarke in Unterglasurblau (Burton 1902, Pl. XXXI)

geries of the early marks of those factories." Barrett (1953, S. 43) hält die Meißener Schwerter für die einzige fremde, von Worcester übernommene Marke von Bedeutung. Auch dieser Autor kennt die Bedeutung der den kopierten Schwertermarken beigegebenen Zahlen 9 bzw. 91 nicht: „Of 'borrowed' marks, the Meissen crossed swords is the only one of importance. Its use, in underglaze blue, is practically confined to a few types of decoration and, with the exception of the blue and white wares on which it appears, they are designs in which underglaze blue does not occur but most of which have definite Meissen associations. The mark is found chiefly on wares with 'Apple green' and Turquoise grounds, on pieces with coloured-over transfer and on others with naturalistic birds and yellow diapered borders, also on wares decorated entirely in the Worcester 'dry blue' enamel. There is sometimes a figure '9' or '91' between the points, the significance of which is not known. The crossed swords mark in blue is also seen, though rarely, on wares printed in black but uncoloured."
Während manche Autoren, wie der zitierte Blacker, direkt von Markenfälschungen sprechen, behauptet Litchfield (1900, S. 60), die Schwertermarke Meißens sei so häufig auf früheren Erzeugnissen der Manufakturen Worcester, Derby und Bristol kopiert worden, daß man die Schwerter nun allgemein als eine der Marken dieser Manufakturen akzeptiert habe („. . . the well known mark of the crossed swords of Dresden was copied so frequently by the early potters of Worcester, Derby, and Bristol, that the swords are now generally accepted as one of the marks of these factories").
Dieser Meinung widerspricht Litchfield selbst etwas später, wenn er von einer Verhandlung vor dem Londoner Magistrat berichtet, vor dem sich Worcester wegen der Schwertermarke und ostasiatischer Marken zu verantworten hatte (Litchfield 1900, S. 66).
Die Rechtslage im Hinblick auf den Markenschutz war im 19. Jahrhundert insofern verbessert worden, als es in Deutschland ab etwa 1875 die Möglichkeit der Anmeldung zur Markenregistrierung gab – wovon Meißen ab diesem Jahr auch Gebrauch machte –, und auch in England wurde der sogenannte „Merchandise Marks Act" verabschiedet, der den Handel mit Porzellan mit gefälschter Marke als kriminelles Delikt einstufte, wenn diese Marke als Handelsmarke registriert worden war (Litchfield 1900, S. 56: „The recently passed 'Merchandise Marks Act' has also been of great benefit in limiting the amount of fraudulent marked china, as under the present administration of the law it is a criminal act to expose for sale any china bearing a forged mark. This Act of Parliament only applies to such marks as have been registered as trade marks, and therefore does not protect the amateur from a great many forgeries. It has only been applied, so far as the author knows, to the cases of forgeries of Dresden and Worcester china").
Nach Litchfield wurde durch die Markenregistrierung der Meißener Manufaktur die Zahl der Fälschungen beträchtlich reduziert. Viele französische und einige englische Manufakturen, die die Schwertermarke zu verwenden pflegten, gingen nun zu schwerterähnlichen Marken über, die jedoch nur mehr den Sorglosesten täuschen könnten (Litchfield 1900, S. 56: „It may be as well to mention, while the subject of deceptive marks is being noticed, that the registration by the Royal manufactory, some years ago, of their fabrique marks has considerably reduced the number of forgeries; and now, many of the French and some English factories, that used 'to sport' the crossed swords, are reduced either to a shuffling mark that only the most careless could mistake, or else to an altogether distinct device").
Interessanterweise berichtet Litchfield (1900, S. 66) in seinem in vielen Punkten sehr verdienstvollen Werk „Pottery and Porcelain. A Guide to Collectors" von einem konkreten Fall. Litchfield war als Experte zugezogen worden, als der Direktor der Worcester Company vor dem Magistrat in der Great Marlborough Street die Verwendung der Schwertermarke damit rechtfertigen wollte, daß die wahren Schuldigen unter seinen Vorgängern zu suchen seien, die verschiedene ostasiatische und Meißener Marken ohne Erlaubnis kopiert hätten:
„. . . Thanks to recent legislation, it is now a criminal, and not as formerly only a civil offence, to deal in goods bearing fictitious marks, and under the powers conferred upon magistrates

403		Worcester, schwerterähnliche Marke (Jewitt I/1878, S. 229; Blacker ABC o. J., S. 67)
404		Worcester, schwerterähnliche Marke (Rackham 1917, Allen Coll., Pl. 96, 38/242: Marke in Blau, ,,um 1770'')
405		Worcester, Schwertermarke (Grollier 1914, S. 265, Nr. 1708: ,,Geological Museum, N-27'')
406		Worcester, Schwertermarke (Grollier 1914, S. 266, Nr. 1725: ,,Col. Grollier, n° 13573'')
407		Worcester, schwerterähnliche Marke (Chaffers 1863, S. 144: ,,Museum of Geology in Jermin Street'')
408		Worcester, schwerterähnliche Marke (Solon 1903, S. 155)
409		Worcester, schwerterähnliche Marke (Binns 1865, S. 95)
410		Worcester Schwertermarke (Binns 1906, S. 95)
411		Worcester, Schwertermarke (Hobson 1910, S. 190, Nr. 122)
412		Worcester, schwerterähnliche Marke (Marryat 1866, S. 197; Graesse 1872^3, S. 56, Nr. 369; Doenges 1907, S. 209, Nr. 126)
413		Worcester, schwerterähnliche Marke (Hodgson 1903, S. 136)
414		Worcester, imitierte chinesische Zeichen mit Schwertermarke (Binns 1865, S. 94; Jewitt I/1878, S. 228; Graesse 1872^3, S. 56, Nr. 372; Blacker ABC o. J., S. 67)
415	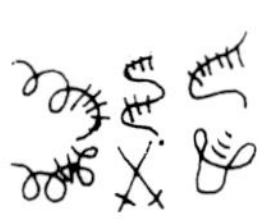	Worcester, imitierte chinesische Zeichen und Schwertermarke (Binns 1906, S. 99; Hobson 1910, S. 189, Nr. 109)
416	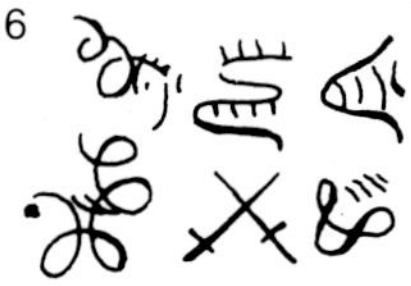	Worcester, imitierte chinesische Zeichen und Schwertermarke (Hodgson 1903, S. 136)

by the Merchandise Marks Act, . . . the police can be empowered by warrant to seize any such china when offered for sale . . . In one of these cases tried recently before Mr. de Nutzen at Great Marlborough Street, when the author was called as expert witness on behalf of the Royal Worcester Porcelain Company, a most ingenious defence was set up. The managing director of the Worcester Company had admitted in cross examination that the earlier marks of this factory during the 'Dr. Wall' period had included the square mark (Mandarin Seal), the crossed swords (Dresden), and some Oriental hieroglyphics which had been copied from Chinese or Japanese models, at the same time as the decoration of such pieces was imitated. The defendants' counsel then endeavoured to point out to the magistrate that the real culprits in the case were the plaintiffs' predecessors, who had copied the different Oriental and Dresden marks without permission. The author's evidence on this point, and the magistrate's common sense, however, disposed of this ad captandum argument, and his decision in case was that with which most sensible people would agree – that the vicious imitations are those which are made for the purpose of fraud."

Besonders kurios ist die Kombination der in der Manufaktur Worcester offensichtlich beliebtesten fremden Marken: der Schwertermarke und chinesischer Zeichen. Sowohl Grollier (1914, S. 262) als auch Hobson (1910, S. 189) bilden solche Kombinationen ab, bei denen die Meißener Schwerter manchmal über den chinesischen Zeichen stehen, manchmal sich – wie ein Fremdkörper wirkend – mitten unter diesen befinden.

Auch in England gibt es Marken, die die Meißener Schwerter zwar nicht kopieren, diesen aber ähnlich sind, vergleichbar den von Berling so genannten „verwechslungsfähigen fremden Typen" (Berling 1911, S. 154). Dazu zählt die aus zwei gekreuzten L bestehende Marke von Longton Hall (Grollier 1914, S. 230 -231, aber auch zahlreiche andere Autoren), die nicht nur mit den Meißener Schwertern, sondern auch mit den gekreuzten L von Limbach verwechselt werden könnte. Die Marke von Longton Hall weist unter den beiden gekreuzten L eine Reihe von Punkten, jene von Limbach einen Stern auf. Auch Solon (1903, S. 80 - 81) verweist auf die Gefahr der Verwechslung der Longton-Marke mit Limbach:

„A mark was adopted, consisting of two crossed L's, which stood, in all likelihood, for 'Littler, Longton', and not, as it has been suggested, as an imitation of that of Sèvres; but it was very seldom affixed to the ware, hence the difficulty of identifying genuine productions. It is not unnecessary to state, for the collector's benefit, that an absolutely similar mark has been used at the porcelain factory of Limbach".

Ich bezweifle, daß tatsächlich identische Marken in Longton Hall und Limbach verwendet wurden, wie dies Solon schreibt, denn ich glaube eher, daß die Longton-Marke mit mehreren Punkten unter den gekreuzten L irrtümlich manchmal Limbach zugeschrieben wurde.

Bei undeutlicher Zeichnung besteht tatsächlich eine gewisse Verwechslungsgefahr, die durch das leicht Verschwommene jeder unterglasurblau angebrachten Marke noch verstärkt werden kann.

Swansea kreuzt den doppelten Dreizack (Grollier 1914, S. 253 und andere Autoren).

417		Longton Hall (Rackham I/1928, Schreiber Coll., Pl. 94: ,,Um 1752")
418		Longton Hall, Fabriksmarke mit drei Punkten (Binns 1906, S. 118)
419		Longton Hall (Solon 1903, S. 81; Burton 1902, Pl. XXXII)
420		Longton Hall (Grollier 1914, S. 230, Nr. 1483, ,,Col. Grollier, n° 14390")
421		Longton Hall (Grollier 1914, S. 230, Nr. 1484: ,,British Museum")
422		Longton Hall, Fabriksmarke mit drei Punkten (Hodgson 1903, S. 90)
423		Longton Hall, Fabriksmarke mit drei Punkten (Hodgson 1903, S. 90)
424		Longton Hall (Fisher 1947, S. 167; Honey 1948, S. 264)
425		Longton Hall (Fisher 1947, S. 167; Honey 1948, S. 264)
426		Longton Hall (Fisher 1947, S. 167; Honey 1948, S. 264)
427		Longton Hall (Fisher 1947, S. 167; Honey 1948, S. 264)
428		Lowestoft, schwerterähnliche Marke (Fisher 1947, S. 167)
429		Lowestoft, schwerterähnliche Marke (Fisher 1947, S. 167)
430		Lowestoft, schwerterähnliche Marke, blau (Honey 1948, S. 264)
431		Marke von James and John Bevington, ca. 1872 - 1892 (Godden 1974, S. 48)
432		Bow oder Derby (Grollier 1914, S. 170: ,,Imperial Institute, col. de M. Mary Teesdale")
433		Bow, imitierte chinesische Zeichen und Schwertermarke (Godden 1974, S. 66)
434		Bow, Fabriksmarke (Jewitt I/1878, S. 214)
435		Bow, Fabriksmarke (Chaffers 1874[4], S. 905, Grollier 1914, S. 168)
436		Bow, Fabriksmarke Marke in Rot, nur B in Blau (Grollier 1914, S. 167: ,,Geological Museum")
437		Bow, Fabriksmarke Mondsichel in Blau, sonst Marke in Rot (Grollier 1914, S. 166)

,,VERWECHSLUNGSFÄHIGE FREMDE TYPEN''

In seiner ausgezeichneten Zusammenfassung der Meißener Marken widmet Berling (1911, S. 154) einen Abschnitt den von ihm sogenannten ,,verwechslungsfähigen fremden Typen'', eine Bezeichnung, die den Kern eines weitverbreiteten Problems sehr gut trifft.
Es handelt sich dabei um einen Tatbestand, der strafrechtlich nicht geahndet werden kann, der aber de facto zur Verunsicherung vieler Porzellanliebhaber geführt hat und immer noch führt.

Jeder Museumsexperte kennt aus eigener Erfahrung die vielen Ratsuchenden, die schwerterähnliche Porzellanmarken mit den Meißener Schwertern, bindenschildähnliche Marken mit dem Bindenschild verwechseln und ineinander verschlungene L oder S als Sèvres-Marken ansehen. Meist befinden sich diese ähnlichen Marken auch noch in Blau unter der Glasur, sind nicht sehr deutlich gezeichnet und nähern sich den Originalmarken dadurch sehr stark an, wobei der Täuschungseffekt sehr groß sein kann.
Man kann bei der Täuschung durch Porzellanmarken zwei große Gruppen unterscheiden: erstens die Fälschung der Marke (wobei die Originalmarke der vorbildhaften Manufaktur mit Fälschungsabsicht möglichst getreu kopiert wird) und zweitens die formale Annäherung an eine berühmte Porzellanmarke (um eine Verwechslungsmöglichkeit mit dieser zu schaffen). Die Verwechslungsmöglichkeit wurde vor allem von Firmen angestrebt, die eine direkte Fälschung nicht wagten, jedoch wie die Fälscher von einer berühmten Marke profitieren wollten, und sei es auch nur durch Verwechslung. Es wird dabei mit einer mehr oder weniger großen Unkenntnis des Betrachters spekuliert.
Früher – vor allem im 18. Jahrhundert – ging man erfolgreich gegen alle vor, die unrechtmäßig von der Meißener Marke profitieren wollten: gegen die Fälscher der Marke sowie gegen jene, die ihre Marke den Schwertern ,,zum Verwechseln'' ähnlich schufen. Seit den markenrechtlichen Bestimmungen des späteren 19. Jahrhunderts war gegen die Markenfälscher eine gesetzliche Handhabe gegeben; die genauen Bestimmungen des Markenrechtes erlaubten jedoch kaum solche Maßnahmen, wie sie im 18. Jahrhundert zum Verbot ähnlicher Marken üblich waren.
Gegen Ende des 19. Jahrhundert beispielsweise wurde eine Klage der Manufaktur Meißen gegen die Firma Thieme in Potschappel abgewiesen, mit der Begründung, zwei gekreuzte Linien mit dem Buchstaben T (die Marke von Thieme) bildeten eine eigene Marke und hätten mit der Schwertermarke nichts zu tun. Auf diesen Fall wird später noch ausführlich eingegangen werden.
Im 18. Jahrhundert verwehrte sich Meißen jedoch immer wieder gegen die Verwendung schwerterähnlicher Zeichen.
Von jenen den ,,übers Creutz gelegten Chur-Schwerdtern sehr ähnlichen und von jenen kaum zu unterscheidenden Zeichen'' handelte bereits das kurfürstliche Mandat vom 3. Oktober 1775, dem bald darauf (am 17. November 1778) ein ,,Kurfürstliches Rescript'' (beide im folgenden zitiert nach Stieda 1902, S. 396 - 397 bzw. 397-398) folgte, das sich mit derselben Materie befaßte, und schließlich erwähnte auch ein ,,Generale'' (datiert 7. April 1779) von Friedrich August, Herzog von Sachsen, die Problematik der schwerterähnlichen fremden Marken (zitiert nach Seyffarth, 1960, S. 35-36).

,,Kurfürstl. Sächsisches Mandat über die Einfuhr von Porzellan mit einer der Kurschwertern ähnlichen Marke.-1775 Oktb.3.
Von Gottes Gnaden Friedrich August Tit. tot. Liebe Getreue. Nach dem zeithero wahrzunehmen gewesen, welchergestalt von neuerlich angelegten ohnentfernten Porcelaine-Fabriquen verschiedenes mit einem, denen auf dem in Unserer Porcelaine-Manufactur zu Meissen gefertigten Porcelaine befindlichen, übers Creutz gelegten Chur-Schwerdtern sehr ähn-

lichen und von jenen kaum zu unterscheidenden Zeichen bemercktes Porcelaine Geschirr in hiesige Lande zum Verkauf eingebracht worden, wodurch dann, da die Käuffer dergleichen dem Meissnischen Porcelaine in der Güte weit nachzusetzendes Geschirr gleichwohl für Meissnisches erhandelt, Unserer Manufactur zu Meissen in der Folge ein höchst nachtheiliger Miss-Credit zugezogen werden könnte;
Als befinden Wir, um denen daher zu besorgenden Inconvenienzien in Zeiten vorzubeugen, der Nothdurft, die fernere Einbringung und den Verkauf alles und jeden dergleichen auswärtigen Procelaine, worauf ein denen übers Creutz gelegten Chur-Schwerdtern ähnliches Zeichen befindlich, es sey von welcher Fabrique es wolle, in Unsern gesamten Landen sowohl in- als ausser denen Messen und Jahrmärkten bey Strafe der Confiscation oder daferne hierzu nicht mehr zu gelangen, des Ersatzes des doppelten Werthes sothanen in Unsere Lande eingebrachten und erkauften oder debitirten Porcelaines, wovon in beyden Fällen ein Theil Unserer Renth-Cammer, ein Theil der untersuchenden Obrigkeit und der dritte dem Angeber zu verfolgen, hiemit gänzlich zu verbieten.
Es ergeht demnach an unsere Vasallen, Beamten und andere Gerichts- und Unter-Obrigkeiten in Unserem Chur-Fürstenthum und denen incorporirten auch übrigen hiesigen Landen, Unser ernster Wille und Befehl sich nicht nur selbst hiernach gehorsamst zu achten, sondern auch sothanes Verbot bey sich und denen Ihrigen ohne Anstand behörig bekannt zu machen, und, damit dieser Unserer Verordnung auf keine Weise contraveniret werde, genau zu invigiliren sowohl bey Vermeidung ernsten Einsehens hierunter einige Nachlässigkeit oder Connivenz nicht zu Schulden kommen zu lassen. Daran geschieht Unser Wille und Meynung. Geben zu Dressden am 3. Oktobris 1775."

„Kurfürstliches Rescript an die Landesregierung in der Angelegenheit der Nachahmung der Marke der Meissnischen Porzellanfabrik. — 1778 Novbr. 17.
Friedrich August, Churfürst pp.
Ob Wir wohl der betrüglichen Nachahmung Unsers Meissnischen Porcelaine durch das Generale vom 3. October 1775 zu steuern gesucht; So haben dennoch theils auswärtige Manufacturen ihre Porcelaine mit solchen Zeichen, welche die übers Creutz gelegte Chur-Schwerdter nachahmen zu bezeichnen fortgefahren, wie denn zum Exempel das in dem Sachsen-Coburgischen Orte Wallendorf verfertigte Porcelaine mit einem (hier steht im Original das Markenbild) welches ein W. als den Anfangs Buchstaben des Fabrik-Orts vorstellen soll, bemerckt wird, theils hat die Schwarzburg Rudolstädtische Manufactur die Bezeichnung ihres Porcelaine nun gäntzlich zu unterlassen angefangen und dadurch nicht unwahrscheinlichen Verdacht einer hierbey intendirenden Nachzeichnung um so mehr erwecket, da Wir in Unsern an des Fürsten zu Schwartzburg Rudolstadt Liebden unterm 4. May 1776 erlassenen Schreiben ausdrücklich mit geäussert, dass jenseitige Entrepreneurs am sichersten gehen würden, wenn sie dortiges Porcelaine mit einem deutlichen Zeichen bemerckten.
Wenn nun dergleichen unter der Benennung von Meissnischem Porcelaine in geringen Preissen auswärts zum Verkauf gehende Waaren nicht nur der Vertrieb der hiesigen echten Geschirre direct vermindert, sondern auch, welches das Hauptwerck ist, selbige auswärts in Misscredit gesetzt werden, So finden Wir für nothwendig gegen den daraus für Unsere Manufactur entstehenden Schaden ferner thunlichste Massregeln zu nehmen.
Des Endes sind wir zuförderst nunmehro die Einbringung und den Verkauf alles ohne Zeichen verfertigten Porcelaine ebensowohl als desjenigen mit einem den Chur-Schwerdtern ähnlichen Zeichen bemerckten in Unsern Churfürstenthum und sämtlichen solchen incorporirten Landen gäntzlich zu verbiethen gemeynet und begehren also hierdurch gnädigst, ihr wollet in dessen Gemässheit eine Generale entwerfen und Uns solches zu unserer Genehmigung mittelst gehorsamsten Berichts einreichen.
Da auch, wenn schon sonst der blosse Transito nicht leicht zu verbiethen, dennoch hier min-

der anstössig scheinen will, den Durchgang dergleichen mit einem trüglichen den Chur-Schwerdtern gleichkommenden Zeichen versehenen oder gantz ungezeichneten Porcelaine als einer unächten zum Nachtheil Unserer Manufactur und zum Verderben des guten Rufs ihrer Geschirre, auch Hintergehung der Käufer gefertigte Waaren zu untersagen, So wollet Uns ihr nicht minder darüber, ob und in wie ferne ein dergleichen Verboth zu erlassen seyn dürfte noch vorher diesfalls mit Unserer Landes-Oeconomie-Manufactur und Commercien-Deputation gepflogenen Communication euer ohnmassgebliches Gutachten eröfnen und demgemäss nöthigen Falls oberwehntes zu entwerfendes Generale einrichten. Daran etc. geben zu Dressden am 14. Novbr. 1778."

„Generale vom 7. April 1779. Codicis Augustei, Zweyte Abtheilung 27-28
Liebe getreue, Wir haben zwar die Einbringung und den Verkauf desjenigen auswärtigen Porcelains, welches mit einem, denen auf dem in Unserer Manufactur zu Meißen gefertigten Porcelaine befindlichen Churschwerdtern ähnlichen Zeichen bemerket ist, durch das Generale vom 3. Oktober 1775 bereits untersaget. Da jedoch theils auswärtige Manufacturen ihre Porcelaine mit solchen Zeichen, welche die übers Kreuz gelegten Churschwerdter nachahmen, zu bezeichnen fortgefahren, theils die Bezeichnung ihres Porcelaine gänzlich zu unterlassen angefangen, und dadurch den Verdacht einer hierbey intendirenden Nachzeichnung Gelegenheit geben; So finden Wir um dem daher für Unsere Manufaktur zu Meißen zu besorgender Mißkredit und Nachtheil vorzubeugen, Uns bewogen, die fernere Einbringung und den Verkauf alles ohne Zeichen verfertigten Porcelains eben sowohl als desjenigen, welches mit einem den Chur-Schwerdtern ähnlichen Zeichen bemerket ist, in Unsern gesamten Landen, sowohl in und außer denen Messen und Jahrmärkten, bey Strafe der Confiscation oder daferne hierzu nicht mehr zu gelangen des Ersatzes des doppelten Werths, sothanen in Unsere Lande eingebrachten oder erkauften oder debetirten Porcelains, wovon in beiden Fällen Unsere Rentkammer 1 Theil, ebenso die untersuchende Obrigkeit ein Theil und der dritte Theil dem Angeber verabfolgen, hiermit resp. anderweit gäntzlich zu verbieten . . ."

Diese vielen Mandate, Rescripte, Verordnungen und Verbote waren aber immer wieder umgangen worden. Auch später ist häufig von dem Schaden die Rede, die die Meißener Manufaktur durch Nachahmungen oder Fälschungen der berühmten Schwertermarke, aber auch durch Nachahmungen verschiedener Muster erlitt.
Besonders das sogenannte „Zwiebelmuster" wurde von nahezu allen keramischen Fabriken übernommen, aber auch in andere Materialien übertragen, sodaß man diesen wie eine Seuche um sich greifenden Dekor als „Zwiebelmusterpest" bezeichnete.
Aus manchen Berichten der Dresdener Handelskammer erfahren wir, daß Meißen immer zu kämpfen hatte und durch Nachahmer große finanzielle Einbußen erlitt. So heißt es im Jahresbericht 1879 der Handelskammer (S. 191-192): „Das Unwesen der Nachahmung nicht nur gewisser, der meißener Manufactur eigenthümlichen Formen und Decorationsarten, sondern auch selbst des meißener Fabrikzeichens sowohl in Frankreich, als auch in Deutschland machte unserer Fabrik viel zu schaffen und schädigte den Absatz der echten Produkte insofern, als dieselben in den Augen des Publikums, welches nicht in allen Fällen sofort den Unterschied zwischen echter und unechter Waare herausfindet, dadurch systematisch discreditirt werden . . . "
Auch im Jahresbericht von 1883/1884 (S. 188) wird der große Schaden erwähnt, der durch Nachahmungen, manchmal auch der Marke, entstand: »Großen Abbruch haben dem Geschäfte nach Frankreich und England die vielen Nachahmungen mit zum Theil imitirten Fabrikzeichen, mit denen die Märkte dieser Länder überschüttet worden sind, gethan; . . . «, und noch 1904 berichtet die Handelskammer (Jahresbericht 1904, S. 107) von solchen Pro-

blemen: ,,Die Königliche Porzellanmanufaktur in Meißen erzielte den gleichen Absatz wie im Vorjahre. Sie beharrte bei ihrem alten Grundsatze, nur gediegene künstlerische oder kunstgewerbliche Arbeiten von eigenartigem Gepräge zu bieten, war aber wegen der dadurch bedingten verhältnismäßig hohen Preis nach wie vor auf einen ziemlich engen Kundenkreis angewiesen. Durch schlecht ausgeführte Nachahmungen wird außerdem die Lust und Freude auch an den echten Stücken verdorben. So hat z. B. das altberühmte Zwiebelmuster in den feineren Gesellschaftskreisen alles Ansehen eingebüßt, seitdem von deutschen und englischen Fabriken Porzellan und Steingut mit diesem Muster in großen Massen auf den Markt geworfen wurde . . . "

Die sogenannten ,,verwechslungsfähigen fremden Typen" können aus gekreuzten Linien, Schwertern mit bestimmten Buchstaben, gekreuzten Gabeln, gekreuzten Fahnen, Buchstaben usw. bestehen.

Vor Berling (1911, S. 154) und Doenges (1907, S. 206) warnte bereits die Manufaktur Meißen selbst vor solchen Marken (Firmenschrift Königlich Sächsische Porzellan-Manufactur, Meißen 1896):

,,Man berücksichtige die Aehnlichkeit der fremden Waarenzeichen mit dem Meissner Zeichen und beachte die genaue Ausführung!" Es schien sogar notwendig, diese Warnung in der mehrsprachigen Firmenschrift auch in Französisch und Englisch vorzubringen: ,,Faire attention à la ressemblance des marques étrangères à celle des marques de Meissen, et examiner l'exécution exacte" bzw. ,,Pay attention to the resemblance of the foreign trademarks with the Meissen marks and examine the exact execution".

In dieser Firmenschrift werden deutsche und französische Marken abgebildet, die von folgenden Firmen stammen: Brenner & Liebman (Schney bei Lichtenfels), P. Donath (Tiefenfurt), Dornheim, Koch & Fischer (Gräfenroda), Greiner & Sohn (Rauenstein), Schmidt (Freiwaldau), Kästner (Oberhohndorf), Schaller & Co. (Schwarzenberg), Gebr. Schonau (Hüttensteinach), Thieme (Potschappel bei Dresden), Volkstedter Porzellan-Fabrik Eckert & Co. (Volkstedt), Hirsch (Dresden) sowie die französischen Marken von Rub-Leprince (Paris), Bourdois & Bloch (Paris), Desjardins (Choisy-le-Roi bei Paris), Sluizer (Fontainebleau bei Paris). Alle diese Marken sind mit exakten Hinweisen auch in der vorliegenden Markenübersicht zu finden.

Abb. 84. Kennzeichnung der Doppelhenkelschale Abb. 86, vermutlich Limbach: unterglasurblaue Marke aus zwei einander kreuzenden L mit Stern (H 17 mm), eingepreßt oder geritzt: AB. - Österreichisches Museum für angewandte Kunst, Inv. Ke 1098

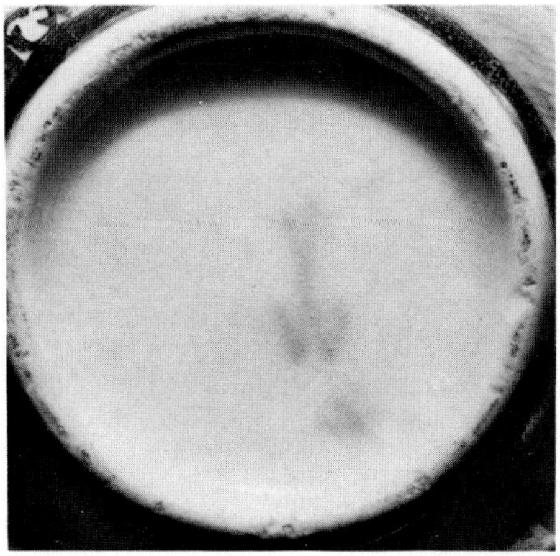

Abb. 85. Kennzeichnung der Doppelhenkelschale Abb. 87, vermutlich Limbach: unterglasurblaue Marke aus zwei einander kreuzenden L mit Stern (H 18 mm). - Österreichisches Museum für angewandte Kunst, Inv. Ke 1097

,,VERWECHSLUNGSFÄHIGE FREMDE TYPEN'' IN DEUTSCHLAND: THÜRINGISCHE FABRIKEN DES 18. JAHRHUNDERTS

Zu den besten Quellenschriften über dieses Spezialproblem zählt das von Wilhelm Stieda 1902 herausgegebene Buch ,,Die Anfänge der Porzellanfabrikation auf dem Thüringerwalde'' bzw. sein 1910 erschienenes Werk ,,Die Porzellanfabrik zu Volkstedt im achtzehnten Jahrhundert''. Die spätere Literatur war immer wieder auf diese beiden Werke angewiesen; auch das Standardwerk von Graul und Kurzwelly (Altthüringer Porzellan, Leipzig 1909) griff häufig auf Stiedas Buch von 1902 zurück.
Stieda berichtet in seinen Werken über die Geschichte der thüringischen Porzellanfabriken und geht im Text oft auf die Verwendung ,,verwechslungsfähiger'' Marken durch die Manufakturen Ilmenau, Limbach, Rauenstein, Volkstedt, Wallendorf u. a. ein, ebenso auf die Korrespondenz, die sich wegen dieser Marken zwischen den Porzellanfabrikanten und -händlern einerseits und Meißen andererseits entwickelte.

LIMBACH UND ILMENAU

Im Jahre 1788 erschien in den ,,Leipziger Intelligenz-Blättern'' sowie der ,,Gothaischen Handelszeitung'' ein ,,Avertissement'' von Gotthelf Greiner (dem damaligen Pächter von Limbach, Großbreitenbach und Ilmenau), welches besagte, daß er die Fabriksmarken der genannten Manufakturen in ein Kleeblatt abgeändert habe (zitiert nach Stieda 1902, S. 397-398):
,,Einem geehrtesten Publico mache ich Endesunterzeichneter hierdurch bekant, wie ich zeithero das auf meinen Fabricken gefertigte feine Porcellain wegen der Limbacher mit einem gekreuzten doppelten lateinischen L und wegen Ilmenau mit einem gekreuzten doppelten lateinischen I habe bezeichnen lassen. Da aber die Churfürstl. Porcellainfabrick zu Meissen diese Signatur der ihrigen zu ähnlich gefunden und es nicht gleichgültig angesehen hat, auch wohl öfters von Händlern mein Porcellain für Meissner verkauft worden, so habe ich mich, um alle Irrungen zu vermeiden, entschlossen auff mein sämtliches auss den 3 Fabriquen Limbach, Breitenbach und jetzt auch Ilmenau gefertigtes feines Porcellaingeschirr das in meiner Petschaft befindliche Kleeblatt als Zeichen setzen zu lassen. Es werden daher alle und jede, welche bisher von mir Porcellain bezogen haben, freundlich ersucht das zu bemerken und mich ferner mit ihren schätzbaren Commissionen zu beehren, wobey ich es dann an reeller Bedienung, Güte und Schönheit der Waare wie bisher nicht ermangeln lassen.
Ilmenau, Limbach und Breitenbach den 8. Januar 1788. Gotthelf Greiner, Fürstl. Sächs. Hofcommissarius.''
Diesem ,,Advertissement'' ging laut Graul-Kurzwelly (1909, S. 83) ein Verweis des Herzogs von Meiningen und Sachsen voraus, der wegen der Nachahmung der Meißener Marke bei den erwähnten Fabriken angefragt hatte. Seine Nachforschungen ergaben, daß diese Fabriken ,, . . . nicht in Abrede stellen können, dass sie ein Zeichen gebrauchen, welches von Unkundigen für die Churschwerter gehalten werden könnte . . . '' (Stieda 1902, S. 391).
Diese Zeichen waren, wie wir aus dem Text des ,,Avertissements'' erfahren, zwei gekreuzte L (für Limbach) und zwei gekreuzte J (für Ilmenau). Laut Stieda (1902, S. 54 und 309) waren diese Marken in der Gothaischen Handelszeitung von 1787 abgebildet. Stieda (1902, S. 309) schreibt Ilmenau auch eine Marke aus zwei gekreuzten L mit einem j zu: ,,Auf den weissen Figuren in meinem Besitz befindet sich unter der Glasur blau das Zeichen (hier folgt die Abbildung dieser Marke, Nr. 440). Das hier vorhandene J veranlasst mich die Stücke als Ilmenauer Fabrikat anzusprechen''.
Näher gehen Graul-Kurzwelly (1909, S.82-83) auf die Limbacher Marken ein: ,,Die frühen Limbacher Porzellane, Geschirre wie Figuren, zeigen sämtlich als Marke entweder LB oder

438		Gotha (?), Blau, um 1770 (Hofmann 1908, S. 194)
439		Illmenau (Stieda 1902, S. 309; Graul-Kurzwelly 1909)
440		Illmenau (Stieda 1902, S. 309)
441		Limbach (Chaffers 1863, S. 188; Graesse 1872[3], S. 50; Lichtfield 1900, S. 186)
442		Limbach Unterglasurblau (Franks Coll. 1896, Pl. VI, Fig. 79)
443		Limbach (Franks Coll. 1896, Pl. VI, Fig. 78)
444		Limbach (Graul-Kurzwelly 1909, Nr. 119)
445		Limbach (Grollier 1914, S. 71, Nr. 470)
446		Limbach (Graul-Kurzwelly 1909, Nr. 122)
447		Limbach (Graul-Kurzwelly 1909, Nr. 122)
448		Limbach (Lichtfield 1900, S. 186; Doenges 1907, S. 205: „um 1760")
449		Limbach (Graul-Kurzwelly 1909, Nr. 121)
450		Limbach, Marke in Blau, um 1780 (Hofmann 1908, S. 239)
451		Großbreitenbach und Limbach (Stieda 1902, S. 54, 266)
452		Limbach Marke in Blau (Grollier 1914, S. 71; Nr. 469)
453		Limbach (Lichtfield 1900, S. 186; Doenges 1907, S. 205, Nr. 87: „ um 1760")
454		Limbach (Graul-Kurzwelly 1909, Nr. 123)
455		Limbach (Graul-Kurzwelly 1909, Nr. 125)
456		Limbach (Graul-Kurzwelly 1909, Nr. 124)
457		Limbach (Auscher o. J., S. 47: „en bleu")
458		Limbach (Auscher o. J., S. 47: „en bleu")
459		Limbach (oder Longton Hall?) (Chaffers 1863, S. 188; Graesse 1872[3], S. 50; Lichtfield 1900, S. 186)
460		Limbach (oder (Longton Hall?) (Chaffers 1863, S. 188; Lichtfield 1900, S. 186)

Abb. 86. Doppelhenkelschale mit Deckel und Untertasse, vermutlich Limbach; unterglasurblaue Marke aus zwei einander kreuzenden L mit Stern, auf der Untertasse zusätzlich eingepreßt oder eingeritzt: AB (s. Abb. 84), Schale H 10,7 cm, Untertasse D 14,9 cm. - Österreichisches Museum für angewandte Kunst, Inv. Ke 1098

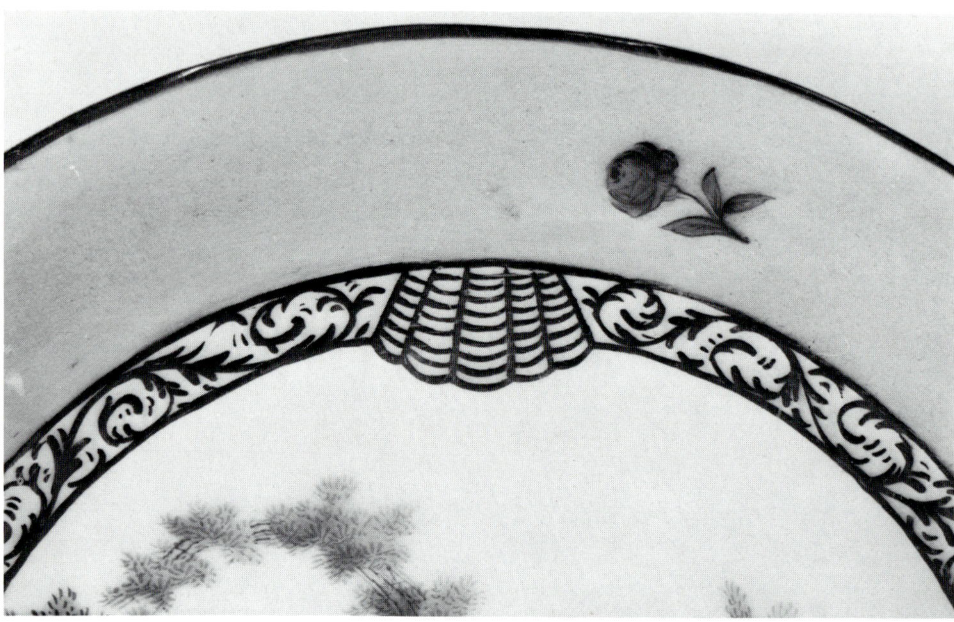

Abb. 87. Detail der Untertasse (Abb. 86), vermutlich Limbach. - Österreichisches Museum für angewandte Kunst, Inv. Ke 1098

Abb. 88. Doppelhenkelschale mit Deckel und Untertasse, vermutlich Limbach; unterglasurblaue Marke aus zwei einander kreuzenden L mit Stern (s. Abb. 85); Schale H 10,7 cm, Untertasse D 14,5 cm. - Österreichisches Museum für angewandte Kunst, Inv. Ke 1097

Abb. 89. Detail der Malerei der Untertasse (Abb. 88), vermutlich Limbach. - Österreichisches Museum für angewandte Kunst, Inv. Ke 1097

das der Meißner Schwertermarke nachgbildete gekreuzte Doppel-L . . . Das gekreuzte Doppel-L tritt nicht selten in Verbindung mit einem daruntergestellten Stern auf . . . Sichtlich sollte dem Käufer mit dieser Marke die Meißner Marcolini-Marke vorgetäuscht werden. Diese grundverschiedenen Zeichen werden ohne Bedenken gleichzeitig nebeneinander verwendet. So treten an den ganz gleichartig dekorierten acht Figuren der Jahrszeitenfolge zweiter Qualität (vollständig im Leipziger Museum), beide Formen des LB und das gekreuzte Doppel-L auf. In den meisten Fällen sind diese Marken in purpur oder eisenrot aufgetragen, seltener in schwarz. Die an erster Stelle beschriebene Form des LB . . . kommt auch in grau und braun vor. Das gekreuzte LL mit dem Stern ist anscheinend vorwiegend für Blauporzellane verwendet worden, und hier tritt es selbstverständlich stets blau unter Glasur auf. Allein es kommt auch in purpur vor . . . "

Steht dieses gekreuzte LL mit dem Stern in Unterglasurblau auf dem Porzellan, so ist die Verwechslungsgefahr mit der sogenannten Meißener ,,Sternmarke" besonders groß. Gefährlich wird diese Verwechslungsgefahr dann, wenn die beiden L enger beisammen stehen als bei den üblichen Limbacher Marken, die in vielen Markenhandbüchern angeführt sind; vor allem dann, wenn durch Flüchtigkeit (oder Absicht?) des Markenmalers die untere Horizontale der beiden L abgeändert und sehr steil aufwärts geführt wird, besonders wenn diese beiden kurzen Striche ohne das abschließende ,,Häkchen" wiedergegeben werden. Einige so bezeichnete Objekte besitzt das Österreichische Museum für angewandte Kunst, und durch das leicht verschwimmende Unterglasurblau der Marke kann ein unerfahrener Betrachter wohl zu der Meinung gelangen, er habe eine ,,Sternmarke" vor sich.

Allerdings ist meist ein beträchtlicher Qualitätsunterschied in der Limbacher Malerei gegenüber Meißener Porzellan festzustellen. Zu diesem Punkt meint auch Stieda (1902, S. 54): ,,Der Scherben ist fest, die Malerei nicht übel. Die Verwechslung mit Meissner Erzeugnissen aus dem Ende des achtzehnten Jahrhunderts dürfte aber doch nur bei ganz Unkundigen möglich gewesen sein."

KLOSTER VEILSDORF

Immer wieder mußte man gegen Ende des 18. Jahrhunderts feststellen, daß die verschiedenen Reskripte über die Nachahmungen der Meißener Schwertermarke nicht befolgt wurden; der Rat in Leipzig berichtete am 11. Mai 1782 sogar (Stieda 1902, S. 388), daß die Kurschwerter ,,ganz deutlich und ungescheut" auf Porzellan gesetzt wurden. Auf der Leipziger Neujahrsmesse wurde 1782 eine Kiste mit Porzellan aus Kloster Veilsdorf angehalten, weil die Porzellane die Schwertermarke trugen (Stieda 1902, S. 388; Graul-Kurzwelly 1909, S. 40-41).

Der Kurfürst von Sachsen ließ am 16. Mai 1787 an den Herzog von Sachsen-Hildburghausen schreiben, ,,wie das in der Fabrik zu Closter Veilsdorf verfertigt werdende Porcelain mit den Chur-Schwerdtern oder einem demselben ganz nahe kommenden Merkmal" bezeichnet würde (Stieda 1902, S. 390). Johann Ernst Bayer, Intendant der Veilsdorfer Fabrik, verwahrte sich gegen den Vorwurf, die Meißener Marke je nachgeahmt zu haben, meinte nur, daß ,,der Anfangs Buchstabe Veilsdorfs als des Orts, wo solches verfertiget wird, ganz unschuldiger Weise die Vermuthung veranlasst haben mag, dass das mit dem Buchstaben V bezeichnete Porcelain ein denen Churschwerdten nahe kommenden Merkmale ähnlich sei" (Stieda 1902, S. 390).

Damit meinte er nach Ansicht von Graul-Kurzwelly (1909, S. 41) wohl die CV-Marke,,,denn ein bloßes V als Marke ist uns bei Veilsdorfer Waren niemals begegnet".

Bayer verteidigte sich noch mit dem Hinweis, daß ,,die innere und äussere Güte des Porzellans keines ihm nicht zustehenden Merkmals bedarf" (Stieda 1902, S. 204) und wies darauf hin, daß seiner Ansicht nach andere Fabriken (Volkstedt, Ilmenau, Wallendorf, Limbach, Großbreitenbach, Gera, Schney und Rauenstein) eher Anlaß zu Beschwerde geben.

461		Kloster Veilsdorf Marke um 1779 (Stieda 1902, S. 236)
462		Kloster Veilsdorf (Graul-Kurzwelly 1909, Nr. 42)
463	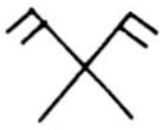	Rauenstein (Stieda 1902, S. 359)
464		Greiner & Söhne, Rauenstein (Firmenschrift Meißen 1896; Doenges 1907, S. 206; Berling 1911, S. 154)
465		Porzellanfabrik Rauenstein, vorm. Fr. Chr. Greiner & Söhne (Adreßbuch 1907, S. 154)
466		Rauenstein (Graul-Kurzwelly 1909, Nr. 161)
467	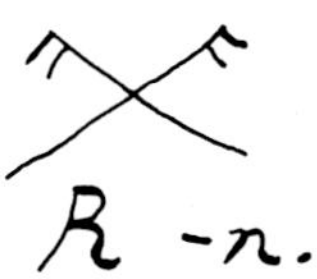	Rauenstein (Graul-Kurzwelly 1909, Nr. 159)
468		Rauenstein (Graul-Kurzwelly 1909, Nr. 160)
469		Volkstedt (Graul-Kurzwelly 1909, Nr. 1)
470		Volkstedt (Graul-Kurzwelly 1909, (Nr. 2)
471		Volkstedt (Graul-Kurzwelly 1909, (Nr. 3)
472		Volkstedt (Graul-Kurzwelly 1909, Nr. 4)
473		Richard Eckert & Co., Volkstedt (Adreßbuch 1907, Nr. 36)
474		Volkstedt (Stieda 1902, S. 393
475		Volkstedt (Graul-Kurzwelly 1909, Nr. 6)
476		Volkstedt (Graul-Kurzwelly 1909, Nr. 11)
477	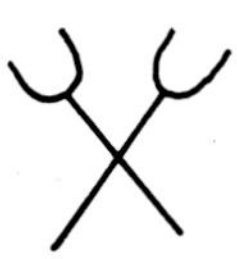	Volkstedt (Lichtfield 1900, S. 249; ähnlich: Doenges 1907, S. 205, Nr. 93: ,,18. Jahrhundert'')
478		Volkstedter Porzellanfabrik Richard Eckert & Co. (Adreßbuch 1896, S. 234)

RAUENSTEIN

Auch in der Rauensteiner Fabrik sind nach Ansicht Stiedas (1902, S. 358) die Meißener Schwerter gefälscht worden. Er stützt sich bei dieser Annahme wohl auf eine anläßlich der Leipziger Michaelismesse von 1787 vorgenommene Untersuchung gegen Kaufleute aus Thüringen, die im Verdacht standen, ,,aus Limbach, Wallendorf und Rauenstein stammendes Porzellan, das mit einem den Kurschwertern ähnlichen Zeichen versehen war, zu führen'' (Stieda 1902, S. 389).
Ebenfalls nach Angaben von Stieda (1902, S. 358-359) führte die Manufaktur Rauenstein bis etwa 1860 das Zeichen R...n in Unterglasurblau, ab diesem Datum ,,zwei kreuzweise übereinander gelegte Fähnchen darunter R...n''.
Kein Porzellan beweist uns, daß Rauenstein tatsächlich die Meißener Schwerter ,,fälschte'', wie Stieda angibt. Vermutlich war für ihn in diesem Fall der Begriff ,,gefälscht'' mit ,,ähnlich'' identisch.
Graul-Kurzwelly (1909, S. 101) meinen zu den Rauensteiner Marken:
,,Etwas den meißnischen Kurschwertern ähnliches ist natürlich auch in Rauenstein zur Täuschung der Käufer bei Exportwaren angewendet worden . . ., jedenfalls bis 1787, wahrscheinlich aber auch noch später. Und wenn man nicht selten das R winzig klein anbrachte, so geschah es wohl, damit der Buchstabe leicht unter einer Übermalung mit den Kurschwertern verschwände . . . In neuerer Zeit, seit der Mitte des 19. Jahrhunderts, erscheinen über dem R-n noch zwei kreuzweis gelegte Haken, und zuweilen auch als naiver Aufputz die gekreuzten Kurschwerter . . . ''

VOLKSTEDT

Als Fabriksmarke verwendete die Volkstedter Fabrik nach Graul-Kurzwelly (1909, S. 23) ursprünglich die Gabel, ,,dem Wappen der Fürsten von Schwarzburg-Rudolstadt entlehnt, die als Herren von Leutenberg die Heugabel führen.''
Solange Christian Nonne (Pächter von Volkstedt), der seit 1767 an der Leipziger Messe teilnahm, dieses Markenzeichen in Form einer Gabel verwendete, hatte er auch keine Schwierigkeiten mit der Meißener Manufaktur. Dann jedoch ,,. . . hatte sich Herr Nonne eine kleine unschuldige Verwechslung ausgedacht, um sich den Wettbewerb auf der Leipziger Messe . . . zu ermöglichen oder doch zu erleichtern'' (Stieda 1910, S. 104). Er bezeichnete sein Porzellan nun statt einer Gabel mit zweien, die er kreuzte, und brachte auf der Leipziger Messe sogar ein Firmenschild an, das dieses Zeichen und die Worte ,,Fürstlich Schwarzburgisch-Rudolstädtisches Porcellan'' enthielt (Stieda 1902, S. 392, Graul-Kurzwelly 1909, S. 23).
Am 25. Februar 1775 bereits schreiben die Kommissare der Meißener Manufaktur, Leberecht von Heynitz und Pörner, an die Volkstedter Fabrik, daß sie auf ,,billige Veränderung des Zeichens der zwey übereinander gelegten Gabeln, welches mit denen auf dem Meißnischen Porcellaine eingebrannten Chur-Schwerdtern verwechselt werden kann'', Bedacht nehmen möge (Stieda 1910, S. 105).In einem weiteren Schreiben legte man Nonne nahe, er würde ,,wohl thun, wenn er bey denen künftig annoch zu fertigenden Waren darauf sähe, daß dieser Unterschied zwischen den Churschwerdtern und beyden Gabeln ausgedrückt werde'' und es wurde ihm vorgeschlagen, wieder auf das frühere Zeichen zurückzukommen, das sich auf das fürstlich schwarzburgische Wappen beziehe, ,,worinne nur eine Gabel unten horizontal liegt'' (Stieda 1910, S. 105).
Der Fürst von Schwarzburg selbst hatte Nonne angewiesen, das Volkstedter Porzellan ,,schlechterdings nicht weiter mit zwei Gabeln zu bezeichnen'', sondern entweder ,,pure nur mit einer Gabel'' oder überhaupt nicht (Stieda 1910, S. 108-109).

479		Richard Eckert & Co., Volkstedt (Adreßbuch 1907, S. 36
480		Volkstedter Porzellan-Fabrik (Firmenschrift Meißen 1896; Doenges 1907, S. 206; Berling 1911, S. 154)
481		Volkstedt (Auscher o. J., S. 60)
482		Volkstedt Lichtfield 1900, S. 249)
483		Volkstedt (Graul-Kurzwelly 1909, Nr. 5)
484		Volkstedt (Graul-Kurzwelly 1909, Nr. 8)
485		Volkstedt (Graul-Kurzwelly 1909, Nr. 9; ähnlich: Doenges 1907, S. 205, Nr. 91: ,,18. Jahrhundert'')
486		Volkstedt (Graul-Kurzwelly 1909, Nr. 10)
487		Volkstedt (Graul-Kurzwelly 1909, Nr. 7)
488		Volkstedt (Graul-Kurzwelly 1909, Nr. 17)
489		Volkstedt (Graul-Kurzwelly 1909, Nr. 15)
490		Volkstedt (Graul-Kurzwelly 1909, Nr. 16; ähnlich: Brüning 1904, Markentafel II, Nr. 29)
491		Volkstedt (Graul-Kurzwelly 1909, Nr. 13; Graesse 1872^3, S. 50, Nr. 215: ,,Ansbach'')
492		Volkstedt (Graul-Kurzwelly 1909, Nr. 12)
493		Volkstedter Porzellan-Fabrik (Firmenschrift Meißen 1896; Doenges 1907, S. 206; Berling 1911, S. 154)
494		Volkstedter Porzellan-Fabrik (Firmenschrift Meißen 1896; Doenges 1907, S. 206; Berling 1911, S. 154)
495		Richard Eckert & Co., Volkstedt (Adreßbuch 1907, S. 36)
496		Volkstedter Porzellanfabrik Richard Eckert & Co. (Adreßbuch 1896, S. 234: ,,Blau unter Glasur'')

Offensichtlich hatte sich Nonne nicht an diese Vorschrift gehalten, da im kurfürstlichen Rescript vom 17. 11. 1778 über die Nachahmung der Meißener Marke ausdrücklich die ,,Rudolstädtische Manufaktur'' neben Wallendorf genannt wurde; diese ,,Rudolstädtische Manufaktur'' habe ,,die Bezeichnung ihres Porcelaine nun gäntzlich zu unterlassen angefangen und dadurch nicht unwahrscheinlichen Verdacht einer hierbey intendirenden Nachzeichnung umsomehr erwecket, da Wir in Unsern an des Fürsten zu Schwartzburg Rudolstadt Liebden unterm 4. May 1776 erlassenen Schreiben ausdrücklich mit geäussert, dass jenseitige Entrepreneurs am sichersten gehen würden, wenn sie dortiges Porcelaine mit einem deutlichen Zeichen bemerckten'' (Stieda 1902, S. 397).
In einem Schreiben vom 20. 3. 1779 verbot Kurfürst Friedrich August (Stieda 1910, S. 111), ,,mit keinem Zeichen versehenes Porcelain'' in Sachsen einzuführen oder zu verkaufen. Ein Rescript vom 7. 4. 1779, das wieder gegen die ,,auswärtigen'' Manufakturen gerichtet war, die ,,ihr Porcelain mit den Churschwertern zu bezeichnen fortgefahren, theils die Bezeichnung des Porcelains gänzlich unterlassen haben'', verbietet Einfuhr und Verkauf, jedoch nicht den Transit (Stieda 1910, S. 111).
Am 16. Mai 1787 schrieb Kurfürst Friedrich August an Rudolstadt, daß ,,die in besagter Fabrik verfertigten Porcelain-Waaren zwar mit einer Streugabel und einem rothen Fleck bemerkt, diese beyden Zeichen aber dergestalt beschaffen sind, daß solche durch das Reiben verwischt werden können und alsdann die unter solchem Fleck verborgene Chur-Schwerdter zum Vorschein kommen'' (Stieda 1910, S. 113).
Endlich gab Nonne seinen ,Fehltritt' zu: ,,Weit entfernt Ausflüchte zu erdichten, werde ich vielmehr keine meiner Handlungen verheelen. Ich kann daher nicht läugnen seit dem im Jahre 1766 geschehenen Antritt meines Pachtes das hiesige Porcelain mit zwo Gabeln bezeichnet zu haben'' (Stieda 1910, S. 114).
Schließlich kam es zur Aufnahme eines Protokolls anläßlich der Leipziger Michaelismesse am 4. 10. 1787, wobei Christian Nonne erklärte (Stieda 1910, S. 115 - 116) ,,nur noch dieses nebenstehend Zeichen für seine Fabrikate gebrauchen zu wollen, um allen Kollisionen mit der Meißner Manufaktur aus dem Wege zu gehen.'' Diese Marke bestand aus den ,,gekreuzten Gabeln mit ringartig geschlossenen Zinken und Querstrich durch den Kreuzungspunkt'' (Graul-Kurzwelly 1909, S. 24); eine dieser Beschreibung exakt entsprechende Marke konnte ich bisher weder in der Literatur noch auf Porzellan finden, hingegen wohl die gekreuzten Gabeln mit einem Strich im Kreuzungspunkt der Gabeln.
Graul-Kurzwelly (1909, S. 23 - 24) gehen auf die Marken auf Volkstedter Porzellan genauer ein:
,,Fest steht, daß er (Nonne) die Doppelgabel nach Meißner Art, wo es rätlich schien, mit einem roten Fleck übermalen und daneben nachträglich die einfache Gabel anbringen ließ. Nach Angaben des oben ewähnten Malers Reiber, der im Frühjahr 1787 dem Fürsten Ludwig Günther hierüber Auskunft geben mußte, als die kursächsische Regierung vorstellig wurde, geschah dies nur, wenn man bei Beschaffung von Ersatzstücken für zerbrochene Ware auf ältere mit zwei Gabeln gemarkte Vorräte zurückgreifen mußte . . . In dieser Weise doppelt gemarkte Stücke sind bisher nicht zutage gekommen. Dagegen sind dem Verfasser mehrere Fälle bekannt, daß eine über der Glasur blau aufgemalte einfache Gabel neben einem dunkelviolett gemalten Stiefmütterchen auftritt, das ganz deutlich die unter Glasur blau gemalten gekreuzten Schwerter (!) hindurchscheinen läßt . . . Es besteht also kein Zweifel, daß noch in der kritischen Zeit, als Nonne sich gegen die Anklagen der Regierung wehren mußte, in Wahrheit Versuche gemacht worden sind, die Schwertermarke anzubringen. Ganz vereinzelt kommt sie auch unkaschiert bei Volkstedter Porzellan vor, und zwar besonders in blau über Glasur und an frühen Stücken, in ganz deutlicher, wenn auch etwas ängstlicher Form, etwas unklarer an der Schiffsmenage Tafel 1 . . . Prüft man den Bestand an erhaltenen Volkstedter Porzellanen auf die Entwickelung der Marke hin, so ergibt sich folgendes: In der Frühzeit hat die Gabel in einfacher wie in doppelter Form vielfach langgezogene, mitunter

497		Wallendorf Rescript 1778 (nach Stieda 1902, S. 397)
498		Wallendorf (Stieda 1902, S. 390)
499		Wallendorf (Auscher o. J., S. 61; ähnlich: Brüning 1904, Markentafel II, Nr. 30)
500		Wallendorf (Auscher o. J., S. 61)
501		Wallendorf (Graul-Kurzwelly 1909, Nr. 59)
502		Wallendorf (Graul-Kurzwelly 1909, Nr. 57)
503		Wallendorf (Graul-Kurzwelly 1909, Nr. 58)
504		Wallendorf (Graul-Kurzwelly 1909, Nr. 56)
505	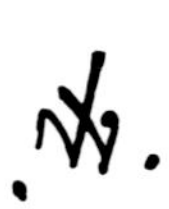	Wallendorf (Graul-Kurzwelly 1909, Nr. 55)
506		Wallendorf (Graul-Kurzwelly 1909, Nr. 60)
507		Wallendorf (Graul-Kurzwelly 1909, Nr. 71)
508		Wallendorf (Graul-Kurzwelly 1909, Nr. 71)
509		Wallendorf (?) (Grollier 1914, S. 158, Nr. 1045: ,,Col. Grollier, n° 14149")
510		Wallendorf (?) (Grollier 1914, S. 158, Nr. 1043: ,,Col. Grol- lier, n° 14148")
511		Wallendorf (?) (Grollier 1914, S. 158, Nr. 1044: ,,Col. Grol- lier, n° 14196")
512		Wallendorf (Graul-Kurzwelly 1909, Nr. 70)
513		Wallendorf (?) Grollier 1914, S. 158, Nr. 1046: ,,Col. Grol- lier, n° 14152")

leicht geschwungene Zinken . . . und lange Zeit wurde sie lediglich blau unter der Glasur angebracht. Die Doppelgabel überwiegt. In der späteren Zeit sind die Zinken namentlich auch bei der Doppelgabel kurz und stark zusammengebogen . . . hier und da ist jetzt bei der Doppelgabel der Kreuzungspunkt durchstrichen . . . Seit den neunziger Jahren des 18. Jahrhunderts war es üblich, die Marke in Blau oder anderen Farben über der Glasur anzubringen, und zwar entweder die einfache Gabel mit rundgbogenen Zinken, oder eine Doppelgabel mit innen zusammenstoßenden, geradlinigen Zinken . . . oder ausnahmsweise eine flüchtig gezeichnete einfache Gabel mit geraden Zinken . . . endlich die früher auf Ansbach gedeutete Doppelgabel mit geradlinigen, innen zusammenstoßenden Zinken und Strich durch den Kreuzungspunkt. Die letztere Marke tritt einmal . . . blau unter Glasur auf, im übrigen in blau, hellgrün und braun über der Glasur und zwar fast ausschließlich an Stücken, die sich durch den Dekor oder die Art der Masse als späte Ersatzstücke erweisen . . . "

WALLENDORF

Bereits im Rescript des Kurfürsten vom 17. November 1778 (Stieda 1902, S. 397) wird Wallendorf als eine jener Manufakturen erwähnt, die die Meißener ,,übersCreutz gelegten Chur-Schwerdter" nachahmten.
Nach Stieda (1902, S. 390-391) ließ ,,Ernst Friedrich von Coburg-Saalfeld . . . den Faktor von Wallendorf, Johann Andreas Müller, verhören und da stellte sich heraus, daß in der That eine Zeit lang ein grosses W. . . benutzt worden war. Seitdem aber im Jahre 1778 7 Kisten Porzellan in Leipzig angehalten worden waren, die die Fabrik nicht wieder habe zurück erhalten können, habe man damit aufgehört. Die Fabrik habe kein einziges Stück mehr mit dem langen W in Vorrat und bediene sich nur noch des kurzen lateinischen W, das nunmehr sich vollkommen eingebürgert habe und an das alle Abnehmer gewöhnt seien. Der Herzog fügte diesen Mitteilungen hinzu, dass er den ferneren Gebrauch des mehrgedachten Zeichens der Fabrik untersagt habe."
Einige von Graul-Kurzwelly (1909) für Wallendorf angegebene Marken können sehr leicht mit den Meißener Marken verwechselt werden, besonders dann, wenn unter die imitierten Schwerter noch ein Stern gemalt wird. Eine andere Verwechslungsmöglichkeit besteht mit dem W der Wegely'schen Berliner Fabrik, obwohl Graul-Kurzwelly (1909, S. 66) eine solche Verwechslungsmöglichkeit leugnen:
,,Ausgeschlossen erscheint eine Verwechslung mit Erzeugnissen der Fabrik von Wegeli in Berlin (1751 - 57), deren Marke ein W in blau unter der Glasur ist, die aber nie ohne daneben eingedrückte Zahlen auftritt. Ganz abgesehen von der andersartigen Formengebung ist die Masse Wegelis, zu der Schnorrsche Erde, wie in Meißen verwandt wurde, rein und kreidig weiß".

„VERWECHSLUNGSFÄHIGE FREMDE TYPEN" IN DEUTSCHEN FABRIKEN DES 19. JAHRHUNDERTS

In der 1896 in Meißen erschienen Firmenschrift „Königlich Sächsische Porzellan-Manufactur" werden zehn deutsche Marken abgebildet, die Doenges (1907, S. 206) und Berling (1911, S. 154) ebenfalls reproduzieren. Bis auf drei Ausnahmen (die Fabrik in Schney, gegr. 1780; Rauenstein, gegr. 1783 und Volkstedt, gegr. 1762) sind es durchwegs Firmengründungen des 19., vorwiegend sogar des späten 19. Jahrhunderts: Tiefenfurth (gegr. 1808), Freiwaldau (gegr. 1842), Gräfenroda (gegr. 1860), Hüttensteinach (gegr. 1865), Potschappel (gegr. 1875), Oberhohndorf (gegr. 1883). Von der Firma Hirsch in Dresden ist mir kein Gründungsdatum bekannt.
Natürlich ist nicht unbedingt immer das Gründungsjahr mit dem Zeitpunkt der Einführung jener Marke identisch, die mit der Meißener Marke verwechselt werden könnte.
Die Firma von Carl Thieme in Potschappel verstand es, sich mit den meisten ihrer Marken an jene berühmter anderer Manufakturen anzulehnen: so verwendete sie eine bindenschildähnliche, eine Sèvres - ähnliche und eine schwerterähnliche Marke. Wegen der letztgenannten kam es schießlich gegen Ende des 19. Jahrhunderts zum Prozeß. Ein bereits vorangegangener Markenschutzprozeß gegen die Schlesische Porzellanfabrik P. Donath in Tiefenfurt war für Meißen verlorengegangen, und auch Thieme setzte schließlich seine „ähnliche" Marke gegen Meißen durch.
Die Vorgeschichte war folgende:
Am 12. Mai 1894 war ein neues Gesetz zum Schutz der Warenbezeichnungen erlassen worden, dessen § 1 lautete (Sprechsaal 1896, S. 218): „Wer in seinem Geschäftsbetriebe zur Unterscheidung seiner Waaren von den Waaren Anderer eines Waarenzeichens sich bedienen will, kann dieses Zeichen zur Eintragung in die Zeichenrolle anmelden".
Die Sächsische Porzellanfabrik Carl Thieme in Potschappel bei Dresden hatte erstmals am 27. 2. 1888 eine Marke, bestehend aus zwei gekreuzten Linien und einem T, beim Patentamt angemeldet, diese Anmeldung am 1. 10. 1894 wiederholt; die Eintragung erfolgte aufgrund des neuen Gesetzes von 1894 am 10. 2. 1896. Im Warenzeichenblatt des Jahres 1896 wurde diese Marke publiziert und auf das „Waarenverzeichniß" der Firma hingewiesen: „Porzellanwaaren aller Art (weiße, bunte und dekorierte Porzellangegenstände für den täglichen Gebrauch, weiße und bunte Tafelgeschirre in künstlerischer Ausstattung, sowie alle Arten Kunstsachen aus Porzellan zu Gebrauchs- und Dekorationszwecken)".
Meißen erhob Einspruch gegen die Potschappeler Marke, und der Sprechsaal (1896, S. 218 - 219) schildert den Verlauf des nun entstandenen Rechtstreits wie folgt:
„Das Patentamt war der Meinung, daß dieses Zeichen mit den schon früher eingetragenen Waarenzeichen der Königlich Sächsichen Porzellan Manufaktur in Meißen übereinstimme und machte gemäß § 5 des Gesetzes derselben hiervon Mittheilung. Die Meißener Porzellan-Manufaktur erhob nun innerhalb der gesetzlichen viermonatlichen Frist Widerspruch gegen die Eintragung des neu angemeldeten Zeichens, worauf das Kaiserliche Patentamt, Abtheilung für Waarenzeichen, durch Beschluß vom 14. September v. J. gemäß § 6 a. a. O. die Übereinstimmung der Zeichen feststellte und die Eintragung des von Thieme angemeldeten Zeichens versagte. Gegen diesen Beschluß legte die Sächsische Porzellanfabrik Carl Thieme gemäß § 10 a. a. O. Beschwerde bei der Beschwerdeabtheilung des Patentamtes ein, und zwar mit Erfolg. Bei der Wichtigkeit des Rechtsstreites und mit Rücksicht darauf, daß hiermit der Instanzenzug in dem Verfahren vor dem Patentamt erschöpft ist, lassen wir die Entscheidung der Beschwerde-Instanz nachstehend im Wortlaut folgen:
Kaiserliches Patentamt, S. 95/20, Wz., Berlin NW., den 2. Jannuar 1896.
In Sachen der Waarenzeichen-Anmeldung der Sächsischen Porzellanfabrik Carl Thieme in Potschappel hat die unterzeichnete Beschwerde-Abtheilung auf die Beschwerde der Anmelderin beschlossen, den Beschluß der Abtheilung für Waarenzeichen vom 14. September v.

514		Gebr. Voigt, Sitzendorf (Adreßbuch 1896, S. 233)
515		C. G. Schierholz & Sohn, Plaue (Adreßbuch 1896, S. 198)
516		Kaempfe & Heubach Wallendorf (Adreßbuch 1896, S. 90)
517		E. A. Müller, Schwarza (Adreßbuch 1896, S. 136)
518		Ernst Teichert, Meissen (Adreßbuch 1907, S. 685, Nr. 137)
519	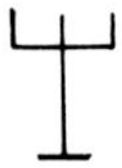	Ernst Teichert, Meissen (Adreßbuch 1907, S. 685, Nr. 137)
520		Königlich Bayerische Porzellan-Manufaktur in Nymphenburg (Adreßbuch 1907, S. 90)
521		Manufaktur Nymphenburg (Hofmann 1908, S. 238: „Blaumarke", um 1760)
522		Königlich Bayerische Porzellan-Manufaktur in Nymphenburg (Adreßbuch 1907, S. 90)
523		Hermann Ohme, Niedersalzbrunn (Adreßbuch 1907, S. 682, Nr. 75)
524		Porzellanfabrik Günthersfeld, Gehren (Adreßbuch 1907, S. 83)
525		Gebrüder Schoenau Hüttensteinbach (Adreßbuch 1907, S. 684, Nr. 118)
526		Gebrüder Schönau Hüttensteinbach (Doenges 1907, S. 206 Berling 1911, S. 154)
527		Hirsch, Dresden (Doenges 1907, S. 206 Berling 1911, S. 154)
528		Meyers (Meyer & Sohn), Dresden (Lichtfield 1900, S. 63)
529		E. Liebmann, Schney (Adreßbuch 1907, S. 110)
530		Brenner & Liebmann Schney b. Lichtenfels (Firmenschrift Meißen 1896)
531		A. W. Fr. Kister Scheibe, gegr. 1838 (Adreßbuch 1907, S. 84)
532		L. Schleich, Buschbad-Meissen (Adreßbuch 1907, S. 684)
533		Oscar Schaller & Co. Schwarzenbach (Adreßbuch 1907, S. 194)
534		Oscar Schaller & Co. Schwarzenbach (Firmenschrift Meißen 1896)
535		Oscar Schaller & Co. Schwarzenbach (Adreßbuch 1907, S. 194: „Blau unt. Glas. od. i. d. M. gest.")

536

P. Donath, Tiefenfurth
(Firmenschrift
Meißen 1896;
Doenges 1907, S. 206;
Berling 1911, S. 154)

537

Schlesische Porzel-
lanmanufaktur
P. Donath, Tiefenfurt
(Adreßbuch 1907,
S. 684, Nr. 109)

538

Swaine & Co, Hütten-
steinach, gegr. 1854
(Adreßbuch 1907, S. 238:
„in grüner Farbe")

539

C. Thieme, Potschap-
pel bei Dresden
(Franks Coll. 1896,
Pl. VII, Fig. 95:
„Mark, two staves in
saltire and T in blue")

540

C. Thieme, Potschap-
pel bei Dresden
Warenzeichenblatt 1896:
Anmeldung 1888
bzw. 1894,
Eintragung 1896;
(Adreßbuch 1907, S. 684)

541

C. Thieme, Potschap-
pel bei Dresden
(Firmenschrift
Meißen 1896;
Doenges 1907, S. 206;
Berling 1911, S. 154)

542

Dornheim, Koch &
Fischer, Gräfenroda
(Adreßbuch 1907, S. 30:
„I. d. M. gest. o. blau
u. Glasur")

543

Dornheim, Koch &
Fischer, Gräfenroda
(Firmenschrift
Meißen 1896;
Doenges 1907, S. 206;
Berling 1911, S. 154)

544

H. Schmidt,
Freiwaldau
(Firmenschrift
Meißen 1896;
Doenges 1907, S. 206;
Berling 1911, S. 154)

545

H. Schmidt,
Freiwaldau
(Grollier 1914, S. 43)

546

H. Schmidt,
Freiwaldau,
gegr. 1842
(Adreßbuch 1907, S. 206)

547

Friedrich Kästner
Oberhohndorf
(Firmenschrift
Meißen 1896;
Doenges 1907, S. 206;
Berling 1911, S. 154)

548

Friedrich Kästner,
Oberhohndorf
(Adreßbuch 1907, S. 680)

549

Großbreitenbach
(Papillon 1909, S. 262)

550
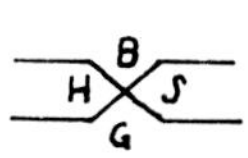

Großbreitenbach,
H. Bühl & Söhne
(Grollier 1914, S. 57)

551
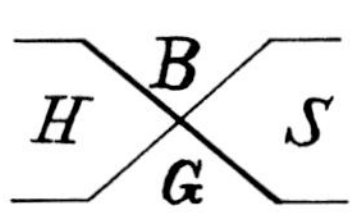

H. Bühl & Söhne,
Großbreitenbach,
gegr. 1869
(Adreßbuch 1907, S. 22)

J. aufzuheben und die Anmeldung zur weiteren Veranlassung an die Abtheilung für Waarenzeichen zurückzuverweisen.
Gründe:
Die Waarenzeichen-Abtheilung ist bei ihrer Entscheidung von der Anschauung ausgegangen, daß das Motiv der Kreuzung zweier Linien als das Hervorstechende in dem Zeichen der widersprechenden Königlichen Porzellan-Manufactur erscheine und hierin voraussichtlich das große Publikum das Charakteristische dieser Zeichen erblicken werde.
Die Beschwerde-Abtheilung vermag sich diesen Ausführungen nicht anzuschließen. Für Porzellan bestimmte Zeichen, in welchen gekreuzte Linien vorkommen, sind in großer Zahl eingetragen, vergleiche Stankiewicz: Nachweisung der im Deutschen Reich geschützten Waarenzeichen I. S. 40, 41, 47, 1889, S. 5, 1891, S. 6, 1893, S. 4 und 5, 1894, S. 5, Waarenzeichenblatt 1895, S. 1165 und Nr. 10 182, Reichsanzeiger vom 24. Dezember 1895, Nr. 11 749, und sind theilweise seit längerer Zeit im Handel. Wenngleich einige der angeführten Zeichen sich als unzulässige Nachbildungen der für die Königlich Sächsische Porzellan-Manufactur geschützten Zeichen erweisen sollten, so kann dies doch nicht von allen gelten, und es muß daher angenommen werden, daß das Publikum sich bereits daran gewöhnt hat, feinere Unterschiede zu machen und nicht das Motiv der gekreuzten Linien an sich als das Charakteristische der Königl-Sächsischen Zeichen zu betrachten. Die bloße Uebereinstimmung in diesem Motiv erscheint daher nicht genügend, um die Gefahr der Verwechslung zweier Zeichen im Verkehr zu begründen. Es muß vielmehr auf die Einzelheiten der Zeichen, soweit sie geeignet sind, den Gesamteindruck des Bildes zu beeinflussen, Rücksicht genommen werden.
Die Besichtigung der von beiden Parteien in der mündlichen Verhandlung vom 17. December 1895 vorgelegten Proben hat nun ergeben, daß die einfachen gekreuzten Linien mit einem großen lateinischen T bei sorgfältiger Ausführung und bei Innehaltung der auf der eingereichten Abbildung benutzten Größenverhältnisse zwischen dem Kreuz und dem T ein so charakteristisches Gesammtbild darstellen, daß die Gefahr einer Verwechslung dieses Zeichens mit dem Zeichen der Königlich Sächsischen Manufactur ausgeschlossen erscheint. Die bloße Möglichkeit, daß das angemeldete Zeichen in Folge mangelhafter Ausführung oder bei gewissen Dimensionsveränderungen oder bei Anwendung eines übertriebenen kleinen Maaßstabes dazu benutzt werden könnte, um Verwechslungen mit dem Zeichen der widersprechenden Manufactur herbeizuführen, genügt nicht, um die Eintragung des Zeichens gemäß §§ 5, 6 und 20 des Gesetzes zum Schutz der Waarenbezeichnungen vom 12. Mai 1894 zu versagen.
Wenn Umstände der genannten Art eintreten sollten, wenn insbesondere durch eine Annäherung des T an die gekreuzten Linien ein Figur erzielt werden sollte, welche mit dem unter Nr. 2040 in die Zeichenrolle eingetragenen Zeichen im Sinne des § 20 des Waarenschutz-Gesetzes übereinstimmt, so würde es sich nicht mehr um die Anwendung des der Anmelderin geschützten Zeichens handeln, und es würde der widersprechenden Manufactur unbenommen sein, auf dem im § 14 des Waarenzeichen-Gesetzes angegebenen Wege einem solchen Mißbrauche entgegenzutreten.
Kaiserliches Patentamt,
Beschwerde-Abtheilung I., gez. Huber.
Im Anschluß an vorstehende Entscheidung bemerken wir noch, daß gegenwärtig eine ganz ähnliche Streitsache zwischen der Königlich Sächsischen Porzellan-Manufactur in Meißen und der oben genannten Schlesischen Porzellanfabrik P. Donath in Tiefenfurt bei dem Patentamt schwebt, bei deren Zeichen es sich ebenfalls um das Motiv der Kreuzung zweier Linien handelt. Auch auf den Ausgang dieser Sache darf man gespannt sein."
Wenn auch – wie aus Vorstehendem hervorgeht – das Kaiserliche Patentamt der Meinung war, daß „das Publikum sich bereits daran gewöhnt hat, feinere Unterschiede zu machen und nicht das Motiv der gekreuzten Linien an sich als das Charakteristische der Königl.-

552	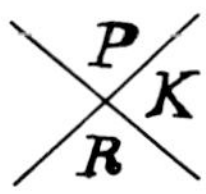	A. Rosenlöcher, Küps (Adreßbuch 1907, S. 683)
553		F. A. Reinecke, Eisenberg (Adreßbuch 1907, S. 178: „Blau unter Glasur")
554		Ph. Rosenthal & Co. in Selb, gegr. 1880 (Adreßbuch 1896, S. 188)
555		Ph. Rosenthal & Co. in Selb, gegr. 1880 (Adreßbuch 1907, S. 651)
556		Schumann & Co. Arzberg, später C. Schumann (Adreßbuch 1907, S. 684)
557		H. Waffler, Regensburg, gegr. 1858 (Adreßbuch 1896, S. 235: „I. d. M. gest.")
558		Friedrich Kaestner, Oberhohndorf, gegr. 1883 (Adreßbuch 1907, S. 80)
559		Schumann & Schreider, Schwarzhammer, gegr. 1905 (Adreßbuch 1907, S. 160)
560		Gebr. Metzler & Ortloff, Illmenau, gegr. 1875 (Adreßbuch 1907, S. 118)
561		Porzellanfabrik Kalk, Eisenberg, gegr. 1899 (Adreßbuch 1907, S. 148: „Blau unter Glasur")
562		Haas & Czjzek, Schlaggenwald Zentralmarkenanzeiger 1889, Eger Nr. 134 (Adreßbuch 1907, S. 679)
563		Gebr. Knoch, Neustadt (Adreßbuch 1907, S. 86: „Für feine Luxusporzellane. I. d. M. gest")
564		Jaeger & Co., Marktredwitz, gegr. 1898 (Adreßbuch 1907, S. 152: „Grün unter Glasur für Fabr. mit Kopenhagen. Untergl.-Dekor")
565		Königlich Sächsische Thonwaarenfabrik Muldenhütten, gegr. 1863 (Adreßbuch 1896, S. 404)
566		Th. Recknagel, Alexandrinenthal, gegr. 1886 (Adreßbuch 1896, S. 174)
567		W. A. Römer, Hainsberg, gegr. 1883 (Adreßbuch 1896, S. 426)

Sächsischen Zeichen zu betrachten", kommt es heute doch sehr häufig vor, daß immer wieder jene Marken, die das Charakteristikum der gekreuzten Linien aufweisen, mit der Meißener Schwertmarke verwechselt werden. Aus der Praxis ergibt sich die Notwendigkeit, daß der Wissenschafter deshalb primär nicht den ohnehin informierten und spezialisierten Porzellankenner berücksichtigen soll, sondern vor allem an jene denken möge, die noch nicht die nötige Erfahrung besitzen, an jene, für die das Porzellansammeln oder -handeln vielleicht nur ein Randgebiet ist, an jene, die womöglich auch nicht über die entsprechende, meist vergriffene, Literatur verfügen.
Die hier angegebene Markenübersicht ist daher vordringlich für diese Intessentengruppe gedacht und soll als erste Orientierungshilfe dienen, bevor man sich komplizierteren Fragen zuwendet.

„VERWECHSLUNGSFÄHIGE FREMDE TYPEN" IN HOLLAND UND BELGIEN

Unter gewissen Umständen kann es geschehen, daß man bestimmte Marken der holländischen Manufaktur Weesp bzw. der belgischen Manufaktur Tournay mit den Meißener Schwertern verwechselt.
Kennzeichnend für diese Marken sind jedoch Punkte und Kreuze, die sie von den Meißener Marken unterscheiden.
Chaffers (1863, S. 194) schreibt über die Weesper Marke (mit Punkten und Knäufen), daß sie in Blau gemalt wurde. Die Marke von Tournay, laut Chaffers nach 1855 in Gebrauch (Chaffers 1863, S. 197: „this mark was used after 1855"), war seiner Angabe nach in Gold für die beste Qualität, in Blau oder Rot für minderwertigere Ware in Verwendung („in gold for the best quality, in blue or red for inferior specimens").
Savage (1960, S. 205) sieht in der Tournay-Marke ebenfalls eine Anlehung an die Meißener Schwerter: „The early mark was a crudely drawn tower in blue, gold, or crimson, but the later mark, found on most porcelain from Tournai, is a pair of crossed swords (similar to those used at Meissen) with four crosses, one in each angle."
Grollier (1914, S. 312-313) bildet für Tournay zahlreiche Marken mit Knäufen und Kreuzen ab, daneben aber auch richtiggehende Imitationen der Schwertermarke, die er jedoch nicht mit völliger Sicherheit Tournay zuschreiben kann.
Knaufschwerter mit Punkten kennt Grollier (1914, S. 403) für Weesp. Die Marke ist bei den von ihm angegebenen Beispielen immer in Blau gemalt.
Gerade bei den Marken der Manufakturen von Weesp und Tournay, die meines Wissens immer in Farbe, nie eingeritzt oder eingepreßt, vorkommen, sei vor einer Verwechslung mit einer formal sehr ähnlichen Kennzeichnung in Meißen gewarnt; eine Verwechslung, die freilich des öfteren geschieht: nämlich mit einem eingeritzten oder eingepreßten Former- oder Dreherzeichen, das aus gekreuzten Linien mit Punkten oder sichelförmigen Vertiefungen zwischen den Linien besteht (vgl. Rückert 1966, S. 43, Walcha 1973, S. 440). Eine große Vase im Österreichischen Museum, gekennzeichnet mit dem blauen AR-Monogramm, trägt dieses – diesmal eingekerbte – Formerzeichen ebenfalls (vgl. Marke Nr. 7).

568	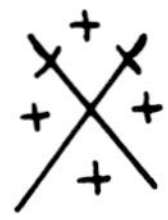	Tournay (Chaffers 1863, S. 197; Grollier 1914, S. 312: ,,Musée de Sèvres, no 2592")
569		Tournay (Marryat 1866, S. 243)
570		Tournay (Franks Coll. 1896, Pl. IX, Fig. 124)
571		Tournay (Franks Coll. 1896, Pl. IX, Fig. 123)
572		Tournay (Hofmann 1908, S. 240, Nr. 1181: ,,um 1770")
573		Tournay (Hofmann 1908, S. 240, Nr. 1176: ,,um 1760")
574	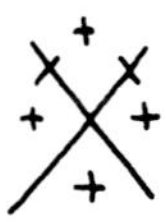	Tournay (Lichtfield 1900, S. 302)
575		Tournay (Lichtfield 1900, S. 302)
576		Tournay (Grollier 1914, S. 312, Nr. 2050: ,,Col. Grollier, n° 13474")
577	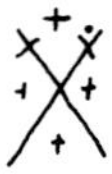	Tournay (Papillon 1909, S. 261)
578		Tournay (Grollier 1914, S. 316, Nr. 2081: ,,Col. Grollier, n° 14375")
579		Tournay (Grollier 1914, S. 311, Nr. 2040: ,,Col. Grollier, n° 13473")
580		Tournay (Grollier 1914, S. 313, Nr. 2057: ,,Catalogue Soïl")
581		Tournay (Grollier 1914, S. 312, Nr. 2045: ,,Col. Grollier, n° 14376")
582	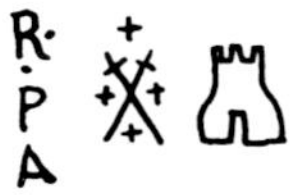	Tournay Grollier 1914, S. 313, Nr. 2056: ,,Col. Gasnault, n° 1315 und 1316")
583		Tournay (Grollier 1914, S. 316, Nr. 2082)
584	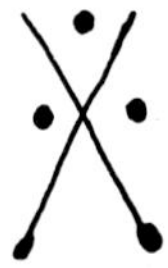	Weesp (Chaffers 1863, S. 194; Doenges 1907, S. 208, Nr. 115: ,,1764-1771")
585	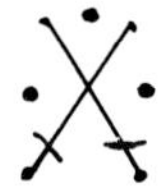	Weesp (Franks Coll. 1896, Pl. VII, Fig. 98)
586		Weesp (Graesse 1864[1], S. 30, Nr. 193; 1872[3], S. 53, Nr. 187; Lichtfield 1900, S. 72)
587		Weesp (Lichtfield 1900, S. 72; Doenges 1907, S. 208, Nr. 116: ,,1764-1771")
588		Weesp (Grollier 1914, S. 403)
589	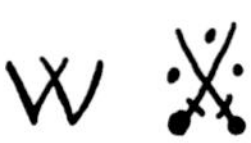	Weesp (Grollier 1914, S. 403, Nr. 2554)

Abb. 90. Detail der Malerei des Tellers (Abb. 91), Firma Vermeren, Brüssel. - Wiener Privatbesitz

Von einem Privatsammler wurde ich auf eine Brüsseler Porzellanfabrik aufmerksam gemacht, die in manchen ihrer Marken die Meißener Schwerter, kombiniert mit einem Buchstaben, verwendete bzw. heute noch verwenden soll.
Danckert (1978[4], S. 69) erwähnt als Firmengründer dieses Unternehmens Christophe Windisch, der 1832 in Etterbek eine Porzellanfabrik errichtete; dessen Nachfolger waren laut Danckert Caillet, Vermeren-Coché, Demeuldre-Coché: ,, . . . das Unternehmen besteht noch heute und ist im Besitz von Henri Demeuldre. Die Firmenbezeichnung ist: ,Etablissements Demeuldre S.P.R.L., Manufacture de Porcelaine de Bruxelles'.''
Die in unserem Zusammenhang interessierenden Marken sind schwerterähnliche Zeichen mit dem V (=Vermeren) bzw. D (=Demeuldre) der Firma, die offenbar zu bestimmten Zeiten weiß glasiertes, unbemaltes Porzellan fremder Manufakturen dekorierte, und zwar häufig im Stil Meißener Blumendekore. Die abgebildeten Beispiele (Abb. 90-98) zeigen einen Teller aus Limoges-Porzellan, das in Brüssel dekoriert wurde, bzw. einen weiteren Teller, der eine Preßmarke S 8 trägt (für mich ist diese Marke einer bestimmten Fabrik noch nicht zuschreibbar, sie soll aber in Kombination mit der Fabriksmarke von Ohme/Waldenburg verwendet worden sein).
Porzellanteller dieser Firma sind natürlich vor allem in Belgien in Umlauf und werden dem Vernehmen nach dort nicht selten als Meißen gehandelt; den Limoges-Teller mit Brüsseler Dekor konnte ich auf einer deutschen Antiquitäten-Ausstellung erwerben.

Abb. 91. Teller, Vermeren (Brüssel), Schwertermarke und V in Blau auf der Glasur (Abb. 94, 96), Globus in Schwarz und Grün auf der Glasur, darunter „Haviland Limoges" in Grün unter der Glasur (Abb. 95); D 24,3 cm. - Wiener Privatbesitz

Abb. 92. Detail der Blumenmalerei des Tellers Abb. 91, Firma Vermeren, Brüssel. - Wiener Privatbesitz

Abb. 93. Detail der Blumenmalerei des Tellers Abb. 91, Firma Vermeren, Brüssel. -Wiener Privatbesitz

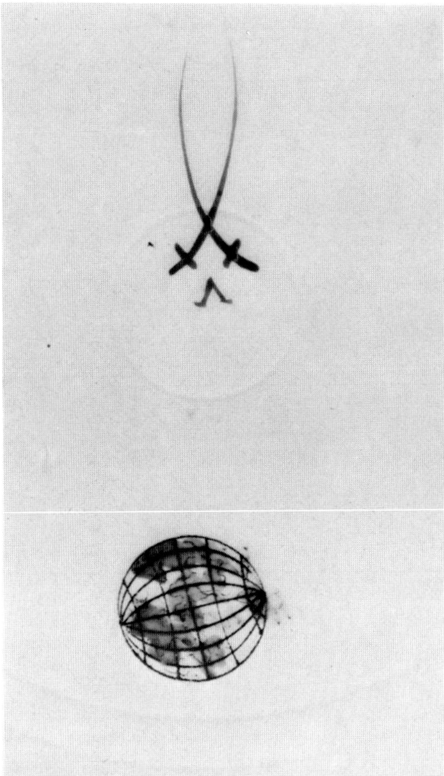

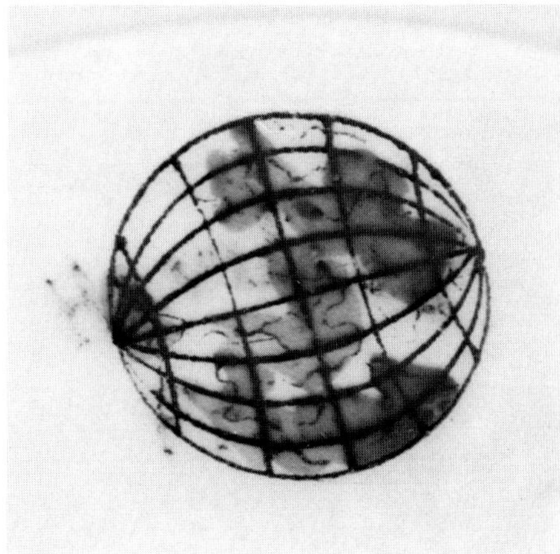

Abb. 95. Detail der Kennzeichnung des Tellers Abb. 91. Vermeren (Brüssel): Globus in Schwarz und Grün auf der Glasur, darunter „Haviland Limoges" in Grün unter der Glasur (D 14 mm)

Abb. 94. Kennzeichnung des Tellers Abb. 91, Vermeren (Brüssel): Schwertermarke und V in Blau auf der Glasur (H 22 mm), Globus in Schwarz und Grün auf der Glasur (D 14 mm), darunter „ Haviland Limoges" in Grün unter der Glasur. - Wiener Privatbesitz

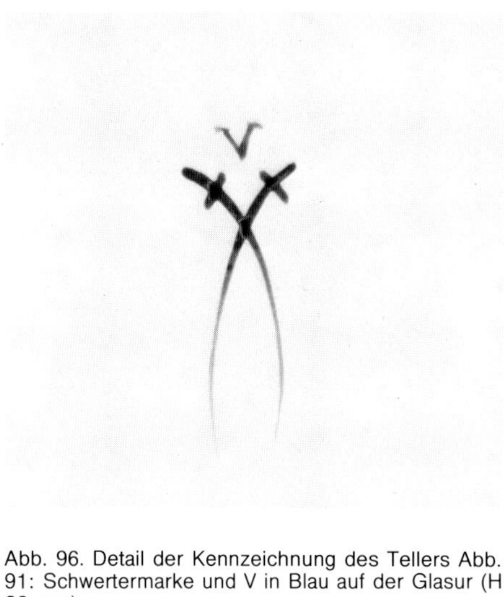

Abb. 96. Detail der Kennzeichnung des Tellers Abb. 91: Schwertermarke und V in Blau auf der Glasur (H 22 mm)

Abb. 97. Kennzeichnung des Tellers Abb. 98: Schwertermarke und V in Blau auf der Glasur (H 28 mm), Vermeren (Brüssel). - Privatbesitz

Abb. 98. Teller, Vermeren (Brüssel), Schwertermarke und V in Blau auf der Glasur, eingepreßt: S 8; D 16,5 cm. - Privatbesitz

„VERWECHSLUNGSFÄHIGE FREMDE TYPEN" IN FRANKREICH

Französische Marken, die ein oberflächlicher Betrachter mit den Schwertermarken verwechseln könnte, scheinen meist aus einer Art gekreuzter Pfeile zu bestehen.
Es handelt sich dabei häufig um Pariser Firmen: „La Courtille" in der rue Fontaine-au-Roy (gegr. 1771), die Fabrik „Aux Trois Levrettes" in der rue de la Roquette (gegr. 1774), die Fabrik von Hannong (gegr. 1771) in Faubourg-St-Denis, die Fabriken in Fontainebleau (gegr. 1795) und Montreuil-sous-Bois (gegr. 1815 von Tinet), eine Fabrik, die später von dem berühmten Imitator Samson erworben wurde, der zwischen gekreuzte Linien oder Schwerter sein S setzte – oder auch nicht. Im letztgenannten Fall kann es leicht zu Verwechslungen mit der Schwertermarke Meißens kommen.
Daß außer Samson auch andere französische Firmen gerne schwerterähnliche Marken verwendeten, beweist uns die entsprechende Fachliteratur; zu den wichtigsten Publikationen zählt noch immer das Werk von Chavagnac-Grollier, „Histoire des Manufactures Françaises de Porcelaine", 1906 in Paris erschienen und bis heute unübertroffene Daten- und Markensammlung der französischen Fabriken.
Litchfield (1900, S. 229) erwähnt bei der Fabrik „La Courtille" (rue Fontaine-au-Roy) die Verwechslungsgefahr der Marken mit Meißen: „The fabrique was of hard paste, and the mark in blue, two torches crossed. This should not be mistaken for the Dresden crossed swords".
Auch Brinkmann (1894, S. 468) bezieht sich auf „La Courtille": „Anderen Manufakturen gelang es, sich ohne hohen Schutz zu behaupten. So derjenigen von la Courtille, welche schon 1773 ihren Betrieb eröffnete und es Anfangs auf die Nachahmung deutscher Porzellane abgesehen, daher auch eine aus zwei gekreuzten Fackeln gebildete und den Meissener Schwertern flüchtig ähnliche Marke angenommen hatte".

590		Paris, rue Fontaine-au-Roy (Chavagnac-Grollier 1906, S. 495)
591		Paris, rue Fontaine-au-Roy (Papillon 1909, S. 265)
592		Paris, rue Fontaine-au-Roy (Chavagnac-Grollier 1906, S. 495)
593		Paris, rue Fontaine-au-Roy (Chavagnac-Grollier 1906, S. 495)
594		Paris, rue Fontaine-au-Roy (Chavagnac-Grollier 1906, S. 495)
595		Paris, rue Fontaine-au-Roy (Graesse 1872[3], S. 63, Nr. 546)
596		Paris, rue Fontaine-au-Roy (Hofmann 1908, S. 240, Nr. 1171)
597		Paris, rue Fontaine-au-Roy (Litchfield 1900, S. 229)
598		Paris, rue Fontaine-au-Roy (Marryat 1866, S. 244; Graesse 1864[1], S. 36, Nr. 320; 1872[3], S. 63, Nr. 544)
599		Paris, rue Fontaine-au-Roy (Chaffers 1863[1], S. 211)
600		Paris, rue Fontaine-au-Roy (Litchfield 1900, S. 229)
601		Paris, rue Fontaine-au-Roy (Chavagnac-Grollier 1906, S. 497)
602		Paris, rue Fontaine-au-Roy (Chavagnac-Grollier 1906, S. 498)
603		Paris, rue Fontaine-au-Roy (Chavagnac-Grollier 1906, S. 497)
604		Paris, rue Fontaine-au-Roy (Chavagnac-Grollier 1906, S. 498)
605		Paris, rue Fontaine-au-Roy (Chavagnac-Grollier 1906, S. 497)
606	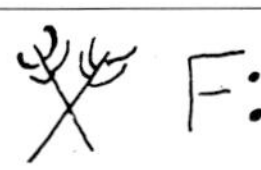	Paris, rue Fontaine-au-Roy (Chavagnac-Grollier 1906, S. 497)
607		Paris, rue Fontaine-au-Roy (Chavagnac-Grollier 1906, S. 497)
608		Paris, rue Fontaine-au-Roy (Papillon 1909, S. 265)
609		Paris, rue Fontaine-au-Roy (Chavagnac-Grollier 1906, S. 497)
610		Paris, rue Fontaine-au-Roy (Chavagnac-Grollier 1906, S. 497)
611		Paris, rue Fontaine-au-Roy (Chavagnac-Grollier 1906, S. 496)
612		Paris, rue Fontaine-au-Roy (Chavagnac-Grollier 1906, S. 497)

613		Paris, rue Fontaine-au-Roy (Papillon 1909, S. 265)
614	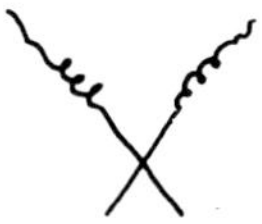	Paris, rue Fontaine-au-Roy (Chavagnac-Grollier 1906, S. 494)
615		Paris, rue Fontaine-au-Roy (Chavagnac-Grollier 1906, S. 494)
616		Paris, rue Fontaine-au-Roy (Papillon 1909, S. 265)
617		Paris, rue Fontaine-au-Roy (Papillon 1909, S. 265)
618		Paris, rue Fontaine-au-Roy (Chavagnac-Grollier 1906, S. 493)
619		Paris, rue Fontaine-au-Roy (Papillon 1909, S. 265)
620		Paris, rue Fontaine-au-Roy (Chavagnac-Grollier 1906, S. 495)
621		Paris, rue de la Roquette (Papillon 1909, S. 266)
622		Paris, rue de la Roquette (Papillon 1909, S. 266)
623		Paris, rue de la Roquette (Chavagnac-Grollier 1906, S. 522)
624		Paris, rue de la Roquette (Chavagnac-Grollier 1906, S. 522)
625		Paris, rue de la Roquette (Chavagnac-Grollier 1906, S. 522)
626		Paris, rue de la Roquette (Chavagnac-Grollier 1906, S. 522)
627		Paris, rue de la Roquette (Litchfield 1900, S. 231; Doenges 1907, S. 207, Nr. 110)
628		Paris, rue de la Roquette (Chavagnac-Grollier 1906, S. 521)
629		Paris, rue de la Roquette (Chavagnac-Grollier 1906, S. 521)

630 
St. Amand-les-Eaux
(Chavagnac-Grollier
1906, S. 510)

631 
Sceaux
(Chavagnac-Grollier
1906, S. 371)

632 
Sceaux
(Chavagnac-Grollier
1906, S. 370)

633 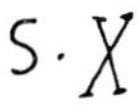
Sceaux
(Chavagnac-Grollier
1906, S. 370)

634 
Paris,
Faubourg-St-Denis
(Papillon 1909, S. 267)

635 
Paris,
A. Rub-Leprince
Firmenschrift 1896
(Doenges 1907, S. 209;
Berling 1911, S. 154)

636 
Sluizer,
Fontainebleau
(Firmenschrift 1896;
Doenges 1907,
S. 209, Nr. 133)

637 
Bourdois & Bloch
Paris
(Firmenschrift 1896;
Doenges 1907, S. 209;
Berling 1911, S. 154)

638 
Desjardins, Choisy-
le-Roi bei Paris
(Firmenschrift 1896;
Doenges 1907, S. 209;
Berling 1911, S. 154)

639 
Godebski & Cie, Avon
les Fontainebleau
(Lichtfield 1900, S. 154)

640 
Fontainebleau (?)
(Chavagnac-Grollier
1906, S. 637)

641 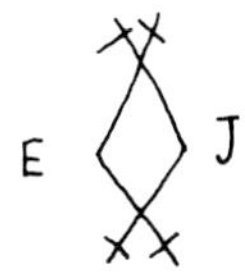
Fontainebleau (?)
(Chavagnac-Grollier
1906, S. 637)

642 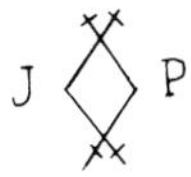
Jacob Petit,
Fontainebleau
(Papillon 1909, S. 264)

643 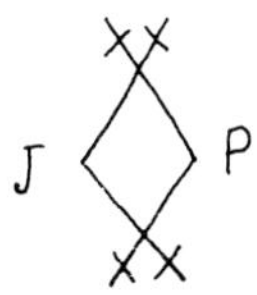
Jacob Petit,
Fontainebleau
(Chavagnac-Grollier
1906, S. 925)

644 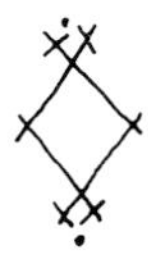
Tinet, Montreuil
(Chavagnac-Grollier
1906, S. 698;
Doenges 1907, S. 209)

645 
Samson, Paris
Marke nach Objekten
in Privatbesitz

646 
Samson, Paris
(Chavagnac-Grollier
1906, S. 810)

647 
Samson, Paris
(Lichtfield 1900, S. 235)

FÄLSCHUNGEN VON MEISSENER PORZELLAN

Mit den Fälschungen von Meißener Porzellan hat sich meines Wissens erstmals ausführlich der damalige „Regierungschemiker an der staatlichen Porzellanmanufaktur in Meißen", Dr. W. Funk, befaßt. Seine Untersuchung „Über Porzellanschutzmarken und Porzellanfälschungen", aus der bisher mehrfach zitiert wurde, erschien in der Zeitschrift „Der Kunstwanderer" (1921 – 1922, S. 441 – 442 und 493 – 495). Der in unserem Zusammenhang besonders wichtige Abschnitt über die Fälschungen von Meißener Porzellan sei im folgenden ungekürzt zitiert:

„ ....Man kann die – meist in betrügerischer Absicht vorgenommenen – Porzellanfälschungen folgendermaßen einteilen: in die Nachahmung 1. alten, d.h. angeblich in früherer Zeit hergestellten Porzellans, und 2. neuen Porzellans, d.h. jetziger Marktware. Auch hier müssen wir uns bei den zu gebenden näheren Erläuterungen lediglich auf die Besprechung der Fälschungen von Meißner Porzellan beschränken.

1. Altes Meißner Porzellan wird nachgeahmt durch Anbringung alter Marken auf neuen Meißner oder auf fremden Porzellanen. Es werden hierbei die Kurschwerter oder das A.R. Monogramm nachträglich angebracht oder der schon vorhandenen Schwertermarke noch irgendwelche Nebenzeichen der weiter oben erwähnten Art hinzugefügt, um alte Stücke vorzutäuschen oder ältere noch wertvoller zu machen. Hierzu sei folgendes bemerkt: der Fälscher nimmt irgend ein Stück unbemaltes Porzellan fremder Herkunft, d.h, nicht aus der Meißner Manufaktur stammend, das aber äußerlich, besonders in der Form, dem Meißner völlig gleicht, etwa eine Tasse oder einen Becher, und bringt nun eine feine, kostbare Malerei darauf an, z.B. die Ansicht einer Küsten- oder Seelandschaft, einer Jagd- oder Schlachten-Szene oder ähnliches, wie man sie häufig auf alten echten Stücken sieht, jedenfalls eine Malerei, die infolge ihrer feinen Ausführung schon an sich einen hohen Preis rechtfertigt. Der betreffende Gegenstand ist zunächst noch ohne Marke, wird aber nun vor dem Einbrennen der bunten Malerei noch mit einem Meißner Zeichen in Gold oder Rot oder der Schwertermarke in einem stumpfen Aufglasurbau versehen, wie dies bei den ältesten Meißner Porzellanen tatsächlich häufig der Fall gewesen ist. Dann wird Malerei und Schutzmarke in der Muffel eingebrannt und das Stück als Arbeit von 1725 bis 1730 verkauft. Selbstverständlich müssen solche Malereien sehr sorgfältig und geschickt ausgeführt werden, da sie nur im Antiquitätenhandel vertrieben und meist nur von Sachkundigen gekauft werden, die natürlich allzu grobe und plumpe Fälschungen ohne weiteres herausfinden würden.

Die Fälscher haben sich weiter die Tatsache zunutze gemacht, daß die Meißner Manufaktur in früheren Zeiten auch viel Porzellan ohne jede Bemalung verkauft hat, und zwar sowohl Geschirr als auch Figuren. Bis in die neueste Zeit sind auch Teller, Tassen usw., die nur mit farbigem oder Goldrand versehen sind, aber sonst keine Malerei zeigen, verkauft worden. Die Fälscher waren bestrebt, solche Waren, die ja der Masse nach Meißner Porzellan sind und auch die echte Meißner Marke zeigen, in ihren Besitz zu bringen. Sie bemalten die Stükke nachträglich mit einem altertümlichen Meißner Muster und verkauften sie dann als echte alte in Meißen bemalte Stücke. Diese Malereien sind oft so gut ausgeführt, daß sogar gewiegte Kenner getäuscht worden sind. Es ist daher jedem vor dem Ankauf eines solchen Stückes, für das meist ein recht hoher Preis gefordert wird, zu raten, zunächst bei der Meißner Manufaktur selbst anzufragen, ob das betreffende Stück echt ist. Sie besitzt eine große Reihe von Fachmännern, die aus der ganzen Art der Ausführung der Malereien, mögen es nun Blumen- oder Figuren- oder andere Malereien sein, ferner aus der Art der Vergoldung und sonstigen Einzelheiten die Echtheit des fraglichen Stückes genau zu beurteilen vermögen. Und kommt der Künstler allein bei der Prüfung nicht zurecht, so kann ihn der Chemiker durch physikalische und chemische Untersuchung der Masse und der Farben unterstützen. Man hat im Laufe der vergangenen Jahrzehnte in Meißen in dieser Beziehung eine große

Reihe von Erfahrungen gesammelt, die nunmehr der Prüfung jeden neu auf seine Echtheit zu untersuchenden Stückes zugute kommen.
Zuweilen, wenn auch durchaus nicht immer, sind die Fälschungen so plump ausgeführt, daß der Fachmann sie ohne weiteres erkennt. Wir wollen dies durch einige Beispiele belegen. Es wurde vorhin erwähnt, daß das Anbringen von Schleifstrichen in oder über der Schwertermarke kaum vor der Mitte des 18. Jahrhunderts in Meißen üblich gewesen sei. Wenn daher im Antiquitätenhandel z.B. eine Vase mit den verschlungenen Anfangsbuchstaben A. R. angeboten wird, welch letztere drei oder vier eingeschliffene Striche zeigen, so ist einem solchen angeblich echten alten Stück das größte Mißtrauen entgegenzubringen, da erstens dieses A. R. Zeichen nur in einer Periode üblich war, wo man das minderwertigere Porzellan noch nicht durch Schleifstriche besonders kennzeichnete, und man zweitens für den Bedarf des Königs und damaligen Besitzers der Fabrik wohl überhaupt keine ausdrücklich als minderwertig gekennzeichnete Stücke ausgewählt haben dürfte.
Ein anderes Beispiel einer offensichtlichen Fälschung liegt z.B. vor, wenn ein Stück ein aufgemaltes Muster zeigt, das zu der Zeit, aus der es herrühren soll, in Meißen noch gar nicht üblich war, oder – der krasseste Fall – wenn ein Stück, das angeblich aus dem 18. Jahrhundert stammt, zwar mit einer Malerei verziert ist, die dem Stile jener Zeit entspricht, aber eine Glanzvergoldung zeigt. Die Glanzvergoldung ist nämlich erst im Jahre 1830 erfunden worden, ein Beweis, daß bei der Verzierung des betreffenden Gegenstandes nicht alles mit rechten Dingen zugegangen sein kann.
2. Aber auch die betrügerische Nachahmung neuen Meißner Porzellans, d.h. wie es jetzt von der Manufaktur in den Handel gebracht wird, ist eine Erscheinung, die leider trotz energischen Einschreitens noch nicht ganz hat aus der Welt geschaffen werden können, und zwar treten solche Bestrebungen nicht nur im Auslande, sondern auch in Deutschland selbst auf. Die Fälscher rechnen hier mit der Urteilslosigkeit oder, sagen wir, Oberflächlichkeit eines Teiles der großen Menge, der aus Mangel an Sachkenntnis und aus der Harmlosigkeit nicht in der Lage ist, die Angaben gewissenloser Händler auf ihre Richtigkeit nachzuprüfen. Natürlich handelt es sich hier immer nur um ganz vereinzelte Fälle, und es kommt uns durchaus nicht in den Sinn, unsere ehrenwerte deutsche Händlerschaft verdächtigen zu wollen. Womöglich sind aber die betreffenden harmlosen Käufer noch stolz darauf, eine solche ‚echt Meißner' Mokkatasse oder Schale, deren Malerei oft schon mehr als ‚Schiererei' zu bezeichnen ist, zu einem ‚äußerst billigen Preise' in irgend einem Ramschgeschäft oder einem Kaufladen eines Bades oder einer Sommerfrische erstanden zu haben. Wer sich hier kritiklos etwas aufreden läßt, kann fast ebensoviel Geld einbüßen als beim Kaufe gefälschten alten Porzellans.
Versuche, fremdes Porzellan, d. h. in irgendwelcher anderer Fabrik hergestelltes und dann irgendwo bemaltes Porzellan als echt Meißner anzubieten, sind in den letzten Jahren kaum beobachtet worden.
Immerhin sind Fälle bekannt, wo man solches Porzellan mit einem kobaltblauen Fond versah, diesen – und mit ihm zugleich die blaue Schwertermarke – im Scharffeuer einbrannte und dann das Stück noch mit bunter Malerei, etwa nach Watteau, oder feiner Blumenmalerei im Meißner Stil und, was natürlich nicht fehlen darf, mit Goldverzierung versah. Im allgemeinen sind derartige Fälschungen ziemlich leicht zu erkennen, da die Malerei keine oder doch keine guten Kopien nach echten alten Stücken darstellen. Auch die Masse solcher Porzellane ist der der Meißner Manufaktur unähnlich, die von jeher Wert darauf gelegt hat, eine sich äußerlich immer möglichst gleichbleibende Geschirr- und Figurenmasse zu verwenden. Der Fachmann findet in solchen Fällen den Unterschied zwischen echtem und gefälschtem Stück sofort heraus, und diese Fälschungen sind ja, wie schon angedeutet, nicht für den Kenner, sondern für die große Menge bestimmt.
Aber nicht nur Porzellan fremder Herkunft, sondern auch Meißner Porzellan selbst wird zu Fälschungen benutzt, so merkwürdig dies vielleicht zunächst klingen mag. Es wird nämlich

Abb. 99. Krinolinenfiguren, Blatt aus einem Katalog der Firma Carl Thieme/Potschappel bei Dresden

jetzige Handelsware, die nur mit einfachen Mustern oder gar nur mit einem farbigen Rande verziert ist, von fremder Hand durch Hinzumalen und Vergoldung reicher ausgestattet und nun ebenfalls als echtes Meißner Porzellan verkauft. Die staatliche sächsische Manufaktur verfolgt selbstverständlich auch dieses Geschäftsgebaren als betrügerisch, da ihr hierbei einmal der Gewinn für die nachträglich angebrachte reichere Malerei entgeht und letztere von den betreffenden Fälschern meist so stümperhaft ausgeführt wird, daß solche Stücke dazu angetan sind, das Vertrauen in die künstlerische Leistungsfähigkeit der Meißner Fabrik herabzusetzen. Die sächsische staatliche Porzellanmanufaktur hat im Vorjahre sogar einen Prozeß vor dem Reichsgericht gewonnen, in dem ausdrücklich festgehalten worden ist, daß keine andere Malereifirma das Recht hat, unbemalte Gegenstände aus echtem, mit dem Schwerterzeichen versehenen Porzellan selbständig bemalen zu lassen.
Es sollen auch hier zur besseren Erklärung einige Fälschungsmöglichkeiten angeführt werden. Die besonders für einfache Kaffeegedecke beliebte Meißner Rosenmalerei haben dreiste Fälscher durch Hinzumalen anderer Blumen zu einer reicheren Bukettmalerei auszugestalten versucht, für die natürlich ein höherer Preis gefordert werden kann als für die einfache Rosenmalerei. Auch bei dem bekannten ‚Streublümchenmuster' ist das Gleiche vorgenommen worden. Die Meißner Manufaktur besitzt von Fällen, wo sie solchen Schwindlern energisch zu Leibe gerückt ist, eine ganze Anzahl beschlagnahmter corpora delicti, die nun als abschreckende Beispiele aufbewahrt werden.
Mehrfach hat man auch versucht, an Ausschußgeschirren, die nur mit einem bunten Rand verziert, im übrigen aber unbemalt waren, diesen Rand durch Übermalen mit Gold zu verdecken und die Geschirre nachträglich mit allerlei Malerei zu versehen, häufig reichen chinesischen Spezialmustern von Meißen, deren Echtheit ja scheinbar durch das Schwerterzeichen gewährleistet war. Besonders gründlich arbeitende Fälscher haben in solchen Fällen die Schleifstriche in den Schwertern, durch welche die betreffenden Stücke als Meißner Ausschußware gekennzeichnet waren, durch Polieren oder Ausfüllen der Einkerbungen mit einer leichter schmelzbaren Porzellanglasur und nachheriges Einbrennen weniger sichtbar gemacht, um die Waren dann als fehlerfrei, sogenannte erste Wahl, verkaufen zu können. Man hat auch versucht, auf echten Meißner Stücken einfache Malereien mit sogenannter

Abb. 100. Krinolinenfigur nach Meißener Vorbild, Carl Thieme/Potschappel bei Dresden, gefälschter unterglasurblauer Bindenschild, X; H 24,2 cm. - Privatbesitz

Flußspatsäure, mit der man bekanntlich auch Glas ätzen kann, abzubeizen, die abgebeizten, mattgewordenen Stellen zu polieren und dann erneut, aber reicher als vorher zu bemalen, um ebenfalls einen höheren Preis zu erzielen.
Die vorstehend geschilderten verschiedenartigen Versuche, mittelst echtem Meißner Porzellan Fälschungen auszuführen, sind auch die Ursache dafür, daß die staatliche Manufaktur Meißen unter keinen Umständen mehr unbemaltes Porzellan erster und zweiter Wahl verkauft. Trotzdem finden raffinierte Fälscher immer neue Wege, Nachahmungen von neuem und besonders auch von altem Meißner Porzellan an den Mann zu bringen. Für das Sammeln von Altmeißner Stücken ist es daher, wie nicht oft genug betont werden kann, unerläßlich, daß man sich erst durch jahrelanges eingehendes Studium die nötigen Fachkenntnisse erwirbt, wenn man nicht Gefahr laufen will, für teures Geld Wertlosigkeiten zu erstehen."
Auch das „Central-Blatt für Keramik und Glas-Industrie" (März 1900, S. 336) geht unter dem Titel „Nachahmungen" auf Fälschungen und Verfälschungen Meißener Porzellans ein: „Misslungene Gegenstände wurden auch bei nur unbedeutendem Makel nicht colorirt und über die Marke ein Querstrich gemacht. Der Hauptunterschied zwischen der antiken und modernen Fabrication liegt in der Farbe. Es gibt daher, ungerechnet der geschickten Nachahmer, welche Fabriken zur Herstellung falscher Dresdener Ware in zwei bis drei Städten Deutschlands unterhalten, noch viele Andere, welche die Farben von diesen modernen Imitationen mittelst Schwefelwasserstoffsäure entfernen und die Artikel dann nach dem antiken Styl decoriren. Einer der Händler, dem diese Betrügereien alle Lust für immer genommen haben und gar keine Dresdener Ware mehr verkauft, sagte mir, dass gewissenlose Händler bei Engros-Bestellungen in der Meissener Fabrik Exemplare in Weiss mit der alten Marke verlangen, die seit langer Zeit aufgegeben worden ist. Jetzt werden alle Artikel u n t e n mit der Marke versehen; man macht jedoch in manchen Fällen eine Ausnahme. Wird z. B. ein Orchester von Affen bestellt, so wird die Gruppe unter dem Vorwand, sie werde in Bronze reproducirt, nach a l t e m System markirt, die Gruppe neu colorirt und der Betrug ist fertig.
Der erste Fälscher von Dresdener Porzellan in Frankreich war Jacob Petit in Fontainebleau, der vor vielen Jahren anfing, Frankreich und Deutschland mit verdächtigen Artikeln zu überschwemmen. Ohne aber bis zu solchen Falsificaten zu greifen, zeigt uns ein Besuch des Geschäftes des Herrn Samson in den Arcaden des Opernhauses, bis zu welcher Vollkommenheit die Nachahmung der Tassen und Vasen aus der Meissener Fabrik gediehen ist. Herr Samson markirt seine Artikel aber mit dem Buchstaben ‚S', was jeden Irrthum verhindert. Im Museum zu Sèvre kann man Exemplare von modernem Porzellan dicht neben den echten Producten der Meissener Fabrik stehen sehen."
Gewisse Angaben dieses eben zitierten Artikels sind für mich nicht verifizierbar; zu harmlos stellt der Verfasser allerdings die Imitationen von Samson/Paris dar, die keineswegs so eindeutig als Nachahmungen gekennzeichnet wurden, wie es aus dem Zitat hervorgeht. Näheres zur Firma Samson konnte ich in meinem letzten Buch „Wiener Porzellan – Original, Kopie, Verfälschung, Fälschung" (1979, S. 253-272) anführen.

IMITATIONEN MEISSENER MODELLE MIT GEFÄLSCHTEN „FREMDEN" MARKEN

Wenn auch die Fälschungen der Meißener Marken häufig genug vorkommen, so ist jedoch auch die Zahl jener Porzellane groß, die nach Meißener Vorbildern gestaltet wurden, aber eine „fremde" Marke tragen: den Wiener Bindenschild, die Sèvres- oder Ludwigsburger Marke.
In meinem Buch „Wiener Porzellan – Original, Kopie, Verfälschung, Fälschung" (1979) konnte ich eine ganze Reihe imitierter Meißener Modelle mit gefälschtem Wiener Bindenschild zeigen. Ergänzen kann ich diese Reihe noch durch zwei weitere Beispiele:
eine Sängerin aus der berühmten Meißener Affenkapelle und eine tanzende Mädchenfigur, beide aus weiß glasiertem, unbemaltem Porzellan, beide mit dem gefälschten Wiener Bindenschild versehen. Die Qualität der Modellierung fällt gegenüber Meißener Originalen stark ab, und als Fälschungen sind die Marken relativ leicht erkennbar, vor allem wegen der fehlenden, in Wien üblichen zusätzlichen Zeichen (z. B. fehlender Bossiererbuchstabe).
Natürlich wurden die beliebtesten und begehrtesten Meißener Modelle am meisten gefälscht; zu diesen von den Imitatoren oftmals ausgeformten Figuren gehörten auch die Krinolinenfiguren und -gruppen, deren Modelle im 18. Jahrhundert entstanden.
In dieser Annahme unterstützt uns Karl Berling (1911, S. 35):
„Außerordentlicher Beliebtheit erfreuten sich diejenigen Porzellane, welche die höchsten Kreise in ihren Lebensgewohnheiten darstellten, die sog. Krinolinfiguren und -gruppen, bei denen Bildhauer wie Maler günstige Gelegenheit zur Entfaltung ihrer Kunst fanden. Es sind das meist vortreffliche Sittenschilderungen jener Zeit, die mit großer Anmut, manchmal auch mit Humor besonders die vielseitigen Liebesaffären der Hofgesellschaft, gelegentlich wohl auch einmal diese interessierende Ereignisse behandelten. Ob freilich alle die kleinen Geschichten, die man sich davon erzählt, auf Wahrheit beruhen, dürfte fraglich sein. In den Akten findet man nur selten einen Hinweis darauf."
Auffallend ist, wie oft von zwei als Pärchen konzipierten Einzelfiguren nur die Imitation der weiblichen Figur vorhanden ist und ihr männliches Gegenstück fehlt. Vermutlich wurden die Krinolinendamen von den Imitatoren und ihren Kunden bei weitem bevorzugt.
Zwei unsignierte Krinolinenfiguren, die auf ein Meißener Modell zurückgehen, meiner Ansicht nach aber nicht aus der Meißener Manufaktur stammen, tragen keine Marke. Eine dieser Figuren befindet sich im Österreichischen Museum für angewandte Kunst und wurde bewußt als Imitation erworben; eine zweite, unbemalte Figur stammt aus der Sammlung von Herrn J. Harry Beyer, München. Die Krinoline aus Museumsbesitz ist von sehr schlechter technischer Qualität, sie ist von Glasurfehlern nahezu „übersät"; die andere Figur (München) weist einen Brandriß auf. Bei der Identifizierung hilft uns das Buch von Berling (1911, S. 35):
„Die . . . als ‚Römerin und Römer' bezeichneten Figuren stellen Ludwig XV. und die Pompadour in den Theaterkostümen von Galathea und Acis dar, und zwar nach einem Gemälde von Cochin."
Nach Otto Walchas Ansicht (1973, S. 476, Abb. 85) trifft diese Identifizierung der Figuren mit Ludwig XV. und der Pompadour allerdings nicht zu; sein Bildtext zur Abb. 85 lautet:
„Opernpaar (keineswegs ‚Ludwig XV. und die Pompadour'!). Zu den aufwendigsten, in vielen Möglichkeiten staffierfähigen Gruppen und Figuren gehören diejenigen, die das Geschehen der glanzvollen Opernaufführungen am Hofe Augustus III. widerspiegeln. Formnummern 543 und 547."
Auf den Wert von Krinolinengruppen verweist auch Hannover (1925, S. 75): „Among the most beautiful of his early groups are the so-called ‚crinoline groups' (Figs. 117, 118), the prices of which have during recent years risen to £ 2,000 or £ 2,500, and which are therefore counterfeited with the greatest diligence and refinement of detail." Wenn Hannover hier auch

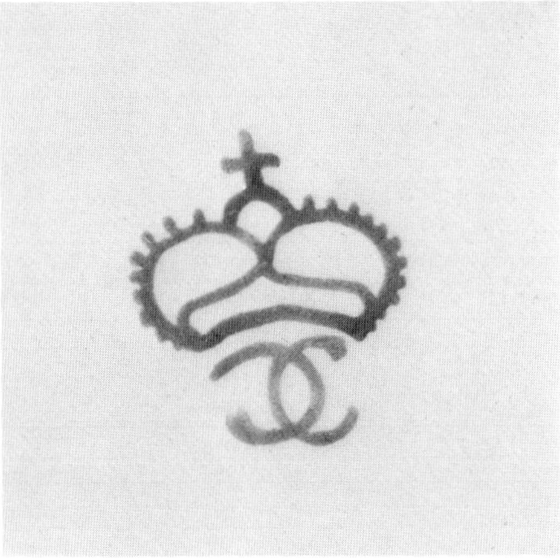

Abb. 101. Kennzeichnung der Krinolinenfigur Abb. 103, Carl Thieme/Potschappel bei Dresden; gefälschte Ludwigsburg-Marke in Blau (H 12 mm). - Privatbesitz

Abb. 102. Krinolinenfigur, Meißen, um 1744, Modell Kaendler. - The Metropolitan Museum of Art, Gift of Irwin Untermyer, 1964

nur von Krinolinengruppen und nicht von Einzelfiguren spricht, trifft die hohe Wertschätzung sicher auch für die paarweise geschaffenen Krinolinenfiguren zu. Sehr häufig wurden jene Modelle imitiert, die in Verbindung zu den Freimaurern gebracht werden.
Eine dieser Krinolinen mit dem gefälschten Bindenschild hatte ich bereits im vergangenen Jahr publiziert (Neuwirth, Wiener Porzellan 1979, Abb. 1, S. 17), ohne allerdings die Provenienz klären zu können.
Zwar hatte bereits Hannover (1925, S. 110) auf eine sächsische Fabrik als Imitator der Krinolinen hingewiesen, doch konnte ich nicht sicher sein, ob auch die von mir abgebildete Figur von dieser Fabrik erzeugt wurde. Hannover meint zur Frage der Krinolinen-Imitation:
„Of the works in Saxony at present imitating old Meissen porcelain, the cleverest and most dangerous is probably a continuation of this same Thieme factory, namely, the ‚Sächsische Porzellanfabrik Carl Thieme' (proprietor, C. Kutsch) at Potschappel near Dresden. Here, among many other things, are made, it would seem, the spurious ‚Crinoline groups' (Fig. 170), which from time to time make their appearance with the same unblushing demands as to price as the genuine."
Auch Hannover äußert nur einen Verdacht, ohne Gewißheit zu haben. Diese Gewißheit verschafft uns nun die Mitteilung von Herrn Dipl. Kfm. Manfred Süss. Ihm verdanke ich einige sehr wertvolle Hinweise zu meinem Buch „Wiener Porzellan – Original, Kopie, Verfälschung, Fälschung" (Wien 1979), in dem eine Krinolinenfigur nach Meißener Vorbild abgebildet ist. Diese Porzellanfigur trägt den gefälschten Wiener Bindenschild, und Herrn Süss gelang es, aufgrund eines alten Katalogblattes die Provenienz von der Firma Carl Thieme in Potschappel bei Dresden festzustellen:
„Bei der Krinolinenfigur auf Abb. 1 handelt es sich nach meiner Meinung mit größter Wahrscheinlichkeit um ein Stück Potschappel-Porzellan. Vergleicht man die Abb. 1 Ihres Buches mit der ebenfalls farbigen Abbildung auf einem alten Katalogblatt der Potschappeler Manufaktur, sind diese beiden Figuren identisch, von minimalen Änderungen in der farblichen

Abb. 103. Krinolinenfigur, Carl Thieme/Potschappel bei Dresden, gefälschte Ludwigsburg-Marke (s. Abb. 101) in Blau, H 21,6 cm. - Privatbesitz

Abb. 104. Blumenmotiv, Detail der Malerei der Krinolinenfigur Abb. 103. - Privatbesitz

Staffierung abgesehen . . . Dieses Krinolinenmodell fertigte Potschappel, lt. Katalog, in drei Größen, in verschiedenen Dekoren, und noch bis in die Nachkriegszeit hinein. Ein viertes Modell steht, nach dem originalen Meissner Vorbild, auf einem Postament, der Mops läßt die vorderen Pfoten über die Kante des Postamentes hängen, jedoch die Haltung der rechten Hand ist die gleiche (falsche) wie bei dem anderen Modell. Die Handhaltung der bei Rückert auf Tafel 211 gezeigten Krinolinendame scheint mir aber auch eher ruhend zu sein, weil sie offenbar in der rechten Hand einen Fächer hält. Das Postament der Krinolinendame in Ihrem Buch und das des in drei Größen abgebildeten Modells aus dem Potschappeler Katalog ist, für sich gesehen, nicht untypisch für die Meissener Figuren zu Anfang des 18. Jahrhunderts, vergleicht man z. B. die zahlreichen Modelle im Rückert-Buch. Ich selbst kenne aber auch keine Meissener Ausformung des zur Diskussion gestellten Modells. Die Tatsache, daß auf dem Thieme-Katalogblatt gleichzeitig die allseits bekannte Form u n d auch das Modell mit dem flachen Sockel abgebildet ist, läßt mich jedoch zumindest vermuten, daß nach einem Original gearbeitet worden sein muß. Die zahlreichen alten, originalen Meissener Porzellanvorbilder, die in den Musterlagern der Thieme-Manufaktur standen, waren des öfteren Gesprächsstoff im Bekannten- und ehemaligen Kundenkreis.
Für ein Modell aus der Potschappeler Produktion könnte auch das eingestempelte X sprechen, vergleicht man es mit dem eingeritzten X der beiden eindeutig identifizierbaren Amoretten, Abb. 227 und 228."

Abb. 105. Detail der Krinolinenfigur Abb. 103, Carl Thieme/Potschappel bei Dresden. - Privatbesitz

Abb. 106. Detail der Krinolinenfigur Abb. 103, Carl Thieme/Potschappel bei Dresden. - Privatbesitz

Abb. 107. Detail der Krinolinenfigur Abb. 103, Carl Thieme/Potschappel bei Dresden. - Privatbesitz

Abb. 108. Detail der Krinolinenfigur Abb. 103, Carl Thieme/Potschappel bei Dresden. - Privatbesitz

Abb. 109. Detail der Krinolinenfigur Abb. 103, Carl Thieme/Potschappel bei Dresden. - Privatbesitz

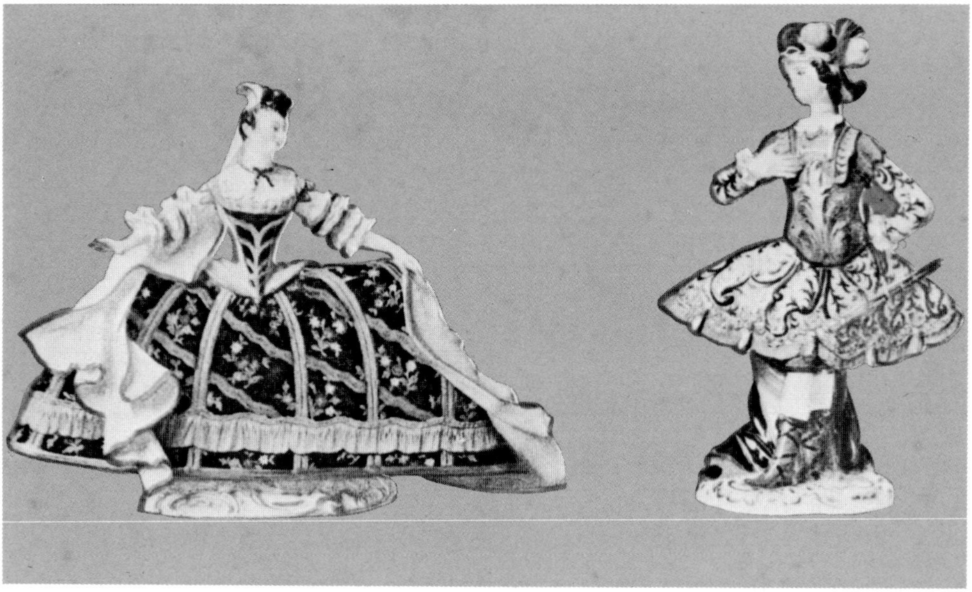

Abb. 110. Dame und Kavalier, Meißener Porzellan, Reproduktion aus: Karl Berling, Festschrift der königl. sächsischen Porzellanmanufaktur Meißen, 1911, Taf. 6, Nr. 4,5 („Pompadour, 2733; 20,5 cm ; Ludwig XIV., 2735; 23 cm")

Abb. 111. Krinolinenfigur, unbekannte Manufaktur, unbezeichnet, H 18 cm. - Sammlung J. Harry Beyer, München

Abb. 112. Krinolinenfigur, unbekannte Manufakur, unbezeichnet, H 18,7 cm. - Österreichisches Museum für angewandte Kunst, Inv. Ke 3758

Abb. 113. Detail der Krinolinenfigur Abb. 112, unbekannte Manufaktur, unbezeichnet. - Österreichisches Museum für angewandte Kunst, Inv. Ke 3758

Wie bereits erwähnt, tragen auffallend viele Imitationen von Meißener Modellen gefälschte „fremde" Marken – besonders den gefälschten Wiener Bindenschild.
Bisher wurden mir aus letztgenannter Gruppe folgende Imitationen nach Meißen bekannt: das „Tanzende Bauernpaar", der Musikant mit Drehleier, Mohrenknabe und Mohrenmädchen, eine Hundedressurgruppe, eine Gruppe musizierender Kinder, ein Knabe mit Blütengirlande, ein Jahreszeitenpärchen (Neuwirth, Wiener Porzellan 1979, Abb. 114-135).
Diese Liste wird in Zukunft sicher bereichert werden können; im vorliegenden Buch war es mir möglich, den bereits 1979 behandelten Abschnitt über Krinolinenfiguren nach Meißener Vorbild zu erweitern und zwei weitere Imitationen erstmals zu publizieren: die Sängerin aus der „Affenkapelle" und das „Tanzende Mädchen". Ich bin überzeugt davon, daß sich noch in manchen Sammlungen Porzellanfiguren befinden, die dieser Gruppe anzuschließen sind, und ich bitte daher die Besitzer, mit mir in Verbindung zu treten: je mehr das Wissen über Porzellan vertieft werden kann, desto größer ist der Nutzen für Sammler, Händler und Wissenschafter.

Abb. 114. Sängerin aus der Affenkapelle, Imitation nach einem Meißener Modell des 18. Jhdts., unbekannte Manufaktur, gefälschter Wiener Bindenschild in Unterglasurblau, am Standring eingeritzt (?): 6; H 12 cm. - Wiener Privatbesitz

Abb. 115. Sängerin aus der Affenkapelle, Imitation nach einem Meißener Modell des 18. Jhdts., unbekannte Manufaktur, Kennzeichnung s. Abb. 114; H 12 cm. - Privatbesitz

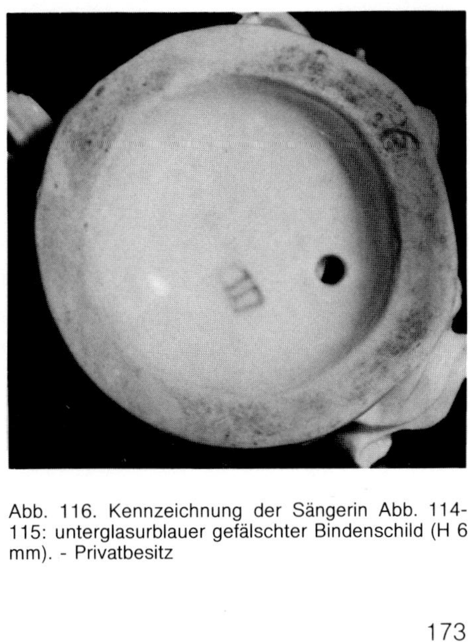

Abb. 116. Kennzeichnung der Sängerin Abb. 114-115: unterglasurblauer gefälschter Bindenschild (H 6 mm). - Privatbesitz

Abb. 117. Mädchen, Imitation nach einem Meißener Modell des 18. Jhdts., unbekannte Manufaktur. Restaurierungen (Hut), gefälschter unterglasurblauer Bindenschild, eingestempelt (eingeritzt?): 131; H 14,3 cm. - Privatbesitz

Abb. 118. Mädchen, Imitation nach einem Meißener Modell des 18. Jhdts., unbekannte Manufaktur. Restaurierung und Kennzeichnung: s. Abb. 117; H 14,3 cm. - Privatbesitz

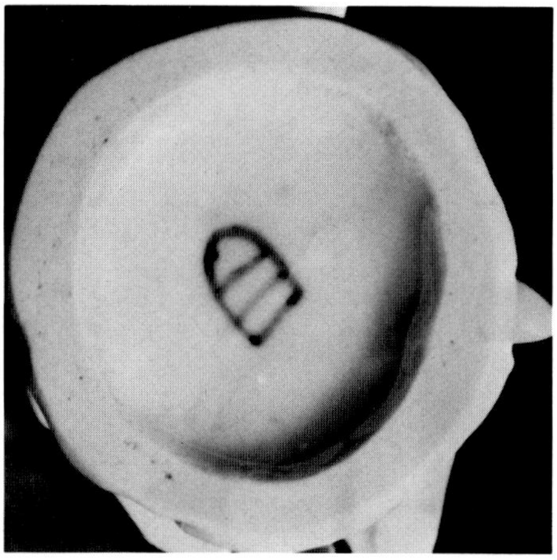

Abb. 119. Kennzeichnung der Figur Abb. 117-118, unbekannte Manufaktur, Imitation nach einem Meißener Modell des 18. Jhdts.: gefälschter unterglasurblauer Bindenschild (H 11 mm). - Privatbesitz

Abb. 120. Detail der Meißener Porzellanfigur Abb. 121, unterglasurblaue Schwertermarke (H 7 mm) am Sockelrand. - Österreichisches Museum für angewandte Kunst, Inv. Ke 7564

Abb. 121. Tanzendes Mädchen, Meißener Porzellan, Mitte 18. Jhdt., stark beschädigt (Arme, Hände, Kleid), restauriert; unterglasurblaue Schwertermarke am Sockelrand (s. Abb. 120), eingeritzt oder eingepreßt: 10 (Unterseite); H 18,6 cm. - Österreichisches Museum für angewandte Kunst, Inv. Ke 7564

ZWIEBELMUSTERDEKORE

Seit der ersten Erwähnung des sogenannten „Zwiebelmusters" in den Meißener Akten (1739) erfuhr dieser Dekor – in mehr oder weniger stark abgewandelter Form – eine unglaubliche Verbreitung.
Die Unterglasurmalerei in Blau hatte in Meißen anfangs bekanntlich beträchtliche Schwierigkeiten bereitet; für das Jahr 1739 nennt Rückert (1966, S. 123) eine „neuerliche Verbesserung der Glasur: Von da an hörten die Klagen über die Blaumalerei auf". Man wird daher die manufakturmäßige Erzeugung des unterglasurblauen Zwiebelmusters kaum vor 1739 ansetzen dürfen.
In der Fachliteratur über Meißener Porzellan schreiben die Experten immer wieder vom chinesischen Vorbild, das den Meißener Malern für den Zwiebelmusterdekor gedient habe, ohne daß jedoch ein einziger dieser Autoren ein solches vorbildhaftes chinesisches Porzellan abbilden würde. Karl Berling (1911, S. 53) erwähnte immerhin, daß das „Dresdner Kunstgewerbemuseum . . . eine chinesische Porzellanschale" besitze, „die aus dem ersten Drittel des 17. Jahrhunderts stammen mag und dieses Muster in Unterglasurblau zeigt." In einem kürzlich erschienen Aufsatz bildet Adalbert Klein (1980, S. 22) einen Teller ab, der das uns wohlbekannte Motiv trägt, von Klein nach China lokalisiert und in den Beginn des 18. Jahrhunderts datiert wird. Weitere Beispiele sind mir aus der Literatur nicht geläufig, und ich wäre den Ostasienexperten für weiterführende Hinweise außerordentlich dankbar.
Die ältesten ihm bekannten Kopien des ostasiatischen Motivs datiert Karl Berling in die Mitte der 1740er Jahre (Berling 1911, S. 53), und er geht auch auf die Abweichungen des Meißener Dekors gegenüber dem ostasiatischen Vorbild ein: „Als Vermutung möchte ich nun aussprechen, daß um 1745 der oben erwähnte Kretzschmar zum ersten Male diesen oder einen sehr ähnlichen Teller in Meißen kopiert hat. Fig. 104 zeigt dieses Muster aus etwa dieser Zeit. Es ist gegen das chinesische Vorbild etwas vereinfacht, weniger schattiert, keineswegs wörtlich übertragen. So zeigen sich z. B. dreimal auf dem Rande vorkommende akanthusartige Blätter schmaler, spitziger und weniger umgebogen. Mit der Zeit hat sich nun dieses Muster starke, ihm nicht zum Vorteil gereichende Abänderungen gefallen lassen müssen. Die Früchte auf dem Rande, die früher nur nach innen zeigten, sind jetzt nach innen und außen gerichtet, die Zeichnung ist bezüglich des Schattengebens noch mehr vereinfacht und verflacht (Fig. 105). Noch weiter ist die Stilisierung der zum Teil nicht mehr ganz verstandenen Formen gegangen in dem noch zu unserer Zeit verwendeten Muster (Fig. 106), bei dem auch am unteren Ende des Bambusstabes das Schwerterzeichen zu sehen ist.
Fig. 107 endlich zeigt einen von Sturm Ende des 19. Jahrhunderts unternommenen Versuch, das Muster bei Beibehaltung der Grundform durch eine andere Verteilung und andere Früchte und Blüten abzuändern". Soweit Berling – die von diesem Autor angesprochenen Abbildungen aus seiner Publikation über die Meißener Manufaktur wurden von mir reproduziert, da Meißener Zwiebelmusterteller aus der Mitte des 18. Jahrhunderts außerordentlich selten sind und da man gerade anhand der von Berling gezeigten Beispiele gewisse Verschiedenheiten ausgezeichnet feststellen kann: so ist zum z. B. erkennbar, daß bei den offenbar älteren Meißener Zwiebelmusterdekoren alle Motive der Fahne vom äußeren Rand nach innen gewendet angeordnet sind – die Zweige, Blätter und Blüten ebenso wie die drei Früchte (Pfirsich, Granatapfel und melonenförmige Frucht). Der bei Zimmermann (1926, S. 161) abgebildete Teller dürfte mit dem bei Rakebrand (1958, Abb. 28, S. 33: „Teller mit dem ersten Zwiebelmuster um 1740", Porzellansammlung Dresden) identisch, mit dem bei Berling (1911, S. 50) reproduzierten sehr verwandt sein.
Diesen Beispielen nahe kommt auch der bei Berling schon früher publizierte Teller (Berling 1900, Fig. 177, S. 120) sowie ein weiterer (Berling 1900, Fig. 178, S. 120), der allerdings bereits eine andere Anordnung der drei Früchte (als eines der charakteristischsten Merkmale) zeigt.

Abb. 122. Teller mit Zwiebelmusterdekor, D 22,7cm, Hetjens-Museum, Düsseldorf. Reproduktion aus: Adalbert Klein, Neue Technik zur Bestimmung von Porzellan, in: Weltkunst 1/1980, S. 22 (dort bezeichnet als ,,China, Anfang 18. Jhdt.")

Abb. 123. Teller mit Zwiebelmusterdekor, Meißen, 2. V. 18. Jhdt., D 26 cm. Reproduktion aus: Karl Berling, Das Meißner Porzellan, Leipzig 1900, Fig. 177, S. 120

Der Prototyp des bis heute tradierten, uns bekannten Bildes des Zwiebelmusters entstand in Meißen vermutlich schon bald nach dem ältesten von mir besprochenen Zwiebelmusterdekor. Wie Berling bereits erwähnte, blieb der als ,,Zwiebel" mißverstandene Pfirsich zwar

Abb. 124. Anbietplatte mit Zwiebelmusterdekor, Meißener Porzellan, von Walcha um 1740 datiert, Reproduktion aus: Otto Walcha, Meißner Porzellan, Dresden 1973, Abb. 148 (,,Länge 45 cm, Breite 35 cm, Hans Syz Collection, Westport USA, Smithsonian Institution": Bildtext S. 453)

Abb. 125. Teller mit Zwiebelmusterdekor, Meißen, 2. V. 18. Jhdt., D 28,6 cm, Reproduktion aus: Karl Berling, Das Meißner Porzellan, Leipzig 1900, Fig. 178, S. 120

Abb. 126. Teller mit Zwiebelmusterdekor, Meißener Porzellan, 18. Jhdt., Schwertermarke, D 22 cm, Schauhalle Meißen. - Reproduktion aus: Otto Walcha, Meißener Porzellan, Dresden 1973, Abb.149, Text S. 453

in seiner Stellung, die vom äußeren Rand der Fahne nach innen weist, doch die zweite Frucht (sie scheint fast ein Konglomerat von Granatapfel und Melone – Binnenzeichnung! – des ostasiatischen Vorbildes zu sein) ist in entgegengesetzter Richtung, nach außen wei-

Abb. 127. Teller mit Zwiebelmusterdekor, Meißen, 2. V. 18. Jhdt., D 34,2 cm. - Reproduktion aus: Karl Berling, Das Meißner Porzellan, Leipzig 1900, Fig. 181, S. 121

Abb. 128. Teller mit Zwiebelmusterdekor, Meißen, 2. V. 18. Jhdt., D 33,5 cm. - Reproduktion aus: Karl Berling, Das Meißner Porzellan, Leipzig 1900, Fig. 182, S. 121

Abb. 129. Detail des Zwiebelmusterdekors vom Teller Abb. 131, Meißen, Ende 18. Jhdt. oder Anfang 19. Jhdt. - Österreichisches Museum für angewandte Kunst

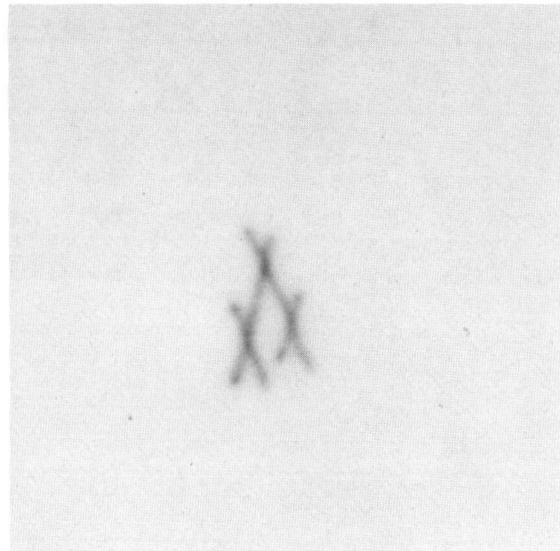

Abb. 130. Kennzeichnung des Tellers Abb. 131, Meißener Porzellan, Ende 18. oder Anfang 19. Jhdt.: unterglasurblaue Schwertermarke (H 10 mm). - Österreichisches Museum für angewandte Kunst

send, angeordnet. Eine damit einhergehende starke Reduktion des floralen Formenvokabulars auf der Fahne, eine weitgreifende Schematisierung aller Elemente führten zu einer Vereinfachung, die dem Blaumaler wohl nur gelegen kam. Die Durchsetzung des von Sturm geänderten Motivs (Berling 1911, S. 51) ist nicht überliefert.

In dieser Zeit beklagte L. v. Fialka (Sprechsaal 1886, S. 558) „Kunstseuchen" und „Modekrankheiten", zu denen er auch die „Zwiebelmusterpest" rechnete:

„Es ist eine gefährliche Krankheit unserer Kunstgewerbe, daß sie, sich auf einer Fährte folgend, das Publikum, welches auf alles Neue heißhungrig stürzt, mit denselben Moiven auf allen Gebieten bedienen . . . Die ärgsten Colporteure und Erfinder der Modekrankheiten sind die Briefpapier-Fabrikanten. In diesen Kunstseuchenherden von Papierhandlungen bekommt man Briefpapier von altsächsischem Porzellan, und von da hat die Zwiebelmusterpest ihren Ausgang genommen (eigentlich von dem Linnengedecke mit Zwiebelmuster des Hofraths Graff in Dresden auf der Münchener-Ausstellung. Die Red.) zu einem Triumphzuge durch alle Gewerbe, bis sie ihren Gipfel erreichte mit einem Costüme-Kränzchen, wo Herren und Damen in ‚Vieux-Saxe' gekleidet erschienen, auf ‚Vieux-Saxe' speisten, aus ‚Vieux-Saxe' tranken, ‚Vieux-Saxe'-Visitenkarten tauschten, aus ‚Vieux-Saxe'-Portemonnais zahlten u.s.w. (So geschehen in Wien, Fasching 1884). Die Kunstseuchen sind in jeder Kunst zu finden; die Musik und die Dichtung unterliegen ihnen so gut, wie die bildenden Künste, denn Alles, was lebt, hat Krankheiten, und so wollen wir diese Beweise des Lebens hinnehmen, aber ankämpfen dagegen, daß sie der Kunst nicht das Leben kosten. Unvernünftiges Imitie-

Abb. 131. Teller mit Zwiebelmusterdekor und Goldrand, wohl Meißen, Ende 18. oder Anfang 19. Jhdt.,unterglasurblaue Schwertermarke (s. Abb. 130), eingepreßt:12, eingeritzt:///, am Standring innen:1 in Unterglasurblau; Klebeetiketten: 188, 75, D 21,4 cm. - Österreichisches Museum für angewandte Kunst

ren macht aus Allem das, was an der Donau ‚Fexerei' genannt wird und was an der Spree durch das geflügelte Wort des Kanzlers als ‚Kunstsimpelei' stigmatisiert wurde."

Noch Doenges klagt darüber, daß dieser Dekor „heute geschmackloserweise zur Bemusterung aller möglichen Dinge, bis hinab zur Blechbüchse" diene (Doenges 1907, S. 71).

Die Imitationen des Meißener Zwiebelmusters erreichten im 19. Jahrhundert bereits unüberschaubare Ausmaße. Die Meißener Manufaktur sah sich veranlaßt, ihre eigenen Produkte im Dekor selbst zu marken: „Seit 1886 wurden in den Anfang des Bambusstabes die gekreuzten Schwerter eingefügt, eine Maßnahme, die sich als wirksamer Schutz gegen die vielfachen Nachahmungen des Meißener Zwiebelmusters herausstellte" lesen wir in einer 1963 erschienen „Information der Meißener Porzellanmanufaktur". In der gleichen Schrift wird

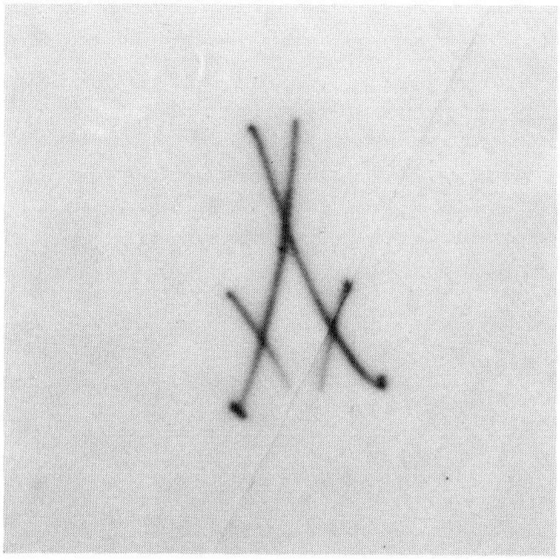

Abb. 132. Kennzeichnung des Tellers Abb. 136, Meißener Porzellan, vor 1886: unterglasurblaue Schwertermarke (H 25 mm). - Wiener Privatbesitz

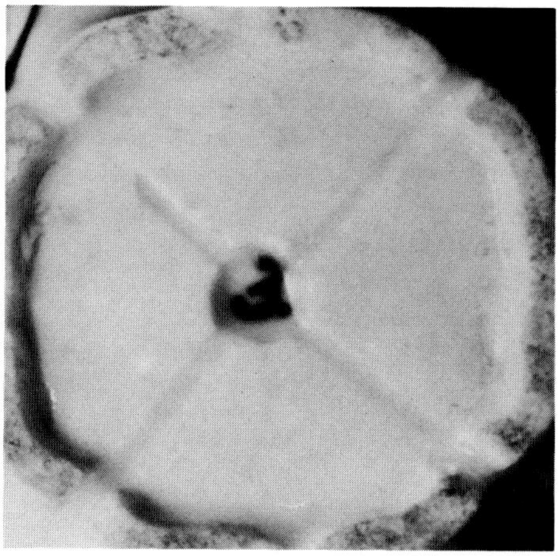

Abb. 133. Unterseite der Henkelschale Abb. 134 und 137, mit der Ziffer 3. in Unterglasurblau, wohl Meißen, 18. Jhdt. - Österreichisches Museum für angewandte Kunst, Inv. Ke 549

Abb. 134. Henkelschale mit Zwiebelmusterdekor, wohl Meißen, 18. Jhdt., Kennzeichnung: 3. in Unterglasurblau; H 4,8 cm. - Österreichisches Museum für angewandte Kunst, Inv. Ke 549

Abb. 135. Teller mit Zwiebelmuster, Meißener Porzellan, vor 1886, unterglasurblaue Schwertermarke, eingestempelt: 10, undeutliche Bezeichnung in Unterglasurblau am Rand; D 24,2 cm. - Wiener Privatbesitz

Abb. 136. Teller mit Zwiebelmuster, Meißener Porzellan, vor 1886, unterglasurblaue Schwertermarke (s. Abb. 132), 13 in Unterglasurblau, eingestempelt: 14, I; D 23,4 cm. - Wiener Privatbesitz

Abb. 137. Henkelschale mit Zwiebelmusterdekor, wohl Meißen, 18. Jhdt., Kennzeichnung: 3. in Unterglasurblau; H 4,8 cm. - Österreichisches Museum für angewandte Kunst, Inv. Ke 549

Abb. 138. Teller mit Zwiebelmuster, Meißen, modern, unterglasurblaue Schwertermarke zweimal durchschliffen (II. Wahl, s. Abb. 82), in Unterglasurblau: 4 und kurzer Strich neben dem Standring, eingestempelt: 4 und weitere undeutliche Zeichen; D 20,1 cm. - Wiener Privatbesitz

auch kurz auf die Geschichte und Herstellung des Meißener Zwiebelmusters eingegangen: ,,Beim Zwiebelmuster wird die mit einer Zuckerlösung malfähig gemachte, zunächst grau aussehende Farbe auf dem verglühten Scherben angebracht, der anschließend glasiert und daraufhin bei über 1400°C glattgebrannt wird, wobei die Farbe jenen schönen blauen Ton annimmt, der wegen seiner kräftigen Wirkung so beliebt ist.

Auch Johann Friedrich Böttger bemühte sich nach der Erfindung des Meißener Porzellans im Jahre 1709 um die blaue Farbe. Einer seiner langjährigen Mitarbeiter, David Köhler, hinter-

Abb. 139. Teller mit Zwiebelmuster, Meißen, modern, unterglasurblaue Schwertermarke zweimal durchschliffen (II. Wahl, s. Abb. 83), in Unterglasurblau: 57 und kurzer Strich neben dem Standring, eingestempelte, undeutliche Zeichen; D 20,1 cm. - Wiener Privatbesitz

ließ bei seinem Tode 1723 neben einigen verhältnismäßig gut gelungenen Stücken mit Blaumalerei auch ein Rezept, das schließlich J. G. Höroldt zu weiteren Verbesserungen benutzte. 1739 wurde dann unter Höroldts Leitung, wahrscheinlich von Kretzschmar, das erste Zwiebelmuster in Meißen gemalt.
Das Muster selbst ist nach chinesischen Motiven entwickelt worden. Die knollenartigen Gebilde am Rande, vor allem von Tellern, stellen in dekorativer Form chinesische Pfirsiche dar. Sie wurden in Europa fälschlicherweise als Zwiebeln gedeutet, worauf die originelle Namensbildung beruht."

Abb. 140. Teller mit Zwiebelmusterdekor und Marke auf der Vorderseite, Reproduktion aus einer Broschüre „Information" der Manufaktur Meißen, 1964, S. 7

Abb. 141. Teller mt Zwiebelmusterdekor, Meißener Porzellan, nach 1886, Kennzeichnung: unterglasurblaue Schwertermarke, weiters in Unterglasurblau: 46.., eingestempelt: 1 94; D 23,3 cm. - Wiener Privatbesitz

Danckert (1978[4], S. 528) und Jedding (1979, S. 167) vermerkten, daß diese Kennzeichnung des Meißener Zwiebelmusters mit der Schwertermarke im Stamm des Bambus erst 1893 in Meißen eingeführt wurde. Bei Jedding lesen wir außerdem (Jedding 1979, S. 167), daß die Meißener Manufaktur das Zwiebelmuster in Lizenz an eine andere Fabrik vergeben hätte: „1893 erteilte die Königliche Porzellan-Manufaktur in Meißen der Meißener Porzellan-Fabrik Ernst Teichert GmbH die Lizenz, ebenfalls Geschirr mit Zwiebelmuster herzustellen. Nachdem die Firma Teichert ihre Porzellanproduktion 1912 eingestellt hatte, wurde das Zwiebelmuster von der Porzellanfabrik Lorenz Hutschreuther in Selb und der Porzellanfabrik in Könitz (Thüringen) verwendet. Es kommt auch auf tschechischem und japanischem Porzellan vor."

Die Informationsschrift Meißens aus dem Jahre 1963 setzt hingegen die Verwendung der Schwertermarke im Zwiebelmusterdekor dezidiert bereits 1886 an. Aus den zeitgenössischen Adreßbüchern entnehmen wir auch, daß die 1884 gegründete Firma Ernst Teichert zumindest schon 1887 den Zwiebelmusterdekor in ihrem Programm führte, sodaß eine Lizenzvergabe durch Meißen 1893 unlogisch erscheint:

„Fabrikat: Gebrauchsgeschirre u. Luxusartikel, als: Kaffee-, Thee-, Speise- und Waschservice etc., Service mit Blaumalerei unter Glasur (Zwiebelmuster), ferner Vasen, Leuchter, Bonbonieren, Nippsachen etc., in Meissener, Dresdener u. Wiener Malerei . . ." (Adreßbuch 1887, S. 154).

Geschirr mit Zwiebelmusterdekor war damit aber keinesfalls auf die Firma Ernst Teichert/ Meißen oder Hutschenreuther/Selb beschränkt. Das eben zitierte keramische Adreßbuch von 1887 nennt noch folgende keramische Fabriken, die diesen vermutlich damals schon sehr beliebten Dekor im Programm hatten:

die Königlische Porzellan-Manufaktur Berlin (Adreßbuch 1887, S. 66), die „Meissener Ofen- und Porzellanfabrik, vorm. C. Teichert" in Meißen (Adreßbuch 1887, S. 84: „Specialität: Porzellangeschirr mit Meissener Zwiebelmuster"), die „Meissener Ofen- und Porzellanfabrik, vorm. C. Teichert, Filiale in Eichwald" (Adreßbuch 1887, S. 86: „Spec.: Meiss. Zwiebelmuster, einfach u. reich decorirt"), L. Schleich in Buschbad bei Meissen (Adreßbuch 1887, S.

Abb. 142. Detail des Zwiebelmustertellers Abb. 141: Schwertermarke im Stamm des Bambus, nach 1886 (Marke: 9 mm hoch). - Wiener Privatbesitz

Abb. 143. Teller; Meißener Ofen- und Porzellanfabrik, vorm. C. Teichert, Meißen, oder Filiale Eichwald, Marke: MEISSEN in Oval, unterglasurblau eingestempelt: 22 MEISSEN OO, in Unterglasurblau am Rand bez.: 106.III. (Kennzeichnung s. Abb. 159); D 15,5 cm. - Antiquitäten Helmut Ziegler, Nürnberg

Abb. 144. Teller, Ernst Teichert, Meißen, Kennzeichnung in Unterglasurblau: Pfeilmarke, darunter MEISSEN (s. Abb. 160), am Rand in Unterglasurblau: 69, eingestempelt: Meissen, O; D 15,8 cm. - Privatbesitz

Abb. 145. Viereckige Schüssel mit Zwiebelmusterdekor, Meißener Porzellan, nach 1886; unterglasurblaue Schwertermarke, weiters in Unterglasurblau: 31, eingestempelt: 142, eingeritzt: 2; 24 x 24,5 cm. - Wiener Privatbesitz

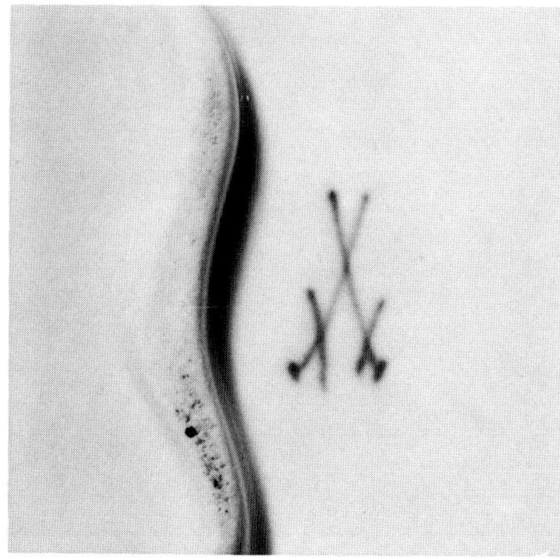

Abb. 146. Unterglasurblaue Schwertermarke (H 18 mm) der Schüssel Abb. 145, Meißener Porzellan nach 1886. - Wiener Privatbesitz

126: ,,Specialität: Geschirre mit Zwiebelmuster''), Gebrüder Schoenau, Hüttensteinach (Adreßbuch 1887, S. 134: ,,Spec.: Service, Kaffee- und Tafelgeschirre in blau Zwiebelmuster''), Gebrüder Simson, Gotha (Adreßbuch 1887, S. 142: ,,Specialität: Zwiebelmuster''), G. Steinbrecht, Rosslau (Adreßbuch 1887, S. 148: ,,Spec.: Zwiebelmuster- und Flowingdecoration''), Villeroy & Boch, Dresden-Neustadt (Adreßbuch 1887, S. 164: ,,Spec.: Tafel-, Kaffee- und Waschgeschirr mit Zwiebelmuster und Saxemuster'').

Damit sind aber sicher lange nicht alle Unternehmen erfaßt, die damals in Deutschland und Österreich Zwiebelmustergeschirr erzeugten, vom übrigen Europa ganz zu schweigen (das Adreßbuch beschränkt sich auf den Raum Deutschland und Österreich).

Der Verbreitung dieses Dekors hat im späten 19. und 20. Jahrhundert sicher noch zugenommen; er wurde keineswegs nur in Porzellan, sondern auch in anderen keramischen Materalien, vor allem in Steingut, ausgeführt, wobei die verschiedensten Techniken (Malerei, Umdruck, Schablonierung) angewendet wurden.

Die Bezeichnung ,,Meißener Zwiebelmuster'' wurde zu einem geflügelten Begriff, und nicht immer wurde dieser korrekt zitiert. Von einem Mißbrauch berichtet der ,,Sprechsaal'' des Jahres 1896 (S. 161):

,,Die Ankündigung des ächten Meißener Zwiebelmusters vor Gericht. In der Nr. 33, 1895 haben wir über den Vorgang ausführlich berichtet. In diesen Tagen kam die Betrugsanklage gegen den Kaufmann S. Kommen und dessen Commis Gerson vor dem Schöffengericht in Berlin zur Verhandlung.

Der erste Angeklagte bezog große Posten Steingutwaaren von Heckmann in Annaburg, die er mit Hülfe einer dick aufgetragenen Reklame und einer geschickten Ausnutzung des guten Rufes der Porzellanstadt Meißen an den Mann zu bringen wußte. Er richtete in Meißen ein Lager von Steingutwaaren ein, ließ sich dort in's Handelsregister eintragen und setzte den zweiten Angeklagten als seinen Vertreter dort ein. Und dann erließ die ,Porzellan-Niederlage' Meißen Markt 2 brüllende Reclamen, in deren erster es hieß: ,10000 hochfeine, ächte Meißener Zwiebelmuster-Service müssen wegen Ueberbürdung des colossalen Lagers um jeden Preis verkauft werden'. Es folgte dann die Ankündigung von aus 45 Stück bestehenden Servicen zu dem ,märchenhaften' Preise von 18 M., wobei noch die Rücknahme eines jeden nicht convenirenden Stückes versprochen wurde. Und diese an sich plumpe und

Abb. 147. Detail des Zwiebelmusters der Schüssel Abb. 145, Schwertermarke: H 8 mm. - Wiener Privatbesitz

Abb. 148. Teller Dubi (früher Eichwald), modern, Umdruckdekor (Stahlstich); Marke: s. Abb. 167 (Krone, D CZECHOSLOVAKIA ORIGINAL ZWIEBELMUSTER), in unterglasurblau; D 19 cm. - Wiener Privatbesitz

durchsichtige Reclame lockte die Käufer in Schaaren heran, die Bestellungen liefen massenhaft ein, und unter diesen befanden sich solche von Aerzten, Rechtsanwälten, Staatsanwälten, Richtern und dergleichen mehr. Alle wollten die spottbilligen Meißener ‚Porzellane' erwerben. Die Besteller erhielten gewöhnlich nach zwei Tagen aus Meißen einen Brief, in welchem der Angeklagte Kommen ankündigte, daß er nicht im Stande sei, die Sendung abzuschicken, da in der betreffenden Zeitungsannonce aus Irrthum vergessen worden sei, hinter die Worte ‚ächte meißener Zwiebelmuster-Service' das Wort ‚Imitation' zu setzen. Um aber den Bestellern Gelegenheit zu geben, die Waare selbst zu sehen und event. zu behalten, werde diese doch abgeschickt werden. Das Endergebniß war, daß in den meisten Fällen die Besteller die aus gewöhnlichem Steingut bestehenden Service behielten, weil sie Unbequemlichkeiten, Streitereien mit dem Absender etc. befürchteten.

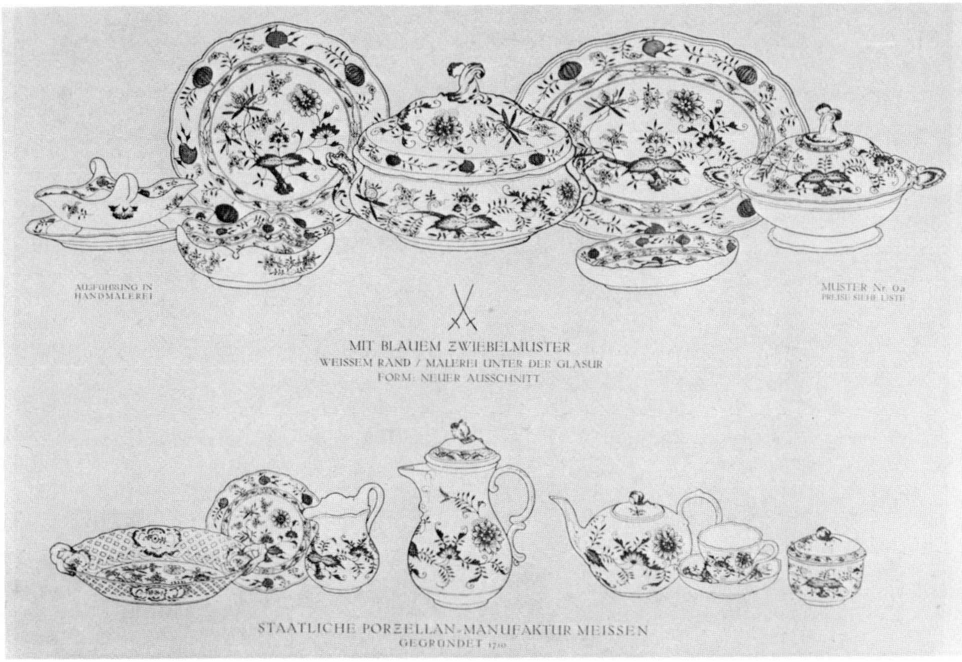

Abb. 149. Zwiebelmuster, Meißen, 1924, Reproduktion aus dem Firmenkatalog der Manufaktur Meißen „Ausgewählte Tafelservice und Kaffee-Geschirre“, NA Blatt 1

Die zweite Reclame war vorsichtiger abgefaßt. Sie begann mit den Worten: ‚Ergreift das Glück! Das war noch nicht da!‘ am Schlusse aber hatte sich die ‚Porzellan‘-Niederlage in ‚Fabriks‘-Niederlage S. Kommen, Berlin O., Schillingstraße 12, früher Meißen, Markt 2‘ verwandelt. Die Waaren wurden durch den zweiten Angeklagten von Meißen aus verschickt, und S. Kommen hätte sicherlich riesige Geschäfte gemacht, wenn nicht die sächsische Presse Aufklärung gebracht hätte. Diese schlug eines Tages über den ‚Berliner Schwindel‘ Lärm und verkündete Allen, die es hören wollten, daß die 45 Stücke des Kommen'schen Service, bei denen noch 6 Tassen mit den 6 Untertassen als 12 Stücke figurirten, ganz gewöhnliches Steingut seien und mit Meißener-Porzellan nicht das Geringste zu thun hätten. Alsdann beschäftigte sich die Staatsanwaltschaft mit der Angelegenheit. Sie ermittelte eine Reihe von Personen, welche bekundeten, daß sie die Waaren nicht genommen haben würden, wenn sie gewußt hätten, daß es gar kein Porzellan sei. Der Angeklagte bestritt jede betrügerische Handlung. Er behauptete, daß sich die Abnehmer unmöglich hätten einbilden können, daß sie für jenen Spottpreis ächt Meißener Porzellan bekämen. Das ‚ächt Meißener‘ habe sich nur auf das Zwiebelmuster bezogen, dieses sei auf den Servicen auch ächt gewesen, überdies sei die gelieferte Waare keineswegs minderwerthig, und zum Ueberfluß habe er sich auch zur Rücknahme bereit erklärt.
Staatsanwalt Kanzow hielt es für ganz unzweifelhaft, daß die Leser der Reclame durch die Unterschrift ‚Porzellan-Niederlage‘ und die Bezeichnung ‚ächt Meißener Zwiebelmuster-Service‘ in den Irrthum versetzt werden sollten, daß es sich um Service aus Meißener Porzellan handele. Thatsächlich sei auch eine Anzahl von Personen getäuscht worden. Er be-

Abb. 150. Teller mit Zwiebelmuster und Schwertermarke mit Punkt zwischen den Klingen (Typus von 1924-1934), Reproduktion aus dem Dekormuster-Katalog Nr. 16 der Staatlichen Porzellan-Manufaktur Meißen, 1958

antragte gegen Kommen 6 Monate, gegen Gerson 2 Monate Gefängniß. R.-A. Wronker hielt aus rechtlichen und thatsächlichen Gesichtspunkten eine Verurtheilung für unmöglich, höchstens könnte, wie er meinte, der Fall Material für das Gesetz gegen den Unlauteren Wettbewerb bilden. Das Rechtsgeschäft stelle sich lediglich als Kaufofferte dar, als eine Uebersendung von Waare zur Ansicht, ohne den Zwang, daß die Waare behalten werden müsse. Die Reclame nehme allerdings die Backen sehr voll, enthalte aber, bei Lichte besehen, keine Unwahrheiten. Der Gerichtshof schloß sich dieser Auffassung an und erkannte auf Freispruch.
Wie das gesamte Publikum und die Geschäftswelt über diesen Gerichtsbeschluß denken, braucht nicht gesagt zu werden!"

Abb. 151. Detail des Tellers Abb. 139, Meißen, modern, Schwertermarke: 7 mm hoch. - Wiener Privatbesitz

In den 1966 erschienenen Katalog ,,Meißener Porzellan 1710-1810" nahm Rainer Rückert einen Teller auf, den er gegen Ende des 18. bzw. zu Beginn des 19. Jahrhunderts datiert. Vermutlich aus derselben Zeit, zumindest aber aus dem 19. Jahrhundert, stammt ein Teller, der sich heute im Österreichischen Museum für angewandte Kunst befindet. In das weitere 19. Jahrhundert, offensichtlich aber aus der Zeit vor 1886 (als die Schwertermarke in den Bambusstamm vorne aufgenommen wurde), dürften zwei Teller zu datieren sein, die dem heute noch geläufigen Typus entsprechen. Nach diesem ,,Stichjahr" sind – folgerichtig – alle Meißener Porzellane mit den Schwertern im Zwiebelmusterdekor anzusetzen (es sei hier festgehalten, daß die Schwerter im Bambusstamm einer rechteckigen Platte und die Schwerter auf der Rückseite derselben Platte eine voneinander völlig abweichende Form aufweisen – dies zur Warnung jener, die glauben, aufgrund der Markenform allein genau datieren zu können).
Besser einzuordnen sind im 20. Jahrhundert jene Meißener Zwiebelmusterporzellane, deren Schwerter den Punkt (,,Pfeiffer-Punkt") zwischen den Klingen tragen (wie wir wissen, umfaßte die Direktion Pfeiffers die Jahre 1924 bis 1934). Danach wurden die Schwerter wieder ohne jedes weitere Beizeichen aufgemalt, sodaß die Preisliste Nr. 101 vom 1. Januar 1939 wieder eine Schwertermarke ohne Punkt zeigt.
Die Reproduktion von vier Seiten dieser Preisliste verweist sowohl auf die Meißener Serviceform (,,Neuer Ausschnitt", in schematischen Zeichnungen abgebildet), als auch auf die Musterbezeichnung ,,Nr. Oa und Ob = Blaues Zwiebelmuster, weißer Rand oder echter Goldrand"; die Preise sind in RM (=Reichsmark) angegeben.
Nach dem 2. Weltkrieg bis 1947 stand unter den Meißner Schwertern ein halbkreisförmiger Bogen (nach dem damaligen Direktor auch ,,Neuhaus-Bogen" genannt).
Auszüge aus einem Meißner Firmenkatalog von 1953 geben einen guten Einblick in die große Vielfalt der Porzellanformen, die in Meißen mit dem Zwiebelmusterdekor geschmückt wurden. Zwiebelmusterdekore haben neben dem grünen Weinlaubdekor an diesem Meißener Spezialkatalog einen beträchtlichen Anteil.
Neuestes Meißener Porzellan 2. Wahl mit Zwiebelmusterdekor sei in Farbe ebenfalls hier vorgestellt: von vielen technischen Komponenten sind die sehr hellen bis sehr dunklen Nuancen des Unterglasurblau abhängig, wovon zwei Extrembeispiele abgebildet sind.
Die spätere Übermalung von unterglasurblauem Meißener Zwiebelmusterdekor kann dazu führen, daß das Zwiebelmuster als solches nicht mehr erkannt wird. In seinem Buch ,,Meissener Porzellane bemalt in Augsburg, 1718 bis um 1750" (Band I, S. 251, Abb. Nr. 338) bildet Siegfried Ducret eine Deckelterrine mit überdekoriertem Zwiebelmuster ab. Er schreibt dazu (S. 76):
,,Große Terrine, vierpassig geschweift, nach außen gewölbte Wandung, eingezogener profilierter Fuß, hoher Deckel mit Kronenkauf. Henkel mit plastischen Ziegenbocksknöpfen, die Terrine bemalt mit unterglasurblauen Blumen und Zweigen, das Blau in Augsburg mit radiertem Gold überdekoriert. Randmuster aus Augsburger Schnörkeln. H. 28,5 cm. Schwertermarke im Innern. S. Ducret, Zürich."

STAATLICHE PORZELLAN-MANUFAKTUR MEISSEN

Die ältefte Porzellan-Manufaktur Europas — Gegründet 1710

Preislifte Nr. 101
Ausgabe: 1. Januar 1939

RfPr. III C 491 — 7427 1. 12. 1938

Tafel- und Kaffeegedecke

in Form »Neuer Ausfchnitt«

Warenzeichen in Blau unter der Glafur

Mufter Nr. 0a und 0b — **Blaues Zwiebelmufter**

a — weißer Rand

b — echter Goldrand

Ausführung nur in befter Handmalerei
Jederzeitige Nachlieferung einzelner Gedeckteile

Eigene Niederlagen der Manufaktur in:

DRESDEN A 1
Schloßftr. 36 und Prager Straße 37

LEIPZIG C 1
Goetheftraße 6, nahe dem Auguftusplatz

BERLIN W 50
Budapefter Straße 42, am Zoo

MEISSEN, Talftraße 9
mit Hauptlager und Schauhalle

Zu beziehen durch alle führenden Porzellan-Handlungen!

Abb. 152. Preisliste Nr. 101 der Meißener Porzellanmanufaktur, Ausgabe vom 1. Januar 1939, „Blaues Zwiebelmuster", S. 1. - Wiener Privatbesitz

Form: »Neuer Ausſchnitt
Muſter: Nr. 0a und 0b Blaues Zwiebelmuſter, weißer Rand oder echter Goldrand

Tafelgedeck

Stückzahl	Gegenſtand	Form Nr.	Maße in cm Inh.i.Lit.	weißer Rand Einzelpreis RM	weißer Rand Geſamtpreis RM	Goldrand Einzelpreis RM	Goldrand Geſamtpreis RM
12	Suppenteller	8	24	5.60	67.20	8.80	105.60
24	Speiſeteller	1	25	5.40	129.60	8.60	206.40
12	Deſſertteller	3	22	4.80	57.60	7.40	88.80
12	Kompotteller	7	16	3.20	38.40	4.80	57.60
1	Schüſſel, rund, flach	34	35	13.50	13.50	20.—	20.—
1	Schüſſel, rund, flach	35	32	10.50	10.50	16.50	16.50
1	Bratenſchale, oval	65	49	21.50	21.50	35.50	35.50
2	Bratenſchalen, oval	66	42	15.50	31.—	26.—	52.—
1	Bratenſchale, oval	67	35	12.—	12.—	21.50	21.50
2	Beilageſchalen, rund, für Kompott	88	25	8.—	16.—	12.50	25.—
2	Beilageſchalen, oval, für Kompott	92+	25	7.80	15.60	12.—	24.—
2	Salatnäpfe, tief, viereckig	84+	23	15.50	31.—	21.50	43.—
2	Gemüſenäpfe, rund, mit Deckel	74	33	23.50	47.—	36.—	72.—
1	Terrine, oval, mit Deckel	16	5	42.—	42.—	63.—	63.—
2	Saucièren auf Unterſchale	37	26	15.50	31.—	25.50	51.—
77 teilig			Geſamtpreis:		RM 563.90		RM 881.90

Die Einzel- und Gedeckpreiſe ſind in Reichsmark, unverpackt, ab Manufaktur-Verkaufsſtelle geſtellt.

Kiſten und Verpackung werden zu Selbſtkoſten berechnet. Der Verſand erfolgt auf Koſten und Gefahr der Beſteller. Gegen Bruchſchaden und Verluſt werden die Sendungen verſichert, die nur geringe Prämie hierfür wird in Rechnung geſtellt.

Erfüllungsort: Sitz der Verkaufsſtellen — Gerichtsſtand: Meißen.

Bei Beſtellungen und Anfragen bitten wir ſtets die durch Starkdruck hervorgehobenen Formen- und Malereimuſter-Nr. deutlich anzugeben.

Warenzeichen Blau unter der Glaſur

Abb. 153. Preisliste Nr. 101 der Meißener Porzellanmanufaktur, Ausgabe vom 1. Januar 1939, S. 2. - Wiener Privatbesitz

Form: »Neuer Ausſchnitt«
Muſter: Nr. 0a und 0b – Blaues Zwiebelmuſter, weißer Rand oder echter Goldrand

Kaffeegedeck

				Weißer Rand		Goldrand	
Stück-zahl	Gegenſtand	Form Nr.	Maße in cm Inh.i.Lit.	Einzel-preis RM	Geſamt-preis RM	Einzel-preis RM	Geſamt-preis RM
1	Kaffeekanne	122	1,75	14.50	14.50	26 —	26.—
1	Milchkanne	157 b	0,35	4.50	4.50	7.80	7.80
1	Zuckerdoſe, rund	218	11	5.80	5.80	9.40	9.40
12	P.Taſſen, Obert. 6 cm hoch 8,5 cm Durchm.	190	0,175	5.40	64.80	8.80	105.60
12	Kuchenteller	5	17,5	4.—	48.—	5.80	69.60
1	Kuchenſchale, rund, gemuſchelt	318	28	9.80	9.80	17.50	17.50
28 teilig		Geſamtpreis:		RM 147.40		RM 235.90	

Über Kunſtgegenſtände, Tafelſchmuck und andere Gebrauchsgeſchirre
bitten wir beſondere Liſten einzufordern!

Ergänzungsteile

Eine Auswahl aus vorhandener ſehr großer Zahl von verſchiedenen Modellen

Gegenſtand	Form Nr.	Maße in cm Inh.i.Liter	Einzelpreis weißer Rand RM	Einzelpreis Gold-rand RM
Deſſertteller, durchbrochen	321a	19	7.20	10.50
Kompottſchüſſelchen, rund	110	12,5	3.20	4.—
Bratenſchale, oval	68	29	8.60	16.50
Fiſchſchale, oval	73	55	22.—	33.50
Salatnapf, viereckig	83+	24	17.50	25.50
Terrinenunterſchale, oval	19	50	25.50	39.50
Senfgefäß, feſt auf Teller	41	16	5.80	10.50
Senflöffel	44	10	1.30	2.70
Salzgefäß, rund, doppelt	263	10	3.20	4.50
Salzgefäß, rund, einfach	264	5	1.30	2.10

Abb. 154. Preisliste Nr. 101 der Meißener Porzellanmanufaktur, Ausgabe vom 1. Januar 1939, S. 3. - Wiener Privatbesitz

Ergänzungsteile (Fortſetzung von Seite 3) **Muſter Nr. 0a und 0b**

Gegenſtand	Form Nr.	Maße in cm Inh. i. Liter	Einzelpreis weißer Rand RM	Einzelpreis Gold-rand RM
Suppentaſſe mit 2 Henkeln, glatte Form	L 249	0,2	7.60	11.50
Suppentaſſe mit 2 Henkeln, Neuer Ausſchnitt	L 250	0.24	9.—	13.50
Mokkataſſe, ... Obertaſſe 5 cm hoch, 6,5 Durchm. .	191	0,080	4.30	7.—
Taſſe für Brühe .. « 7 « « 10 « .	189	0,250	6.20	9.60
Teetaſſe, glatt ... « 5,5 « « 9,5 « .	201	0,225	5.60	8.80
Teetaſſe, geſchweiſt « 5 « « 9,5 « .	207	0.175	5.—	8.20
Kuchenteller	4	20	4.50	6.60
Mokkakanne für 12 Perſonen	124	0,85	10.50	19.50
Mokkakanne « 6 «	125	0,45	8.—	15.50
Kuchenſchale, rund, durchbrochen	317	29	15.50	24.—
Kuchenkorb, oval, «	340	29	23.50	33.50
Teekanne, für 12 Taſſen	182	1,35	11.50	20.—
Teekanne, « 8 «	183	1,15	10.50	18.—
Teekanne, « 4 «	184	0,70	8.60	14.50
Milchkanne	158	0,25	4.—	6.60
Zuckerdoſe, rund, für 6 Perſonen	218 b	10	5.40	8.20
Zuckerdoſe, oval, paſſig	226	11	7.80	12.—
Kannenunterſetzer, rund	314	15	4.—	6.60
Kannenunterſetzer, viereckig	316	12,5	4.50	7.40
Tortenſchale, rund, ohne Fuß	325	33	13.—	18.50
Platte für Milchgießer und Zuckerdoſe, unpoliert	310	27	8.60	13.—
Butterbüchſe, für ½ Pfund Butter	245	21	12.50	17.50
Butterbüchſe, » ¼ « «	245 b	19	9.60	14.—
Eierbecher, ohne Teller	279	4,5	2.10	3.50
Eierbecher, feſt auf Teller	280	10,5	4.50	7.—

Vorzüge der Staatlich Meißner Porzellangeſchirre

Zuſammenſtellung nach eigener Wahl, beſtes ausdauerndes Hartporzellan mit widerſtandsfähiger Glaſur, feinſte individuelle Handmalerei in friſchen, ſchönen Farben

Echte Vergoldung

Wirtſchaftlich durch **jederzeitigen Nachbezug** einzelner Geſchirrteile zu **normalen Preiſen**

Verſchiedene der angebotenen Taſſenformen

Abb. 155. Preisliste Nr. 101 der Meißener Porzellanmanufaktur, Ausgabe vom 1. Januar 1939, S. 4. - Wiener Privatbesitz

Katalog Nr. 4 Ausgabe 1953

Form: Neuer Ausschnitt mit Unterglasur-Malerei

Blaues Zwiebelmuster

weißer Rand

Muster Nr. 0a

Voller grüner Weinkranz

weißer Rand

Muster Nr. 15a

Warenzeichen blau unter der Glasur

Abb. 156. Katalog Nr. 4, Ausgabe 1953, der Meißener Porzellanmanufaktur. - Wiener Privatbesitz

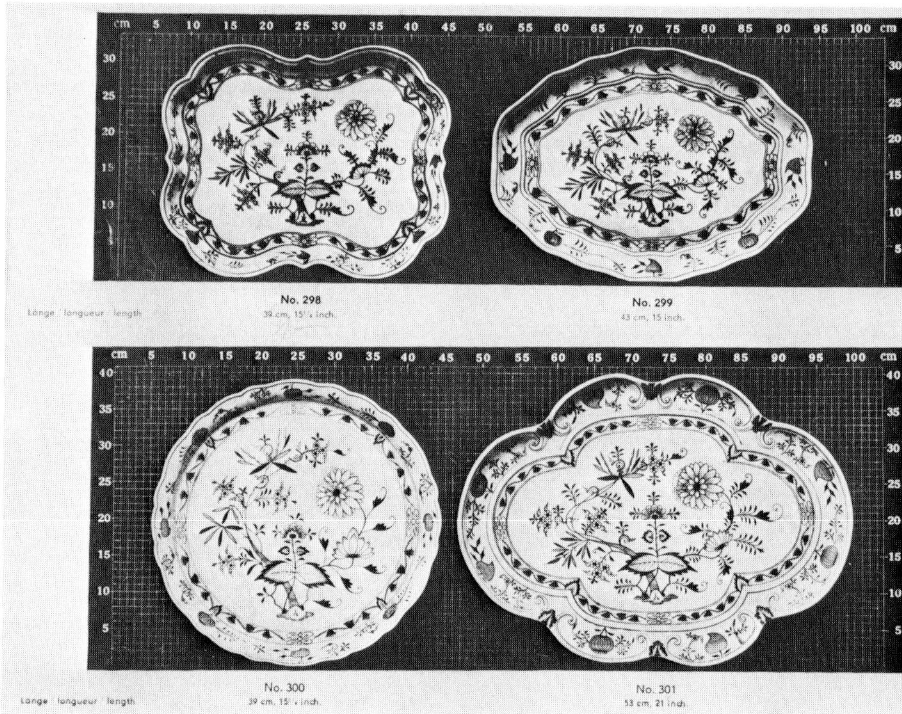

Abb. 157. Katalog Nr. 4, Ausgabe 1953, der Meißener Porzellanmanufaktur. - Wiener Privatbesitz

Auf einer Sotheby-Auktion (27. 11. 1979) wurde ein Teller versteigert, der ebenfalls eine spätere Vergoldung über einem Zwiebelmuster aufweist; dieser Dekor wird aber nicht namentlich genannt: „A fine Meissen Plate with underglaze-blue decoration, overpainted in gilding in the Seuter workshop at Augsburg with etched growing plants in the centre, encircled by a broad gilt border with typical C-scroll edge, the everted rim similarly decorated. 21.7 cm., crossed swords and III in underglaze-blue, incised XII, about 1725." Soweit wir jetzt über die Zwiebelmusterporzellan-Produktion in Meißen informiert sind, dürfte der Teller mit 1725 um einiges zu früh datiert sein.

Abb. 158. Katalog Nr. 4, Ausgabe 1953, der Meißener Porzellanmanufaktur. - Wiener Privatbesitz

MEISSENER ZWIEBELMUSTERDEKORE AUSSERHALB DER MEISSENER PORZELLANMANUFAKTUR

Im 19. Jahrhundert entstanden in Meißen selbst oder im Nahbereich dieser Stadt einige Firmen, die neben Öfen und Wandplatten auch Porzellan in ihrem Produktionsprogramm hatten. Einen eigenen Zweig der Fabrikation bildeten die Porzellane mit Zwiebelmuster in jenen Keramikfirmen, die auf Gründungen der Brüder Carl und Ernst Teichert zurückgehen. Auf die Firmengeschichte dieser Unternehmungen ging ich bereits in einem Aufsatz (Weltkunst 6/1980), auf den ich mich im folgenden stütze, ausführlich ein.
Wie man mir des öfteren bestätigte, sind in der Praxis die Begriffe ,,Königlich Meißen" und ,,Stadt Meißen" üblich, um die Erzeugnisse der 1710 gegründeten Meißener Porzellanmanufaktur von den Porzellanen anderer Meißener Keramikfirmen zu unterscheiden.
Die Termini ,,Meißener Porzellan" und ,,Meißener Zwiebelmuster" können sich sowohl auf die älteste europäische Porzellanmanufaktur als auch auf die Teichert-Firmen in Meißen beziehen. Daß einige der letztgenannten Unternehmen denselben Familiennamen (Teichert) im Firmenwortlaut führten, gab zu weiteren Verwechslungen dieser Firmen Anlaß. Darüber hinaus mag es erstaunen, daß der Begriff ,,Meißener Porzellan" sogar die Grenzen des keramischen Materials sprengte; als Kuriosum sei festgehalten, daß die Wortmarke ,,Meissner Porzellan" sowohl von der Firma Max Brenner in Dresden (Geschäftsbetrieb: Großhandel mit Lebensmitteln, Markenanmeldung: 1922, Markeneintragung: 1924) als auch von der Mignon Schokoladewerke AG in Halle/Saale (Geschäftsbetrieb: Kakao- und Schokoladefabrik, Markenanmeldung: 1935) geführt wurde; die Marke ,,Meissener Porzellan" war von der H. Carl Brüning GmbH, Leipzig (Geschäftsbetrieb: Vertrieb von allen Tabakfabrikaten) bereits im Jahre 1912 angemeldet worden. Daß selbst die Meißener Schwerter nicht nur für Porzellan, sondern für verschiedenste andere Materialien (z. B. Metall) registriert wurden, sei nur am Rande erwähnt.

,,C. TEICHERT", ,,MEISSNER OFEN- UND CHAMOTTEWAARENFABRIK, VORM. C. TEICHERT", ,,MEISSNER OFEN- UND PORZELLANFABRIK, VORM. C. TEICHERT" IN MEISSEN

Im Jahre 1864 gründete Carl Teichert in Meißen die Firma C. Teichert.
Bereits 1869 beteiligte sich das Unternehmen an der ,,Allgemeinen deutschen Gewerbe- und Industrie-Ausstellung in Wittenberg in der Gruppe ,,Thonluxuswaaren und Oefen" mit ,,Ofen-, Thon= und Chamottewaren" (Ausstellungskatalog, S. 14, Nr. 16). Im Jahre 1871 starb Carl Teichert, und 1872 wurde die Firma in eine Aktiengesellschaft umgewandelt.
Unter dem Namen ,,Meissner Ofen- und Chamottewaarenfabrik, Meissen vorm. C. Teichert" finden wir die Fabrik im Katalog der Leipziger Kunstgewerbeausstellung 1879, auf der sie Öfen und Kamine präsentierte.
Bei der Markenanmeldung des Jahres 1882 wird derselbe Firmenname erwähnt. Vermutlich fand zwischen 1882 und 1887 eine Änderung des Firmenwortlautes statt, da im Adreßbuch von 1887 die Bezeichnung ,,Meißener Ofen- und Porzellan-Fabrik vorm. C. Teichert" aufscheint.
Das 1882 zum Markenschutz angemeldete Zeichen (das Wort MEISSEN in ovaler Umrahmung, darunter ein Stern) wurde auch für die seit 1886 bestehende Filiale in Eichwald (Böhmen) verwendet (Adreßbuch 1887); da es sich bei dieser Filiale um die Übernahme einer bereits bestehenden Fabrik handelte, war die Produktion schon für das Jahr 1886 gesichert: ,,Die Arbeiten in der neuerworbenen Tschinkel'schen Porzellanfabrik in Eichwald bei Teplitz, die als Zweigniederlassung in Österreich dienen soll, sind derart vorgeschritten, daß bereits in diesem Monat mit dem Versandt fertiger Waaren begonnen werden kann" (Sprechsaal 1886, S. 301).

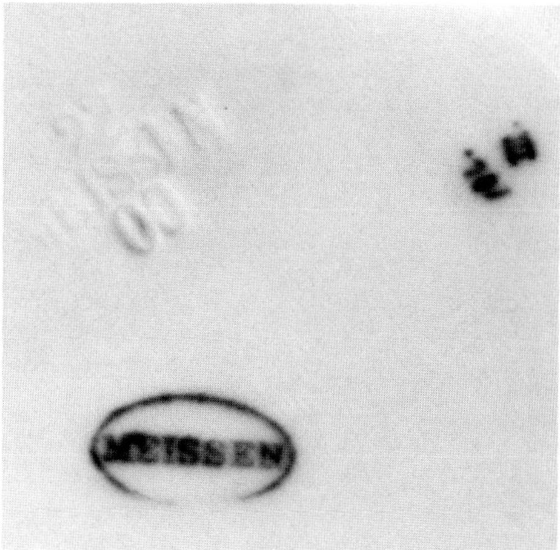

Abb. 159. Kennzeichnung des Tellers Abb. 143 (S. 188), Meißener Ofen- und Porzellanfabrik, vorm. C. Teichert, Meißen, oder Filiale Eichwald: in Unterglasurblau MEISSEN in Oval, ebenso 106.III; eingestempelt: 22 MEISSEN OO. Ovale Marke L 16 mm. - Antiqutitäten Helmut Ziegler, Nürnberg

Abb. 160. Kennzeichnung des Tellers Abb. 144. Ernst Teichert, Meißen: Pfeilmarke und MEISSEN in Unterglasurblau (Gesamthöhe 12 mm, B 14 mm), 69 in Unterglasurblau, eingepreßt: Meissen, O. - Privatbesitz

Als Produktionsprogramm für die Meißener Firma gibt das Adreßbuch (1887, S. 84) an: ,,Fabrikat: Gebrauchsgeschirr in Porzellan und Oefen jeder Art. Specialität: Porzellangeschirr mit Meissener Zwiebelmuster''. Dieselbe Quelle verweist darauf, daß die Firma eine eigene Malerei besaß, daß sich der Personalstand auf ca. 500 Arbeiter belief und daß mit Dampfbetrieb gearbeitet wurde. Niederlagen befanden sich in Dresden und Frankfurt, ein Musterlager war in Hamburg. Die Teilnahme an der Leipziger Messe war wohl obligatorisch. Als Prämierungen führt das Adreßbuch 1887 ,,höchste Auszeichnungen in Altona, Cassel, Chemnitz, Dresden, Leipzig, Stuttgart, Wittenberg und Wien'' an.
Im Adreßbuch des Jahres 1896 wird bereits ein Personalstand von ,,ca. 530 Arbeitern'' festgehalten. Das Produktionsprogramm ist mit jenem von 1887 nahezu identisch: ,,Fabrikat: Gebrauchsgeschirre in Porzellan. Oefen jeder Art und Fliesen zu Wandbekleidungen, einfarbig und mehrfarbig. – Spec.: Porzellangeschirre mit Meissner Zwiebelmuster''.
Auch die Eichwalder Filiale führte ,,Meissner Zwiebelmuster, einfach und reich decorirt. Chamotteöfen mit Porzellanüberzug'' (Adreßbuch 1896, S. 130). Da sowohl Mutter- als auch Tochterfirma dieselbe Marke (oval gerahmtes Wort MEISSEN, darunter Stern) führten und beide Zwiebelmusterdekore erzeugten, ist es mir derzeit unmöglich festzustellen, ob bestimmte Porzellane in Meißen oder in Eichwald entstanden.
Dem Geschäftsbericht für 1896 zufolge war man mit der Lage der Firma zufrieden: ,,Das Etablissement war in allen Zweigen der Fabrikation reichlich, in der Ofen= und Fliesenabtheilung sogar derartig beschäftigt, daß es unmöglich war, alle Aufträge auszuführen . . . auch für Porzellan war ein guter Geschäftsgang zu verzeichnen, der Umsatz übersteigt den des Vorjahres, ebenso hatten die Filiale in Eichwald, die Hauptniederlage und Filiale in Dresden sowie der Thonschacht in Löthain befriedigende Ergebnisse zu verzeichnen'' (Sprechsaal 1897, S. 446).
Die Eichwalder Filiale muß den österreichischen Unternehmern wohl ein Dorn im Auge gewesen sein; auf Verkaufsgerüchte reagierte man daher entsprechend:
,,Es verbreiteten sich nämlich Mittheilungen abträglicher Art über die finanzielle Situation des Unternehmens, die durch die Thatsache an Glaubwürdigkeit gewannen, dass auf den 28. I.

M. eine Hauptversammlung der Actionäre einberufen wurde, auf deren Tagesordnung der Verkauf der österreichischen Zweigniederlassung in Eichwald (Böhmen) steht. Die österreichische Thonindustrie wird den Ausfall dieses Concurrenz-Unternehmens nicht bedauern, auch lässt diese Zweigniederlassung der Sächsischen Fabrik keine Lücke in der österreichischen Thonwaren-Erzeugung zurück" (Central-Blatt Jänner 1899, S. 16).
Bald darauf wurde die Eichwalder Filiale tatsächlich verkauft. Bis 1921 firmierte das böhmische Unternehmen unter „B.Bloch", danach unter „Eichwalder Porzellan- und Ofenfabriken Bloch & Co." Diese Fabrik verwendete noch nach 1935 die ovale Marke mit dem Wort MEISSEN und einem Stern (die entsprechenden Markenregistrierungen wurden immer wieder erneuert). Heute kennzeichnet die Fabrik in Dubí (früher Eichwald) ihre Zwiebelmusterporzellane mit einer Marke, die als Reminiszenz der älteren Kennzeichnung das Oval und den Stern beibehalten hat.
Eine enorme Ausweitung des Meißner Unternehmens ist zu Beginn des 20. Jahrhunderts festzustellen. Das Adreßbuch von 1907 führt dazu in Schlagworten an:
„Fabrikat: Hartporzellan: Geschirre mit Meissner Zwiebelmuster in allen gebräuchlichen Ausführungen im Meissner Genre. – Hartsteingut: Wandplatten. – Schamotte-Kachelöfen, Meissner Porzellanöfen. – Gartenvasen, Rabattenblätter, Schamotteplatten und –Steine, Export fast nach allen außerdeutschen Staaten Europas. Von überseeischen Staaten hauptsächlich nach den Vereinigten Staaten von Nordamerika. – Jahresproduktion: Ueber M 1 1/2 Millionen. – Malerei, Druckerei, Aerograph. – 56 Oefen, darunter 12 Doppelöfen. – 7 Muffeln. – Feuerung: Böhmische Braunkohle. – Ca. 750 Arbeiter" (Adreßbuch 1907, S. 114 und 116).
Vertreter werden für Hamburg, Berlin, Barmen, Straßburg, Breslau und Oldenburg genannt, Niederlagen befanden sich in Berlin und Dresden, und die Leipziger Messe wurde nach wie vor beschickt.
Die einzelnen Auszeichnungen werden im Adreßbuch von 1907 detailliert angeführt: Chemnitz 1867 (Bronzene Preismedaille); Wittenberg 1869 (Goldene Medaille); Kassel 1870 (Ehrendiplom); Wien 1873 (Verdienstmedaille); Dresden 1875 (Silberne Preismedaille); Kassel 1877 (Ehrendiplom); Leipzig 1879 (Silberne Preismedaille); Dresden 1900 (Silberne Medaille); Karlsbad 1901 (Ehrendiplom zur goldenen Medaille).
Im Adreßbuch 1907 scheint die Eichwalder Filiale natürlich nicht mehr auf; hingegen wird die Firma „B. Bloch, Majolika-, Porzellan-, Ofen- u. Terrakottafabrik" in Eichwald mit vier Fabriksmarken angeführt (Adreßbuch 1907, S. 284): ein E mit Krone, ein „Bienenkorb" (in Abwandlung des Wiener Bindenschildes), das Wort „Eichwald" und die uns bekannte, oval gerahmte Marke. Zwiebelmusterporzellan hatte die Eichwalder Firma nach wie vor im Erzeugungsprogramm.
Laut Adreßbuch 1913 waren bei der „Meißner Ofen- und Porzellanfabrik, vorm. C. Teichert" 700 Arbeiter beschäftigt. Erzeugt wurden „Geschirre, hauptsächlich Meißner Zwiebelmuster u. spez. Meißner Dekore". Der Export ging fast in die ganze Welt (nach Nordamerika, Italien, Frankreich, Rußland, Dänemark, Schweden, Rumänien, in die Türkei usw.). Neben der Malerei stand eine eigene Druckerei bzw. eine Aerographenanlage zur Verfügung.
Da auch die Firma Ernst Teichert in Meißen Zwiebelmuster erzeugte, sind die betreffenden Firmenmarken zur Unterscheidung wichtig: C. Teichert mit Oval und Stern, E. Teichert mit Pfeil.
Der Erste Weltkrieg bedeutete für das Unternehmen naturgemäß eine Zäsur; umso stärker waren die Expansionsbestrebungen ab 1918, da die Nachfrage nach bestimmten Produkten sehr groß wurde; dem Geschäftsbericht für das Jahr 1918 entnehmen wir (Sprechsaal 1919, S. 82):
„Da die Neumarktkachel sich in den letzten Jahren gut eingeführt hat und ihre Fabrikation einen Teil der für die Herstellung von Wandplatten bestimmten Räume und Einrichtungen in Anspruch nimmt, in Meißen sich jedoch zur Erweiterung keine passende Gelegenheit bot,

wurde in Bitterfeld eine Plattenfabrik erworben, um sie für diese Fabrikation nutzbar zu machen". Die Erwerbung der Bitterfelder Fabrik fand noch 1918 statt; die Investition war offenbar erfolgreich, da kurz darauf gemeldet wurde: „Der Umsatz konnte mit Hilfe des Bitterfelder Werkes, das seit 1. 10. 19 wieder in Betrieb ist, gesteigert werden" (Sprechsaal 1920, S. 291).

Im Jahre 1921 erwarb das Unternehmen das vormals Hedersche Ofengrundstück in Meißen (Handbuch der deutschen Aktiengesellschaften 1943, S. 1881).

Im Jahre 1923 erfolgte der Erwerb sämtlicher Anteile der Porzellan-, Ofen- und Wandplattenfabrik Ernst Teichert GmbH (Handbuch der deutschen Aktiengesellschaften 1943, S. 1881), „deren Fabrikanlagen eine bedeutende Erweiterung der Fabrikation ermöglichen" (Sprechsaal 1924, S. 198). Wenig später genehmigte der Aufsichtsrat „den Ankauf der in Meißen gelegenen Porzellanfabrik Stockhardt & Schmidt-Eckert" (Sprechsaal 1925, S. 892). Für das Geschäftsjahr 1925 läßt der Sprechsaal (1926, S. 32) auf bestimmten Gebieten einen gewissen Rückgang anklingen: „Im abgelaufenen Jahre war der Absatz im Inland in den ersten drei Vierteljahren in allen drei Zweigen (Oefen, Porzellan, Wandplatten) gut. Im letzten Vierteljahr ließ die Fliesen- und Porzellanbranche nach".

Im Jahr 1929 kam es zum Erwerb „der bis auf wenige tausend Mark der Verwaltung zum Ankauf verfügbaren Geschäftsanteile der Cölln-Meißner Ofenfabrik Saxonia G.m.b.H. Meißen" (Sprechsaal 1929, S. 46). Trotz dieses Ankaufs zeichnete sich in den folgenden Jahren vor allem auf dem Sektor der Porzellanerzeugung eine gewisse Krisensituation ab:
„Zur Zeit ist das Geschäft in Porzellan schlecht, in Wandplatten und Oefen noch befriedigend" (Sprechsaal 1929, S. 251). Im selben Jahr (1929) wurde die Porzellanproduktion gestoppt: „Wie die Firma mitteilt, sah sie sich infolge der hohen Löhne sowie der starken tschechoslowakischen und japanischen Konkurrenz gezwungen, ihre Porzellanfabrikation stillzulegen" (Sprechsaal 1929, S. 745).

Der Vorstandsbericht für das Geschäftsjahr 1929 (Sprechsaal 1930, S. 294) geht noch detaillierter auf die angespannte Situation ein: So „hatte der Umsatz am Anfang des Geschäftsjahres einen erheblichen Ausfall zu verzeichnen, der auch später nicht mehr eingeholt werden konnte. Weiterhin wird auf die Ueberproduktion im Inland und auf die Konkurrenz des Auslandes, insbesondere der Tschechoslowakei hingewiesen. Dazu habe noch die Lohnkurve steigende Tendenz gezeigt. Unter diesen Umständen konnte in der Ofenabteilung kein Gewinn erzielt werden. Unter den gleichen Verhältnissen litt die verlustbringende Porzellanabteilung, weshalb deren Betrieb stillgelegt und das Werk veräußert werden sollte ..."

In den dreißiger Jahren meldete die Firma drei Marken an, die sich alle auf die Ofen- bzw. Kachelproduktion bezogen: 1931 die Wortmarke TEICHERT OFEN, 1934 die Wortmarken „Teichert" und „Teichert-Kacheln".

Ob die 1924 angemeldete und eingetragene Marke von Stockhardt & Schmidt-Eckert später auch von der Meißener Ofen- und Porzellanfabrik verwendet wurde, nachdem diese das vorgenannte Unternehmen erworben hatte, ist mir nicht bekannt.

Nebenbei sei erwähnt, daß die Cölln-Meißener Ofenfabrik Saxonia (gegr. 1880), die 1929 von der Meißener Ofen- und Porzellanfabrik vorm. C. Teichert angekauft wurde, ihrerseits schon zwei Meißener Unternehmen übernommen hatte: im Jahre 1900 die Firma Chr. Seidel & Sohn, Meißen (gegr. 1863) und 1904 die Zweigniederlassung Meißen der „Fabrik feuerfester Produkte vorm. J. Hoffmann & Co."

Per 1. März 1931 wurde die Wandplattenfabrik in Bitterfeld stillgelegt und der gesamten Belegschaft gekündigt (Sprechsaal 1931, S. 198). Der Geschäftsbericht für 1931 meldet auch die Stillegung der Tochtergesellschaft „Meißner Wandplattenwerke Saxonia, G.m.b.H." (Sprechsaal 1932, S. 503) und bemerkt noch: „die Zollschranken im Ausland verhinderten fast völlig den weiteren Export". Im Handbuch der deutschen Aktiengesellschaften (1943, S. 1881) wird diese Stillegung mit Anfang November 1931 präzisiert.

Abb. 161. Detail des Zwiebelmusterdekors vom Teller Abb. 143 (S. 188), Meißener Ofen- und Porzellanfabrik, vorm. C. Teichert, Meißen, oder Filiale Eichwald. - Antiquitäten Helmut Ziegler, Nürnberg

Abb. 162. Detail des Zwiebelmusterdekors vom Teller Abb. 144 (S. 189), Ernst Teichert, Meißen. - Privatbesitz

Nicht viel besser scheint die Situation im Geschäftsjahr 1937 gewesen zu sein: „Die Anlagen erfuhren einen Zugang durch eine in der Zwangsversteigerung erworbene Ofen- und Wandplattenfabrik, andererseits wurde ein Teil der früheren Porzellanfabrik in Meißen-Meisatal verkauft. Die . . . Beteiligungen Ernst Teichert G.m.b.H. und Meißner Wandplattenwerke Saxonia G.m.b.H., die technisch verbessert wurden, haben diesmal einen Gewinn nicht abgeführt" (Sprechsaal 1938).
Während des Zweiten Weltkrieges war nur die Ofenproduktion der Firma aktiv: „Die Aussichten für das neue Geschäftsjahr seien für die Ofenbranche in Anbetracht des reichlichen Auftragsbestandes für vordringliche Aufgaben als günstig zu bezeichnen, wogegen in der Wandplatten-Abteilung infolge schärferer Produktionsbeschränkungen mit weiterem Umsatzrückgang gerechnet werden müsse" (Sprechsaal 1943, S. 142, über das Geschäftsjahr 1942).
Im Handbuch der deutschen Aktiengesellschaften 1943 (S. 1881) wird ein kurzer Abriß über „Aufbau und Entwicklung des Unternehmens" sowie eine „Besitz- und Betriebsbeschreibung" gegeben; in letzterer wird auf das Werk Meißen, das Verkaufslager Bitterfeld, Schacht Löthain und Schacht Mohlis sowie ein Grundstück in Meißen-Zaschendorf hingewiesen. Als Tochtergesellschaften werden die „Ernst Teichert G.m.b.H., Meißen" und die „Meißner Wandplattenwerke Saxonia G.m.b.H., Meißen" angegeben.
Während das Unternehmen zeitweise als Sowjet-AG angeführt wurde, ist es auch noch im Handbuch der deutschen AG (1972/73, Band 8, S. 8196) mit dem Standort Meißen, Neumarkt 5, und dem alten Firmennamen geführt.

SÄCHSISCHE OFEN- UND CHAMOTTEWARENFABRIK, VORM. ERNST TEICHERT IN CÖLLN-MEISSEN

Ernst Teichert, Bruder des vorerwähnten Carl Teichert und anfangs auch dessen Mitarbeiter in dem 1864 entstandenen Unternehmen, gründete seinerseits im Jahre 1869 eine Ofen- und Chamottewarenfabrik und 1884 eine Ofen-und Porzellanfabrik, beide in Cölln-Meißen. Die Ofen- und Chamottewarenfabrik (gegr. 1869) wurde 1872 in eine Aktiengesellschaft umgewandelt und erhielt den Firmennamen „Sächsische Ofen- und Chamottewarenfabrik, vorm. Ernst Teichert", unter welcher Bezeichnung das Unternehmen auch auf der Leipziger Kunstgewerbeausstellung 1879 seine Exponate zeigte: 2 Öfen „nach Entwürfen der Prof. Weissbach und C. Graff, Dresden" (Ausstellungskatalog, 2. Auflage,. S. 11, Nr. 21). Auch an der Ausstellung in Halle a. S. (1881) beteiligte sich die Firma mit Öfen.
Das Adreßbuch des Jahres 1887 (S. 244) führt ein umfassendes Produktionsprogramm an: „Fabrikat: Chamotteöfen, glatt u. altdeutsch, Majolika- u. Luxus-Artikel, als: Vasen, Jardinieren, Töpfe etc. Spec.: Dasselbe. Export: Kamine und Majoliken. Weitere Erzeugnisse: Chamottesteine". Besonders wird auf die eigene Malerei verwiesen. Der Personalstand betrug damals ca. 300 Arbeiter. In folgenden Städten hatte die Firma Auszeichnungen erhalten (Adreßbuch 1887,S. 244): „Cassel 1870, Dresden 1875, Leipzig 1879, Tepliz 1884 überall mit dem I. Preis; in Teplitz 1875 mit bronzener Medaille; in München 1876 mit grosser silberner Medaille; in Halle a. S. 1881 mit silberner Medaille; in Görlitz 1885 mit silb. Medaille". Die älteste mir bekannte Fabriksmarke ist im selben Adreßbuch abgebildet und schließt auch den Firmenstandort CÖLLN MEISSEN ein.
Am 7. 10. 1886 starb Ernst Teichert; der „Sprechsaal" (1886, S. 697) widmete ihm einen knappen Nachruf: „Am 7. October verschied in Folge eines Schlagflusses Herr Ernst Teichert in Cölln b. Meißen. Derselbe war der Gründer und Besitzer einer größeren Ofenfabrik in Cölln, welche später von einer Actiengesellschaft erworben wurde und unter der Firma ‚Sächsische Ofen= und Chamottefabrik' weitere bedeutende Ausdehnung erfuhr.Der Verstorbene hat erst neuerer Zeit auf Cöllner Flur eine Porzellanfabrik größeren Umfangs errichtet. Sein Name spielt in der keramischen Industrie Meißens eine hervorragende Rolle und sein Andenken wird in Ehren bleiben."

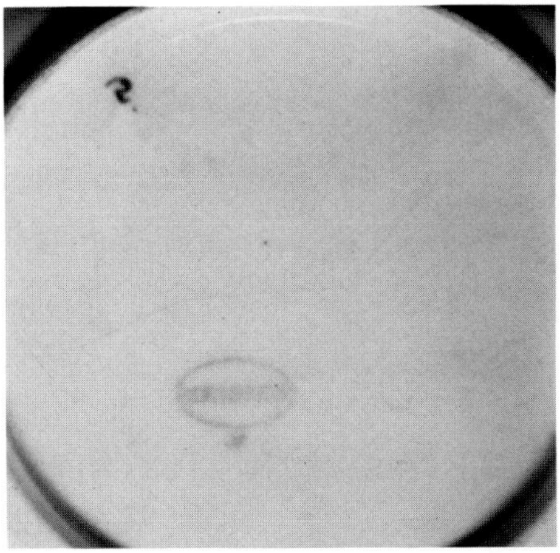

Abb. 163. Kennzeichnung des Tellers Abb. 164, Meißener Ofen- und Porzellanfabrik, vorm. C. Teichert, Meißen, oder Filiale Eichwald: ovale Marke mit MEISSEN und Stern in Unterglasurblau (B 15 mm, H 12 mm), in Unterglasurblau: 12., eingepreßte Zeichen. - Wiener Privatbesitz

Abb. 164. Teller, Meißener Ofen- und Porzellanfabrik, vorm. C. Teichert, Meißen, oder Filiale Eichwald, Kennzeichnung (s.Abb.163): ovale Marke mit MEISSEN und Stern in Unterglasurblau, 12. in Unterglasurblau, eingepreßte Zeichen; D 15,2 cm. - Wiener Privatbesitz

Im Adreßbuch 1896 (S. 332) wird der Personalstand mit ca. 400 Arbeitern angegeben. Zur Produktion führt dieselbe Quelle an: „Fabrikat: Chamotteöfen im einfachsten und reichsten Genre, glatt und verziert, weiss u. in altdeutschen farbigen Glasuren, auch bunt, Majolika und mit Vergoldung, glasirte Wandfliesen glatt u. Relief." Ferner wird auch auf „Niederlagen, Musterlager u. Vertreter in allen grossen u. mittleren Plätzen Deutschlands" hingewiesen.
Im Jahre 1905 konnte die Firma „Sächsische Ofen- und Schamottewarenfabrik vorm. Ernst Teichert, Meißen" infolge des guten Geschäftsganges eine Erweiterung durchführen (Sprechsaal 1906, S. 640, Bericht über das Geschäftsjahr 1905): „Der Umstand, daß sich die Wandplattenabteilung gut entwickelte, und die sich daraus ergebende Notwendigkeit einer Vergrößerung dieser Abteilung . . . gaben Veranlassung, dem Erwerb der benachbarten, zum Verkauf stehenden vormaligen Markowskyschen Ofenfabrik näher zu treten, zumal da sie mit verhältnismäßig geringen Mitteln für die Plattenfabrikation umgestaltet werden konnte . . . der Kauf ist unter günstigen Bedingungen erfolgt". Auch das Produktionsprogramm vom Beginn des 20. Jahrhunderts sei erwähnt (Adreßbuch 1907, S. 188):
„Frostsichere Wandplatten, Steingut-Wandplatten, weiß, Majolika u. Relief, auch mit Malerei u. in Delfter Art". An anderer Stelle nennt das Adreßbuch des Jahres 1907 (S. 409) die Ofenproduktion: „Schamotteöfen, Heizmäntel u. dergl. jeglichen Genres, Kamine, Heizkörperverkleidungen jeder Art".
Im Jahre 1906 hatte die Firma eine Fabriksmarke mit dem Monogaramm SO und dem Wort Meissen unter einer Stadtsilhouette angemeldet; die Marke wurde 1907 registriert.
Auf „Steingut-Wandplatten in allen Ausführungsarten, wetterfeste Platten, Baukeramik, Kachelöfen, Kamine und Heizkörper-Verkleidungen" konzentrierte sich die Produktion der Firma um 1913 (Adreßbuch 1913, S. 425). Beachtlich waren auch die Firmenanlagen: das Unternehmen besaß eine eigene Malerei, Druckerei und Aerographenanlage, verfügte über 65 Brennöfen und 8 Muffeln; es beschäftigte 700 Arbeiter. Über eine eigene Niederlage verfügte die Firma in Dresden, Berlin, Hamburg und Dortmund.

Abb. 165. Detail des Zwiebelmusterdekors vom Teller Abb. 164, Meißener Ofen- und Porzellanfabrik, vorm. C. Teichert, Meißen, oder Filiale Eichwald. - Wiener Privatbesitz

Die Kurzbezeichnung ,,Somag" als Fabriksmarke fand ich im Adreßbuch 1913 zum ersten Mal. Die Firma ist unter der Bezeichnung ,,Sächsische Ofen- und Schamottewarenfabrik vorm. Ernst Teichert" bis 1918 in der zeitgenössischen Literatur (vor allem im ,,Sprechsaal") zu finden. Ab 18. März firmierte das Unternehmen unter ,,SOMAG Sächsische Ofen- und Wandplatten-Werke A.-G., Meißen". Unter diesem Namen ist die Firma auch im Handbuch der deutschen Aktiengesellschaften genannt (im Jahre 1942 Beschreibung und knappe Firmengeschichte); später wurde sie vermutlich in einen ,,volkseigenen Betrieb" umgewandelt.

,,ERNST TEICHERT", ,,ERNST TEICHERT G.M.B.H.", MEISSEN

Die zweite, von Ernst Teichert 1884 gegründete Firma hatte sich vor allem auf Gebrauchsgeschirre, hier besonders auf Zwiebelmusterdekore, spezialisiert.
Nach dem Tod von Ernst Teichert wurde die Fabrik mit folgendem Inserat im ,,Sprechsaal" (1886, S. 788) zum Verkauf ausgeschrieben:
,,Porzellanfabrik- Verkauf. Erbtheilungshalber soll die von dem verstorbenen Herrn Ernst Teichert in Cölln bei Meißen neu gegründete, vorzüglich eingerichtete und seit einem Jahr im Betrieb befindliche Porzellan=Fabrik mit großem Areal und Gebäudecomplex, zwei Porzellan= und einem Ziegel=Brennofen, 25 pferd. Dampfmaschine u.s.w. verkauft werden. Reflectanten belieben sich an den Vormund, Director Julius Haase in Cölln b. Meißen, zu wenden u. werden von demselben auch Kaufangebote bis 15. December a. c. entgegen genommen".
Wie wir wissen, übernahm Christian Teichert nach dem Tod seines Vaters die Firma ,,Ernst Teichert", die im Adreßbuch 1887 (S. 154) als Porzellanfabrik in Cölln-Meissen geführt wurde.
Ihre Erzeugnisse umfaßten: ,,Gebrauchsgeschirre u. Luxusartikel, als: Kaffee-, Thee-, Speise- und Waschservice etc., Service mit Blaumalerei unter Glasur (Zwiebelmuster), ferner Vasen, Leuchter, Bonbonieren, Nippsachen etc. in Meissener, Dresdener u. Wiener Malerei".
Die Firma exportierte vor allem ,,Kaffee-, Thee- und Speiseservice, Frucht- u. Blumenkörbe, Vasen, Nippsachen etc." Als ,,weitere Erzeugnisse" nennt das Adreßbuch dann noch ,,Chamottewaaren".
Die Fabrik besaß damals eine eigene Malerei, und der Personalstand betrug ca. 100 Arbeiter. Musterlager bestanden in Hamburg und Paris.
Aus diesen Jahren ist eine Monogramm-Marke, bestehend aus den gekreuzten Buchstaben E und T, bekannt – optisch ein wenig den Meißener Schwertern angenähert. Diese Marke wurde im Jahre 1885 zur Markenregistrierung angemeldet und 1888 gelöscht. Im Adreßbuch von 1896 ist ein vertikal stehender Pfeil, der 1889 zur Registrierung angemeldet worden war, zu finden. Im Jahre 1900 wurde derselbe Pfeil, allerdings mit dem halbrund angeordneten Wort MEISSEN darunter, angemeldet (und 1901 auch eingetragen). Dieselbe Marke finden wir übrigens auch im Adreßbuch von 1907, das Wort MEISSEN ist allerdings in gerader Schrift angegeben. Nicht in Großbuchstaben, sondern in normaler Schrift ist das Wort ,,Meissen" unter der Pfeilmarke des Jahres 1913 (Adreßbuch 1913) zu sehen.
Das Adreßbuch von 1896 präsentiert ein gegenüber 1887 weitgehend bereichertes Produktionsprogramm:
,,Glasirte Wandplatten, glatt und reliefirt, weiss und bedruckt. Friese für Bäder u. Küchenöfen. Porzellan: Gebrauchsgeschirre mit Blaumalerei unter Glasur (Zwiebelmuster). Weisses Porzellan für Malereien als: Vasen, Jardinieren, durchbrochene Körbe, Nippsachen. Hartporzellanfutter für Trommelmühlen. Porzellantrommeln zum Einspannen. Büchsenmühlen mit und ohne Gestell. Muffeln, Chamottesteine, Rauchrohre (Adreßbuch 1896, S. 221). In derselben Quelle wird auch die Ofen- und Kaminproduktion eingehend beschrieben: ,,Fabrikat:

Chamotte-Porzellan-Oefen und Kamine in reicher Auswahl, weiss, einfarbig, mehrfarbig, vergoldet etc. Kamine für Gasfeuerung. Mäntel für Heizkörper. Muffeln, Chamottesteine, Rauchrohre" (Adreßbuch 1896, S. 352).
Im Jahre 1901 wurde die Firma Ernst Teichert in eine Gesellschaft mit beschränkter Haftung umgewandelt und zeichnete künftig als „Ernst Teichert, G.m.b.H." Als Inhaber werden im Adreßbuch 1907 „die Mitglieder der Familie Ernst Teichert" angegeben (Adreßbuch 1907, S. 240). Der Geschäftserfolg dürfte gut gewesen sein, denn der „Sprechsaal" (1894, S. 484) vermeldet 1894 eine Verlegung der Dresdener Niederlage: „Meißner Ofen= und Porzellan=Fabrik Ernst Teichert in Cölln-Meißen. Mit Rundschreiben wird mitgetheilt, daß das bisher in Dresden, Bürgerwiese 12, bestandene Fabrik=Musterlager in die weit umfangreicheren Räume des Hauses König Johann=Straße, Ecke Große Schießgasse, verlegt wird. In der Ofenbranche arbeitet die Fabrik mit 29 Brennöfen, alle Modelle stehen unter Musterschutz, alle Waaren sind mit der Firma gestempelt".
Dieses Dresdener Musterlager wird auch im Adreßbuch von 1896 angeführt, eine Niederlage für Öfen befand sich in München, Bayerstraße 73.
Die Pfeilmarke mit dem Wort MEISSEN ist, wie bereits erwähnt, noch im Adreßbuch 1907 (S. 97) zu finden.
Als Fabrikate sind 1907 angegeben (Adreßbuch 1907, S. 240):
„Steingut-Wandplatten für Hausflure, Küchen u. Badezimmer etc. in allen Farben. Porzellan-Gebrauchsgeschirre mit Zwiebelmuster, Malerei unter Glasur. Trommelmühlen aus Hartfeuerporzellan zum Mahlen von Glasuren, Farben etc." Eine eigene Malerei und Druckerei standen zur Verfügung, als Musterlager und Vertreter wurde Robert Matthaei in Hamburg genannt. Für die Ofenproduktion der Firma führte das Adreßbuch 1907 (S. 409) folgende Fabrikate an: „Meissner Oefen u. Kamine in allen Stilarten, Majolikaverkleidung für Zentralheizöfen, Majolikamäntel für eiserne Einsatzöfen".
Zwei Monogramm-Marken, bestehend aus E und T, werden im selben Adreßbuch als bereits erloschen geführt (Adreßbuch 1907, S. 685, Nr. 137). Wie bereits erwähnt, trägt die Pfeilmarke im Adreßbuch 1913 ebenfalls die Unterschrift „Meissen", allerdings nicht in Großbuchstaben wie 1907.
Sehr knapp sind 1913 die Angaben über die Produktion (Adreßbuch 1913, S. 97): „Gebrauchsgeschirre mit Meißner Zwiebelmuster. Trommelmühlen aus Hartfeuerporzellan".
Die firmeneigene Malerei ist ebenso erwähnt wie der Beschäftigtenstand von 700 Arbeitern. Musterlager gab es in Dresden, Marschallstraße 39, und München, Bayerstraße 73. An anderer Stelle erwähnt das Adreßbuch auch die Erzeugung von „Hartsteingut-Wandplatten, Verblender" (Adreßbuch 1913, S. 425) sowie „Kachelöfen, Baukeramik" (Adreßbuch 1913, S. 504). Meinen Unterlagen („Sprechsaal") zufolge wurde die „Ernst Teichert G.m.b.H." 1923 von der „Meißener Ofen- und Porzellanfabrik vorm. C. Teichert" erworben; vermutlich blieb aber der Firmenname erhalten, da die Wortmarke „Heizfix" im Jahre 1937 für die Firma „Ernst Teichert G.m.b.H., Meißen" registriert wurde. Im Warenzeichenblatt dieses Jahres finden wir die „Fabrikation von Ofenkacheln, Wandplatten und Keramik" angegeben.

ZWIEBELMUSTER AUF BÖHMISCHEM PORZELLAN

Auf die Porzellanfabrik in Eichwald wurde bereits früher verwiesen. Ursprünglich eine Filiale der ,,Meissner Ofen- und Porzellanfabrik, vorm. C. Teichert" in Meißen, war die Fabrik im Jahre 1897 verkauft worden. Bis 1921 firmierte sie unter ,,B. Bloch", dann unter ,,Eichwalder Porzellan- und Ofenfabriken Bloch & Co."
Eichwalder Zwiebelmusterporzellane kennen wir sowohl mit der Marke E mit Krone als auch mit dem oval gerahmten Wort MEISSEN. Oval und Stern hat die heutige Fabrik in Dubí (= früher Eichwald) mit anderem Text beibehalten.
Wie ich erfuhr, stellt die Fabrik in Dubí ihre Zwiebelmusterdekore mittels Stahlstich, der auf das Porzellan übertragen wird, her.
Auf den Stahldruck – der in ähnlicher Form wohl auch in Dubí angewendet wird – geht die Publikation ,,Bücherei der Warenkunde" (nach 1935, S. 36) ein:
,,Zu einfarbigen Darstellungen aber dient insbesondere der Stahldruck (auch Kupferdruck). Bei diesem Verfahren wird das betr. Muster vertieft in eine Stahl-oder Kupfer-Platte graviert bzw. geätzt, diese vertieften Stellen mit Porzellanfarben eingewalzt, die eingewalzten Farben dann mittels feuchten Seidenpapiers abgehoben und auf das Porzellan übertragen. Das Abheben geschieht in eigenen Druckpressen, die Übertragung dadurch, daß das feuchte Seidenpapier mit der Bildfläche auf den Porzellangegenstand gelegt, rückseitig mit einem Röllchen angerollt und dann das Papier abgezogen wird. Die Farbe haftet dann auf dem Porzellan. Zum Teil werden derartig hergestellte Ornamente, Blumen u. dgl. auch nachträglich von Hand noch mit Farbe koloriert. Es ist daher aber auch möglich, mittels dem Stahldruck durch Kombination zweier oder gar dreier Plattenabzüge mehrfarbige Dekorationen herzustellen. Große Verwendung findet das Stahldruck-Verfahren auch bei der Dekoration der Porzellangeschirre mit Gold."

Abb. 166. Kennzeichnung des Tellers Abb. 171, Eichwald/Böhmen: unterglasurblaue Krone mit E (H 11 mm). - Wiener Privatbesitz

Abb. 167. Kennzeichnung des Tellers Abb. 148 (S. 192), Dubí (früher Eichwald), modern, Marke in Unterglasurblau (H 27 mm). - Wiener Privatbesitz

Abb. 168. Teller mit Zwiebelmusterdekor, unbekannte Manufaktur (Böhmen?), gefälschter unterglasurblauer Bindenschild (H 11 mm); D 21,3 cm. - Wiener Privatbesitz

Abb. 169. Teller mit Zwiebelmusterdekor, unbekannte Manufaktur (Böhmen?), gefälschter unterglasurblauer Bindenschild (H 11 mm), Marke s. Abb. 174 (S. 219); D 21,3 cm. - Wiener Privatbesitz

Abb. 170. Teller mit Zwiebelmusterdekor in Umdrucktechnik, unbekannte Manufaktur, Marke in Unterglasurblau mit den Buchstaben GBM; D 25,3 cm. - Wiener Privatbesitz

Abb. 171. Teller mit Zwiebelmusterdekor in Umdrucktechnik, Eichwald/Böhmen, Marke E mit Krone in Unterglasurblau (s. Abb. 166); D 24,7 cm. - Wiener Privatbesitz

Abb. 172. Detail des Zwiebelmusterdekors (Stahlstich) von Abb. 148 (S. 192), Dubí (früher Eichwald), modern. - Wiener Privatbesitz

Abb. 173. Detail des Zwiebelmusterdekors vom Teller Abb. 169, unbekannte Manufaktur, gefälschter unterglasurblauer Bindenschild. - Wiener Privatbesitz

Porzellane mit dem gefälschten Wiener Bindenschild (deshalb leicht als Fälschung erkennbar, weil er drei statt zwei Querstriche aufweist) wurden vermutlich in großen Mengen im böhmischen Raum erzeugt. Viele dieser Porzellanteller sind mit Zwiebelmusterdekoren geschmückt. Die auffallende Dicke des Porzellans läßt zwar an die Eichwalder Fabrik denken, doch fehlen uns Beweise für eine solche Zuschreibung.
Es gibt allerdings auch farbige Fabriksmarken, die sich häufig in Grün unter der Glasur befinden und bei Zwiebelmusterdekoren oft die Bezeichnung ,,FORM MEISSEN" beinhalten.

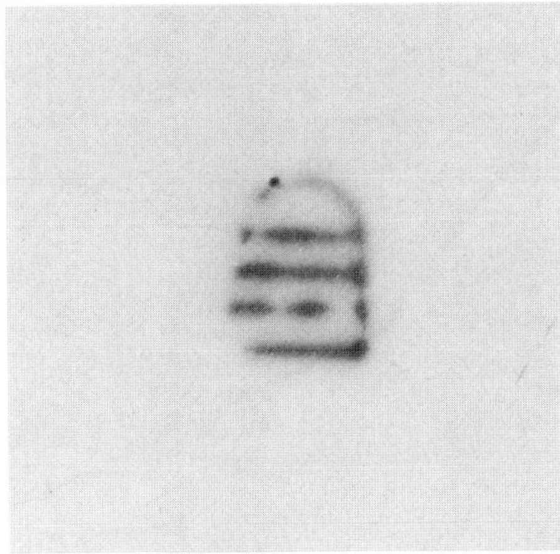

Abb. 174. Kennzeichnung des Tellers Abb. 169, unbekannte Manufaktur (Böhmen?), gefälschter unterglasurblauer Bindenschild (H 11 mm). - Wiener Privatbesitz

Diese grüne Marke fand ich in den Adreßbüchern von 1907 und 1913; sie war am 24. August 1906 in Eger unter der Nummer 1295 registriert worden. In manchen Markenhandbüchern (Danckert 1978[4], S. 199-200) wird diese Marke ab 1895 datiert, eine Angabe, die ich nicht verifizieren konnte. Nach dem Ersten Weltkrieg wurde sie wahrscheinlich nicht mehr verwendet.

Im böhmischen Bereich war neben der Eichwalder Fabrik noch ein zweites Unternehmen in der Herstellung von Zwiebelmusterporzellan sehr bedeutend: die ,,Gräfl. Thun'sche Fabrik" in Klösterle bei Karlsbad. Dort entstanden sicher große Mengen dieses unterglasurblauen Dekors, von dem hier einige Beispiele (eine Teekanne, eine Henkelschale, ein Henkelbecher und ein Eierbecher) abgebildet sind.

Abb. 175. Kennzeichnung der Henkelschale (Abb. 180), Thun/Klösterle, gestempelte blaugrüne Marke (Gesamthöhe 22 mm). – Wiener Privatbesitz

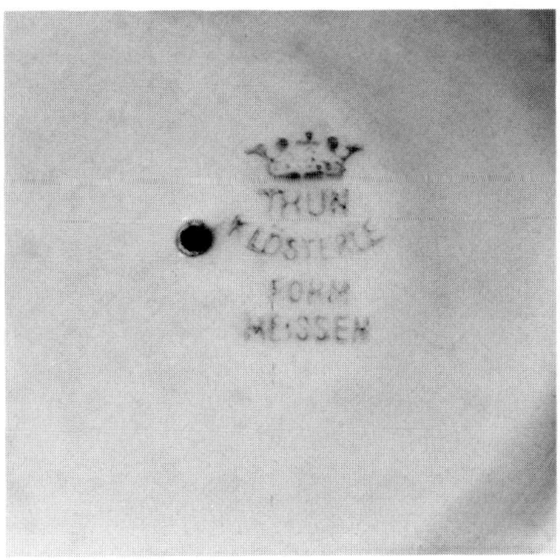

Abb. 176. Kennzeichnung des Eierbechers Abb. 182, Thun/Klösterle (Böhmen), blaugrüne Marke (H 14 mm) unter der Glasur. – Wiener Privatbesitz

Abb. 177. Teekanne (beschädigt), Thun/Klösterle (Böhmen), eingepreßte Marke TK,2,7; H 14,6 cm. - Wiener Privatbesitz

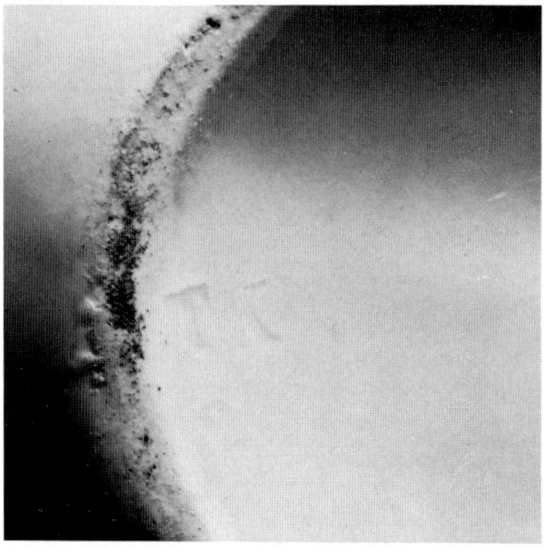

Abb. 178. Marke der Teekanne Abb. 177, Thun/Klösterle (Böhmen), TK eingepreßt. - Wiener Privatbesitz

Abb. 179. Marke des Henkelbechers Abb. 181, Thun/Klösterle (Böhmen), in Grün unter der Glasur (H 29 mm). - Wiener Privatbesitz

Abb. 180. Henkelschale (beschädigt), Thun/Klösterle (Böhmen), Dekor vermutlich in Umdrucktechnik, Marke s. Abb. 175; H 7 cm. - Wiener Privatbesitz

Abb. 181. Henkelbecher, Thun/Klösterle, Marke s. Abb. 179; H 9,4 cm. - Wiener Privatbesitz

Abb. 182. Eierbecher (beschädigt), Thun/Klösterle, Marke in Blaugrün unter der Glasur (s. Abb. 176); H 7,9 cm. - Wiener Privatbesitz

Mit großer Wahrscheinlichkeit kann man annehmen, daß der Dekor des Eierbechers in Umdruck hergestellt wurde, und vermutlich zog man bei den anderen Objekten diese Dekorationstechnik in bestimmtem Umfang heran. Oft läßt sich die Verwendung einer solchen Technik gerade bei Unterglasurdekoren schlecht feststellen, weil Motive in Unterglasurfarben oft leicht verschwommen wirken. Wir werden später auf die Schablonierung, auf den Stahl- und Kupferdruck und den Scharffeuerdekor noch eingehen; hingewiesen sei auf einen Grenzbereich: die Kombination von Umdruck und Handmalerei. Auch in Manufakturen, die ihre Zwiebelmusterdekore als Handarbeit ausgeben, sind manchmal die Konturen im Umdruck aufgebracht und nur händisch ausgemalt.
Bei der Erzeugung größerer Mengen eines beliebten Dekors entspricht eine solche Zuhilfenahme mechanischer Vervielfältigungsmethoden dem Gesichtspunkt rationeller Arbeit.
Die ,,Gräfl. Thun'sche Porzellanfabrik'' in Klösterle bei Karlsbad wurde 1794 gegründet. Zwiebelmusterporzellan erzeugte sie wahrscheinlich erst ab der 2. Hälfte des 19. Jahrhunderts. Im Jahre 1896 wird im Adreßbuch (S. 225) erwähnt, daß zur Produktion auch Service und Gebrauchsgeschirre ,,Weiss, mit Malerei auf und unter Glasur'' gehörten; vermutlich waren darunter auch Zwiebelmusterporzellane. Dieser Dekor wird in einem Inserat im Adreßbuch von 1913 direkt angesprochen: ,,Gebrauchsgeschirre aller Art. Karlsbader Kaffeemaschinen und Wiener Teemaschinen in Weiss u. Blau Zwiebeldekor'' (Adreßbuch 1913, S. 154). In den Adreßbüchern von 1907 und 1913 wird neben der Malerei der Fabrik auch eine eigene Druckerei angegeben; das heißt aber nicht, daß Drucktechniken dieser Fabrik vor 1907 unbekannt gewesen wären. Vor allem der Kupferumdruck war den meisten böhmischen Fabriken schon im 19. Jahrhundert geläufig.
Klösterle-Porzellane sind häufig – wie auch einige unserer Beispiele – mit dem TK (=Thun Klösterle) gekennzeichnet, Buchstaben, die farblos in die Masse gestempelt wurden. Die eingepreßte TK-Marke ist in den Adreßbüchern von 1887 bis 1913 enthalten, war aber auch schon vor 1887 (vermutlich schon ab 1830) in Verwendung.

Abb. 183. Marke des Tellers Abb. 190, Wilhelmsburg/Niederösterreich, eingestempelt (H 25 mm). - Wiener Privatbesitz

SCHABLONIERUNG UND UMDRUCKTECHNIKEN

Schablonierte Dekore waren in der Produktion der niederösterreichischen ,,Wilhelmsburger Steingutfabrik" häufig zu finden, und sie beschränkten sich keineswegs nur auf Zwiebelmuster. Wenn die Schablonenmalerei gut ausgeführt und gebrannt ist, entstehen gleichmäßig gedeckte Flächen; andernfalls werden Streifen sichtbar, die fast an eine maschinelle Ausführung der Schablonierung denken lassen. Von vielen technischen Kriterien bei der Herstellung ist es auch abhängig, ob der Blaudekor in dunklerer oder hellerer Blaunuance aus dem Ofen kommt.

Die ,,k.k. priv. Wilhelmsburger Steingutfabrik, Gebrüder Lichtenstern" wurde 1835 gegründet. Im ältesten mir zugänglichen Keramikadreßbuch (1887, S. 176) wird bereits auf Drucktechnik hingewiesen: ,,Fabrikat: Gebrauchsgeschirre, als: Tafel-, Thee- u. Waschservice, weiss, bemalt und bedruckt". Bis 1913 (Adreßbuch 1913, S. 481) wird in den Adreßbüchern immer wieder dieselbe Marke abgebildet: ein Wappen mit Krone und der Umschrift OPAQUE WILHELMSBURG. Vermutlich war diese farblos in die Masse gestempelte Marke bis zum Ersten Weltkrieg üblich und die so gemarkten Teile sind daher datierbar; in der Zwischenkriegszeit war eine in Farbe angebrachte Marke üblich.

Zwiebelmusterteller mit beiden Markentypen lassen sich heute noch immer wieder entdekken; die abgebildeten Beispiele stammen alle vom Wiener Flohmarkt, der für den Markenhistoriker eine Fundgruppe darstellt – dies trifft aber für nahezu alle ,,Flohmärkte" zu.

Gerade aus der Zwischenkriegszeit gibt es aus der Wilhelmsburger Fabrik sehr interessante Steingutformen zu entdecken; immerhin war das Produktionsprogramm sehr vielseitig, und der Beschäftigenstand stieg von 60 Arbeitern (1887) auf 110 (1896), 350 (1907) bis 500 (1913), aus späterer Zeit fehlen leider keramische Adreßbücher und statistische Unterlagen – vielleicht können sie von mir an anderer Stelle noch nachgeholt werden.

Abb. 184. Marke eines Wilhelmsburger Tellers, B 27 mm. - Wiener Privatbesitz

Abb. 185. Marke des Teller Abb. 189, Wilhelmsburg/Niederösterreich, B 31 mm. - Wiener Privatbesitz

Abb. 186. Detail des Tellers Abb. 190: schablonierter Zwiebelmusterdekor, Wilhelmsburg/Niederösterreich. - Wiener Privatbesitz

Abb. 187. Steingutteller, Wilhelmsburg/Niederösterreich, schablonierter Zwiebelmusterdekor, Marke: ähnlich wie Abb. 185; D 17,8 cm. - Wiener Privatbesitz

Abb. 188. Detail des Tellers mit schabloniertem Zwiebelmusterdekor (Abb. 189), Wilhelmsburg/Niederösterreich. - Wiener Privatbesitz

Abb. 189. Teller mit schabloniertem Zwiebelmusterdekor, Steingut, Wilhelmsburg/Niederösterreich, 20. Jhdt., Marke: s. Abb. 185; D 23,1 cm. - Wiener Privatbesitz

Abb. 190. Teller mit schabloniertem Zwiebelmusterdekor, Steingut, Wilhelmsburg/Niederösterreich, Ende 19., Anfang 20. Jhdt., Marke eingestempelt, s. Abb. 183; D 23,5 cm. - Wiener Privatbesitz

Ein Steingutteller mit Zwiebelmusterdekor trägt den Blindstempel ,,Amberg''; vermutlich entstand der Teller im 19. Jahrhundert, da die Steingutproduktion in der Amberger Fabrik erst gegen Ende des 18. Jahrhunderts eingeführt und das Unternehmen 1910 stillgelegt wurde. Die schlechte Qualität des Dekors (vermutlich schabloniert) läßt auf Massenproduktion schließen. Auch die Bemalung der Amberger Fayencen war nach Stöhr (1920, S. 197-200) von nicht allzu hoher Qualität: ,,Die Malerei ist durchweg derb und erhebt sich nicht über den Durchschnitt . . .''

Abb. 191. Marke des Steinguttellers Abb. 192, eingestempelt; W Amberg S (22 mm breit). - Wiener Privatbesitz

Abb. 192. Steingutteller mit Zwiebelmusterdekor, Amberg, Dekor vermutlich schabloniert; eingestempelt: W Amberg S (s. Abb. 191); D 19,4 cm. - Wiener Privatbesitz

Die nach Stöhr (1920, S. 197) im Jahre 1759 gegründete Fayencefabrik Amberg (die Keramik-Adreßbücher geben das Jahr 1757 als Gründungsjahr an) wurde in den ersten Jahren von S. Hetzendörfer geführt. Die weitere Firmengeschichte sei hier nach Stöhr (1920, S. 197-198) zitiert:
,, . . . Schließlich ging die Amberger Fabrik 1762 auf den Regierungssekretär Bartholomäus Hetzendörfer und dann an eine Gesellschaft, bestehend aus dem Bürgermeister Bäumel, dem Rat Joseph Mayer und einem Eustach Fleischmann über, die am 18. November 1771 das Privileg übertragen bekam. 1790 war Bürgermeister Joseph Mayer Inhaber der Fabrik und Georg Bayer aus Bayreuth deren technischer Leiter. Ihm folgte Johann Heinrich Hochgesang, ebenfalls aus Bayreuth, der in Italien und in Frankreich, u. a. in Vineuf, als Blumenmaler gearbeitet hatte. Wie es scheint, hat er um 1796 auch mit der Herstellung von Steingut begonnen und dazu sich einer Mischung von Passauer Erde (Kaolin) und von Pfeifenerde aus Kirchenthumbach bedient, welch erstere er seit 18. November 1797 zollfrei einführen durfte. Hochgesang erwarb nach 1797 Mayers Anteil und bat die Kurfürstliche Regierung, ihn als Eigentümer der Fabrik zu bestätigen. Da er aber Protestant war, konnte man sich anfangs nicht dazu entschließen; erst am 5. Oktober 1800 gab Kurfürst Maximilian Joseph seine Genehmigung. Hochgesang verkaufte die Fabrik, die 1809 mehr Bestellungen hatte als sie zu liefern imstande war, an die Familie des Bürgermeisters Joseph Mayer. 1836 lautete die Firma Stephan Mayer & Sohn. Um 1850 erwarb sie Eduard Kick. Nach dessen Tode 1880 ging die Fabrik an W. Rasel über, unter dessen Söhnen Hans und Eduard Wilhelm sie 1910 stillgelegt wurde . . .''
Im Jahre 1887 nennt das Keramikadreßbuch (S. 63) das Unternehmen als ,,Porzellan-, Steingut- u. Erdfarbenfabrik und Caolinschlämmerei Eduard Kick''; damals beschäftigte die Firma 180 Arbeiter. Während in diesem Jahr als ,,Fabrikat'' auf ,,Gebrauchs- und Luxusgeschirre, als Tafel-, Kaffee-, Thee- u. Waschservice, Hotelgeschirre, stark, mit und ohne Decor, mit Firma und Monogramm, Kochgeschirre (schwarz und gelb), Steinzeugkrüge. Spec.:

Abb. 193. Marke des Tellers Abb. 194, Winterling, modern: ,,Winterling Kirchenlomitz BAVARIA'', W und Krone in Grün, Bezeichnung ,,alt Coburg ECHT COBALT Scharffeuer'' in Blau (Marke insgesamt 26 mm hoch). - Wiener Privatbesitz

Abb. 194. Teller mit Zwiebelmusterdekor (vermutlich in Umdrucktechnik), Winterling/Kirchenlomitz (Bayern), modern; Marke Grün und Blau (s. Abb. 193); D 19,5 cm. - Wiener Privatbesitz

farbig emaillirte Waaren" verwiesen wurde, ist im Adreßbuch 1907 (S. 82) auch der Zwiebelmusterdekor erwähnt: „Gebrauchs- u. Luxusgeschirre aller Art als: Küchen-, Tafel-, Waschgarnituren in Weiß, auch blau Zwiebelmuster bedruckt, Heiligenartikel . . ." Im Jahre 1907 waren 250 Arbeiter beschäftigt, und neben der Malerei wird auch eine Druckerei erwähnt (Adreßbuch 1907, S. 82).

Der Zwiebelmusterdekor eines Tellers aus der Fabrik Winterling wird heute noch in Scharffeuertechnik ausgeführt: der Hinweis auf diese Technik findet sich auf der Kennzeichnung der Tellerunterseite.

In der Publikation „Bücherei der Warenkunde" (erschienen nach 1935, S. 30 und 34) wird auf die Scharffeuerdekoration eingegangen:

„Wir unterscheiden in technischer Hinsicht Unterglasur-Kobalt, bei welchem der Dekor auf den verglühten Scherben aufgetragen, nochmals ausgeglüht, die Stücke dann glasiert und

Abb. 195. Detail des Tellers Abb. 194, Winterling/Kirchenlomitz (Bayern), modern

Abb. 196. Detail des Tellers Abb. 197, Meißener Ofen- und Porzellanfabrik, vorm. C. Teichert, Meißen, oder Filiale Eichwald, Dekor in Umdrucktechnik. - Wiener Privatbesitz

gebrannt werden und Scharffeuer-Kobalt, bei welchem die Farbe auf die glasierten Stücke gebracht, verglüht und dann einem nochmaligen Glattbrand ausgesetzt werden. Dabei sinkt die Farbe in die Glasur ein, diese innig durchdringend und mit ihr untrennbar zu einer Einheit verschmelzend . . . Bei der Scharffeuer-Malerei kommen die gleichen Farbkörper in etwas anderem Mischungsverhältnis zur Verwendung wie bei der Unterglasur-Malerei. Das Auftragen durch Handarbeit, Druck oder Aerograph geschieht hier aber nicht auf den verglühten Scherben, sondern auf das fertig gebrannte Porzellan, weshalb diese Farben dann mit Öl versetzt werden. Beim Brennen erweicht sich die Glasur und die Farben sinken in dieselbe ein, wodurch die gleiche Haltbarkeit wie bei der Unterglasur-Malerei erreicht wird. Das Brennen geschieht im Porzellanofen . . .''

Abb. 197. Teller mit Zwiebelmusterdekor in Umdrucktechnik, Meißener Ofen- und Porzellanfabrik, vorm. C. Teichert, Meißen, oder Filiale Eichwald, Kennzeichnung: unterglasurblaue Marke in Oval, mit Stern (s. Abb. 198), eingepreßt: 1; D 19 cm. - Wiener Privatbesitz

Abb. 198. Unterglasurblaue Marke (15 mm breit) des Tellers Abb. 197, Meißener Ofen- und Porzellanfabrik, vorm. C. Teichert, Meißen, oder Filiale Eichwald. - Wiener Privatbesitz

Abb. 199. Detail des Tellers Abb. 197, Meißener Ofen- und Porzellanfabrik, vorm. C. Teichert, Meißen, oder Filiale Eichwald, Dekor in Umdrucktechnik. - Wiener Privatbesitz

Abb. 200. Detail des Steinguttellers Abb. 201, Wedgwood (England), modern, Dekor in Umdrucktechnik. - Wiener Privatbesitz

Abb. 201. Steingutteller mit Zwiebelmusterdekor in Umdrucktechnik, Wedgwood (England), modern, Marke in Unterglasurblau (s. Abb. 202); 25,1 cm. - Wiener Privatbesitz

Abb. 202. Unterglasurblaue Marke des Tellers Abb. 201, Wedgwood (England), modern, H der Marke 36 mm, B 34 mm. - Wiener Privatbesitz

Abb. 203. Detail des Steinguttellers Abb. 201, Wedgwood (England), modern, Dekor in Umdrucktechnik. - Wiener Privatbesitz

Abb. 204. Steingutteller mit Zwiebelmusterdekor (vermutlich Umdrucktechnik), Villeroy & Boch, Dresden; unterglasurblaue Marke s. Abb. 205, eingestempelt: D GS 3 1/2; D 23 cm. - Wiener Privatbesitz

Abb. 205. Unterglasurblaue Marke des Tellers Abb. 204, Villeroy & Boch, Dresden; H der Marke: 27 mm, B 28 mm. - Wiener Privatbesitz

Abb. 206. Öl- und Essigbehälter, Gerold Porzellan, Tettau, 20. Jhdt., Marke in Blaugrün unter der Glasur (s. Abb. 207), eingepreßt: 7250; H 14 cm. - Wiener Privatbesitz

Abb. 207. Marke der Öl- und Essigbehälter Abb. 206, Tettau; H der Marke: 16 mm. - Wiener Privatbesitz

Abb. 208. Teller, Hutschenreuther, modern, Zwiebelmusterdekor in Umdrucktechnik, Marke s. Abb. 209; D 19,4 cm. - Wiener Privatbesitz

Abb. 209. Marke des Tellers Abb. 208, Hutschenreuther-Porzellan, modern; Marke 15 mm hoch, 23 mm breit. - Wiener Privatbesitz

Abb. 210. Detail des Zwiebelmusterdekors vom Steingutteller Abb. 192,Amberg. - Wiener Privatbesitz

Abb. 211. Detail des Zwiebelmusterdekors vom Steingutteller Abb. 204 (Villeroy & Boch, Dresden). - Wiener Privatbesitz

Abb. 212. Teller mit Zwiebelmusterdekor, modern, Marke „Blue Danube Japan" (s. Abb. 213); D 19,5 cm. - Wiener Privatbesitz

Abb. 213. Marke des Tellers (Abb. 212) in Unterglasurblau (L 35 mm). - Wiener Privatbesitz

Abb. 214. Detail des Zwiebelmusterdekors vom Teller Abb. 212, modern. - Wiener Privatbesitz

Abb. 215. Teller mit Zwiebelmusterdekor, Kahla, 20. Jhdt., Marke in Unterglasurblau (s. Abb. 216), D 23,8 cm. - Wiener Privatbesitz

Abb. 216. Marke des Zwiebelmustertellers Abb. 215 (Kahla, 20. Jhdt.) in Unterglasurblau (H 22 mm). - Wiener Privatbesitz

Abb. 217. Steingutteller, Sarreguemines, Zwiebelmusterdekor vermutlich in Umdrucktechnik, Marke s. Abb. 218; D 19 cm. - Wiener Privatbesitz

Abb. 218. Marke des Steinguttellers Abb. 217 (Sarreguemines), H der Marke 36 mm, 51 mm breit. - Wiener Privatbesitz

Abb. 219. Detail des Zwiebelmusterdekors vom Teller Abb. 215, Kahla, 20. Jhdt. - Wiener Privatbesitz

Abb. 220. Detail des Zwiebelmusterdekors vom Steingutteller Abb. 217, Umdrucktechnik, stark vergrößert, Sarreguemines. - Wiener Privatbesitz

Abb. 221. Detail des Zwiebelmusterdekors vom Steingutteller Abb. 217, Umdrucktechnik, stark vergrößert, Sarreguemines. - Wiener Privatbesitz

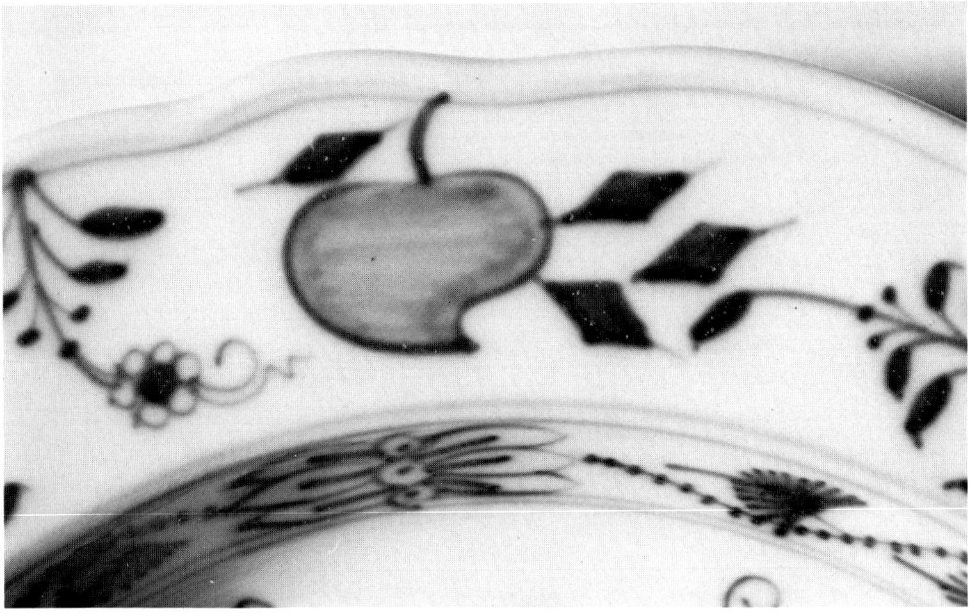

Abb. 222. Detail von der Fahne des Tellers Abb. 136 (S.183), Meißener Porzellan, vor 1886. - Wiener Privatbesitz

Abb. 223. Detail von der Fahne des Tellers Abb. 194 (S. 229), Winterling/Kirchenlomitz (Bayern), modern, Scharffeuerdekor, vermutlich in Umdrucktechnik. - Wiener Privatbesitz

Abb. 224. Detail von der Fahne des Tellers Abb. 148, Dubí (früher Eichwald), Stahlstich (Umdrucktechnik), modern. - Wiener Privatbesitz

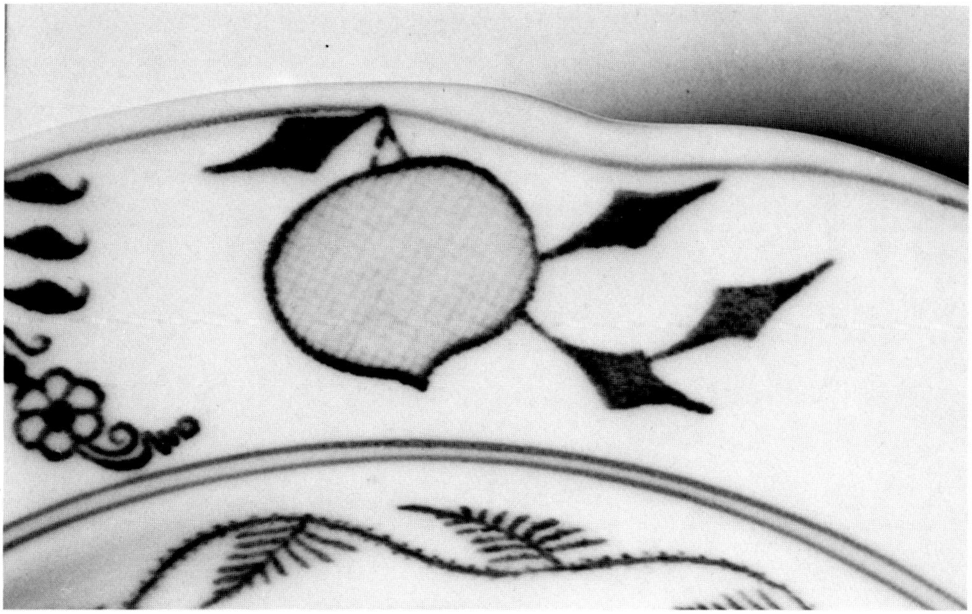

Abb. 225. Detail von der Fahne des Tellers Abb. 170 (S. 216), unbekannte Manufaktur, Umdrucktechnik. - Wiener Privatbesitz

Abb. 226. Detail von der Fahne des Steinguttellers Abb. 190 (S. 227), Wilhelmsburg/Niederösterreich, schablonierter Dekor. - Wiener Privatbesitz

Abb. 227. Detail von der Fahne des STeinguttellers Abb. 189 (S. 227), Wilhelmsburg/Niederösterreich, schablonierter Dekor. - Wiener Privatbesitz

Abb. 228. Detail von der Fahne des Steinguttellers Abb. 192 (S. 227), Amberg, vermutlich schablonierter Dekor

ZEITGENÖSSISCHE BERICHTE ÜBER DIE PORZELLANMANUFAKTUR MEISSEN IM 19. JAHRHUNDERT

Im Wiener Finanzarchiv fanden sich in einem Separatfaszikel unter den Archivalien zur Wiener Porzellanmanufaktur zwei Berichte über die Meißener Manufaktur. Sie sind von fremder Hand mit Bleistift um 1840 datiert.
Die beiden unsignierten und undatierten Berichte („PORZELLAN=MANUFACTUR ZU MEISSEN" und „MEISSNER PORZELLÄNFABRICKE") weisen unterschiedliche Schriftzüge auf und müssen nicht unbedingt von den Verfassern selbst geschrieben worden sein, sondern können auch Abschriften darstellen. Es ist anzunehmen, daß in der Urschrift Mitarbeiter der Wiener Manufaktur von einem Aufenthalt an der Meißener Manufaktur berichteten; ein weiteres, im gleichen Separatfaszikel befindliches Schriftstück ist „Meissen am 10ten October 1840" datiert und trägt den Verfasserhinweis „Von Herrn Pr.: Kühn gearbeitet unter der Leitung seines Vaters des Hr.: Comissions-Rathes Kühn, Director der Fabrick.", wobei es sich wieder um eine Abschrift und nicht ein eigenhändiges Schriftstück des genannten Kühn handeln dürfte. Es befaßt sich mit der „Beschreibung der Braunkohlenfeuerung auf der Porzellanfabrick zu Meissen" und trägt den handschriftlichen Kommentar: „Wäre für die k. k. Porzellanfabrik in Wien keine von den Braunkohlensorten geeignet, die in Oberösterreich gewonnen werden?", gezeichnet „v. Würth".
Mir schienen die beiden erstgenannten Berichte und besonders die Zeichnungen zur Meißener Produktion so interessant, daß ich sie dem Leser nicht vorenthalten will.
Die Transkription der in Kurrent geschriebenen Archivalien war bis auf einige unklare, mit Fragezeichen versehene Ausdrücke relativ problemlos.

PORZELLAN=MANUFACTUR ZU MEISSEN

Die königl.: Porzellan=Manufactur zu Meissen steht unter der Oberdirection des H: v: Appeln, wird übrigens aber von Herrn Inspector Kühn geleitet, dem die Fabrick alle neueren sehr zweckmäßigen Einrichtungen, vor allen andern aber den so eben jetzt sehr ausgebreiteten Absatzt zu verdancken hat. Bey der Fabrickation sind drey Beamte, wovon einer das Chemische Fach, die andre zwey aber mit den übrigen Theil der Fabrickation beschäftigt sind. Die Fabrick zählt über 400 Arbeiter, welche alle, außer den Mahlern und Weißdrehern, in Tractament stehen.
Die Schlemm besteht aus zwey Abtheilungen, einer ältern, wie die bey der Wiener=Manufactur eingerichteten, und einer neueren, wo die Tonnen immer abwärts tiefer stehen, und so das feinere in die tieferen abgeschlemmt wird. Die Materialien werden sehr fein geschlemmt, werden aus den Setztonnen in irdenen Kassetten zum Trocknen gebracht, von wo sie dan gestossen und gesiebt und endlich in die Mischkammer gebracht werden. Die Masse wenn sie auf der Mühle gutt abgerieben wurde, wird sodann übertrocknet, und komt zur Abarbeitung. Von da wird sie, ohne durch längeres Abliegen geschmeidiger geworden zu seyn, in die Dräherey /Gestalltbranche/ gebracht, wo selbe von zwey Individuen durch gehöriges Abarbeiten noch ductiler gemacht wird; übrigens richtet sich ein jeder Dräher die Masse nach seiner Hand gehörig zu.
Interessant ist eine Maschine, auf welcher ovale Schüsseln jeder Größe gedräht werden; unten nehmlich ist die Form und oben geht die Schablone. Die auf diese Art verfertigten sind viel schöner und gleicher als die auf die gewöhnliche Art gemachten ovalen Schüsseln. Die Maschiene wurde in München von Mechanicker Linke verfertiget, von wo sie nach Meissen gesandt wurde, sie soll 500 fl: C: M: gekostet haben.
Die Kassetten werden meistens geformt und zwar von den Kleinern bis zu den Größten; selbe sind ganz nach der neueren französischen Art, nehmlich mit unterwärts gewölbten Böden, die in der Mitte eine Öffnung haben in welcher der Deckel mittels eines Zapfens feststeht.
Die Fabricksmasse besteht aus zwey Porzellanerden von welcher die Erde von Schneeberg/ von der Aue/ den Hauptbestandteil ausmacht; dann Feldspath und etwas feldspathhältigen Sande, der als Rückstand der Schneebergererde beym Schlemmen zurückbleibt.
Die Glassur besteht aus gebrannten Porzellanscherben, äußerst schönen Quarz, (der früher starck gebrannt und dan behuttsam von allen eisenhältigen Theilen befreyt wird) und aus kohlensaurer Kalkerde.
Die Fabrick hat nur eine Masse, aber zweyerley Glassuren, wo von der leichtflüssigern die großen Schüsseln, Vasen etc: von den strengflüssigern aber die kleinern Geschirrsgattungen geglaßt werden.
Das Einbrennen der Farben geschieht auf die nehmliche Art wie in Wien, nur mit dem Unterschiede daß jede Muffel ihre besondre Heitz hat, und nicht zwey Muffel wie bey uns mittels einen Vorfeuer auf einmahl geheitzt werden. Daher auch jede Muffel in Meissen ihren besonderen Ofen hat.
Sehr großen Vorath hat die Meissnerfabrick an fertigen Waaren, sowohl ganz weiß, was auch so verkauft wird, als auch an ordinairen und feinen Mahlerey und Vergoldung. Es hat Niederlagen in Meissen, Dresden und Leipzig.
Sie setzet ihre Waare nicht nur allein in ganz Deutschland ab, sondert sie spedieret auch nach England, vorzüglich sind da die ganz alten mitunter mit komischen Pasreliefs verzierten Vaasen etz: beliebt; ferners nach Lissabon und von da nach Americka, wo vor allen in Mexicko Tassen, Teller, Vaasen auch Tablaux verschiedener Größe, was aber durchgehends mit Gemählden, die auf die katholische Religion Bezug haben, versehen seyn muß.
Die Manufactur hat 4 große Brennöfen, die genau nach dem Berlinermodell gebaut wurden,

auch die Art zu brennen ist daher in den drey Abtheilungen beynahe die nehmliche wie in Berlin, nur daß die Kassetten in Ofen nicht säulenförmig stehen, sondern so wie in Wien abgebunden werden. Der Holzaufwand und die Dauer des Brennens ist ohngefähr eben so wie in Berlin, nur mehr Geschirr können in Ofen hineingebracht werden, weil die Kassetten auf die neuere oben beschriebene Art gemacht sind. Die Kassetten werden alle früher verglüht und oben mit Porzellanglas bestrichen, um das Streichen auf die Geschirre dadurch zu verhindern.
In den Ofen wo ich beym Ausnehmen zugegen war standen über 2200 Geschirre aller Gattung. Bedeutend schöner und gleicher waren die großen ovalen Schüsseln, welche mittels der neuen oval Drähmaschiene verfertiget wurden, als die auf die gewöhnliche Art verfertigten in Berlin.
Unter die Glassur wird sowohl mit Kopalt als auch mit Chromm gemahlt. Die Chrommahlerey ist in Meissen in jeder Hinsicht weiter als in Berlin, auch wurde dasselbst das Chrom unter der Glasur viel früher angewandt, und H: Frick hat es erst der Meissnerfabrick nachgemacht. Die Chrommahlerey wird übrigens ebenso wie in Berlin behandelt nur mit den Unterschied, daß man in Meissen das kohlensaure Chrom in Verbindung mit 20 pr:cento Porzellanglasur versetzt, und in diesen Zustande weder verglüht noch starck gebrant zur Mahlerey verwendet.
Die Blau und Grünmahlerey beschäftigt ohngefähr 30 Arbeiter, welche stückweise bezahlt werden; für ein Teller mit grünpatronirten Weinlaubdessein und sehr netter Ausarbeitung und Schattierung wird 3 gutte Groschen und 6 Pf: gezahlt.
Die Mahlerey auf die Glasur ist in Meissen vorzüglicher als in Berlin; die Farben sind zimlich schön und die Mahlerey äußerst nett. Die Fabrick beschäftigt gegen 100 Mahler, die einen eigenen Vorsteher haben. Die vorzüglicheren Mahler 6 bis 8 an der Zahl, welche gutt bezahlt sind, haben noch überdieß den Titl als Hofmahler. Ich sah eine Platte mahlen, die 2 1/2 Schuh hoch und 1 1/2 Schuh breit war, welche nach Mexicko bestimmt war und den Hl: Christoph mit den Jesuskinde zum Gegenstande hatte.
Die Goldpolierey wird von Frauenpersonen versehen und sind 10 bis 12 an der Zahl. Becher die inwendig ganz mit Gold lassirt sind, werden so wie in Berlin mittels einer Maschiene pollirt. Der Becher wird nehmlich an der Maschiene festgemacht und bewegt sich um seine Achse, der Arbeiter hält den Calcedonstein an den zu pollierenden Theil so lange an bis der Becher innerlich überpolliert ist, doch reinpolliert wird alles mit freyer Hand so wie bey uns.

MEISSNER PORZELLÄNFABRICKE

Die Meißenporzellänfabricke beziehet alle ihre Materialien aus Sachsen in ihrer Nähe; die Porzellänerde läßt beym Schlemmen einen Rückstand, welcher halb verwitterter Feldspath ist, und der als solcher verwendet wird. Der Kassettenthon ist bey nahe so wie die Wienerhaupttachet und findet sich in der Nähe der Fabricke vor.

SCHLEMME

Die Porzellänerde wird in eisernen Mörsern gestossen bey welchen der Stößel mittelst eines Hebels wie Fig. a zeigt leichter bewegt wird, dann in ein Faß durch ein grobes Sieb gegeben. Auf dieselbe Art werden Quarz und Feldspath, wenn sie im runden Ofen kalziniret sind, gestossen.

Abb. 229. Detail (Fig. a) aus Abb. 230 („Die Porzellänerde wird in eisernen Mörsern gestossen ...")

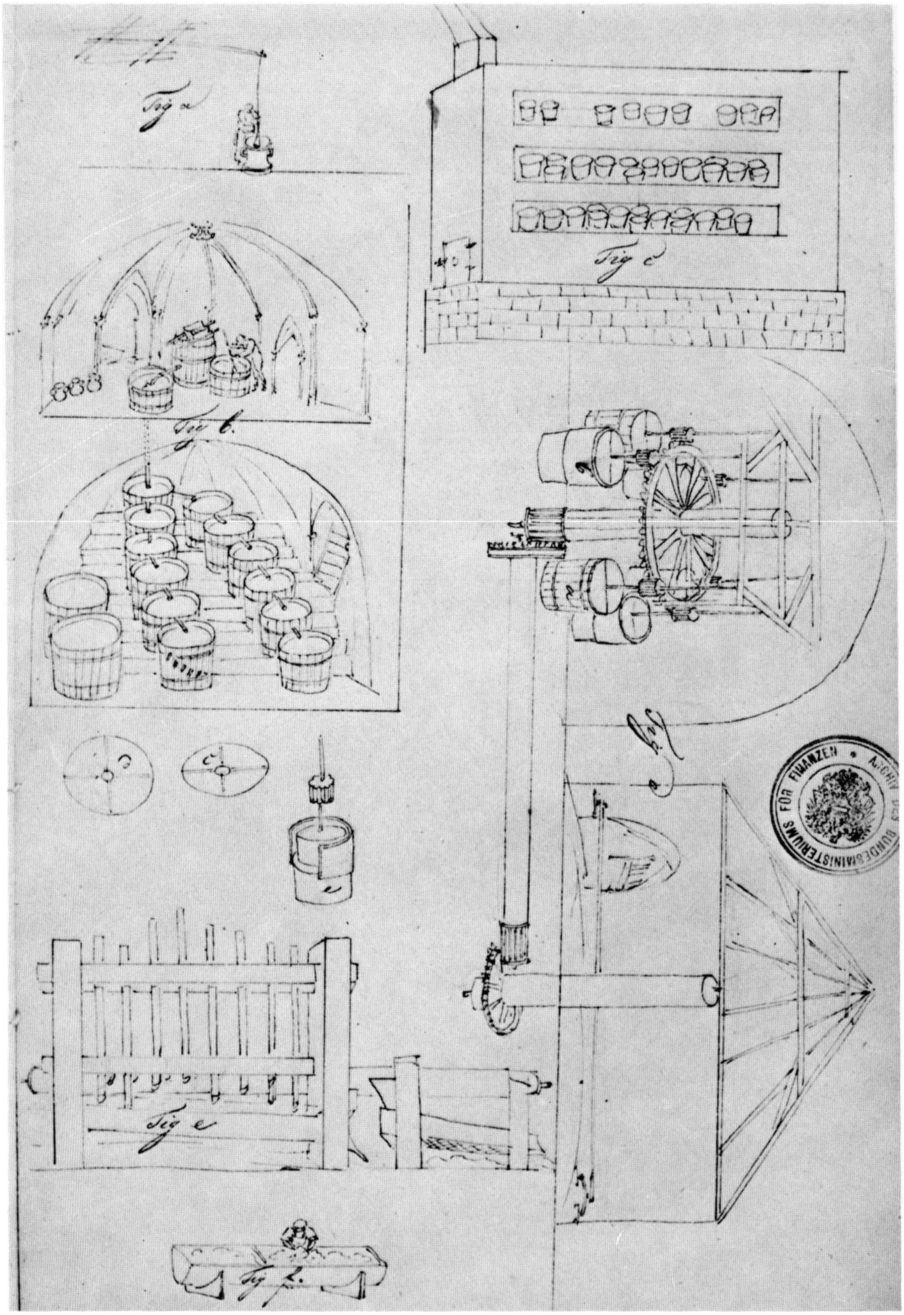

Abb. 230. Zeichnungen aus einem Separatfaszikel der Wiener Porzellanmanufaktur, heute im Wiener Finanzarchiv; Produktionsvorgänge an der Meißener Porzellanmanufaktur, um 1840

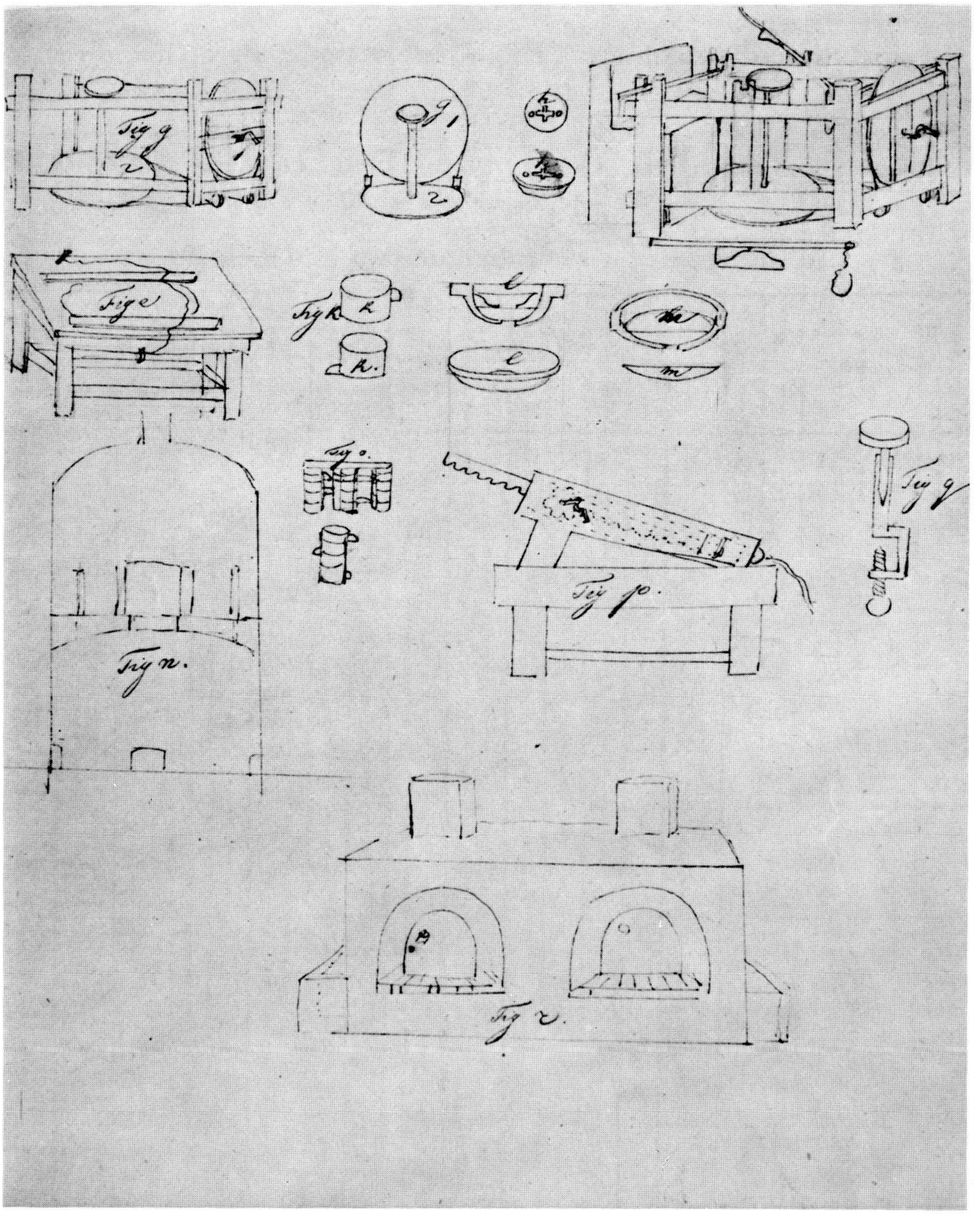

Abb. 231. Zeichnungen aus einem Separatfaszikel der Wiener Porzellanmanufaktur, heute im Wiener Finanzarchiv; Produktionsvorgänge an der Meißener Porzellanmanufaktur, um 1840

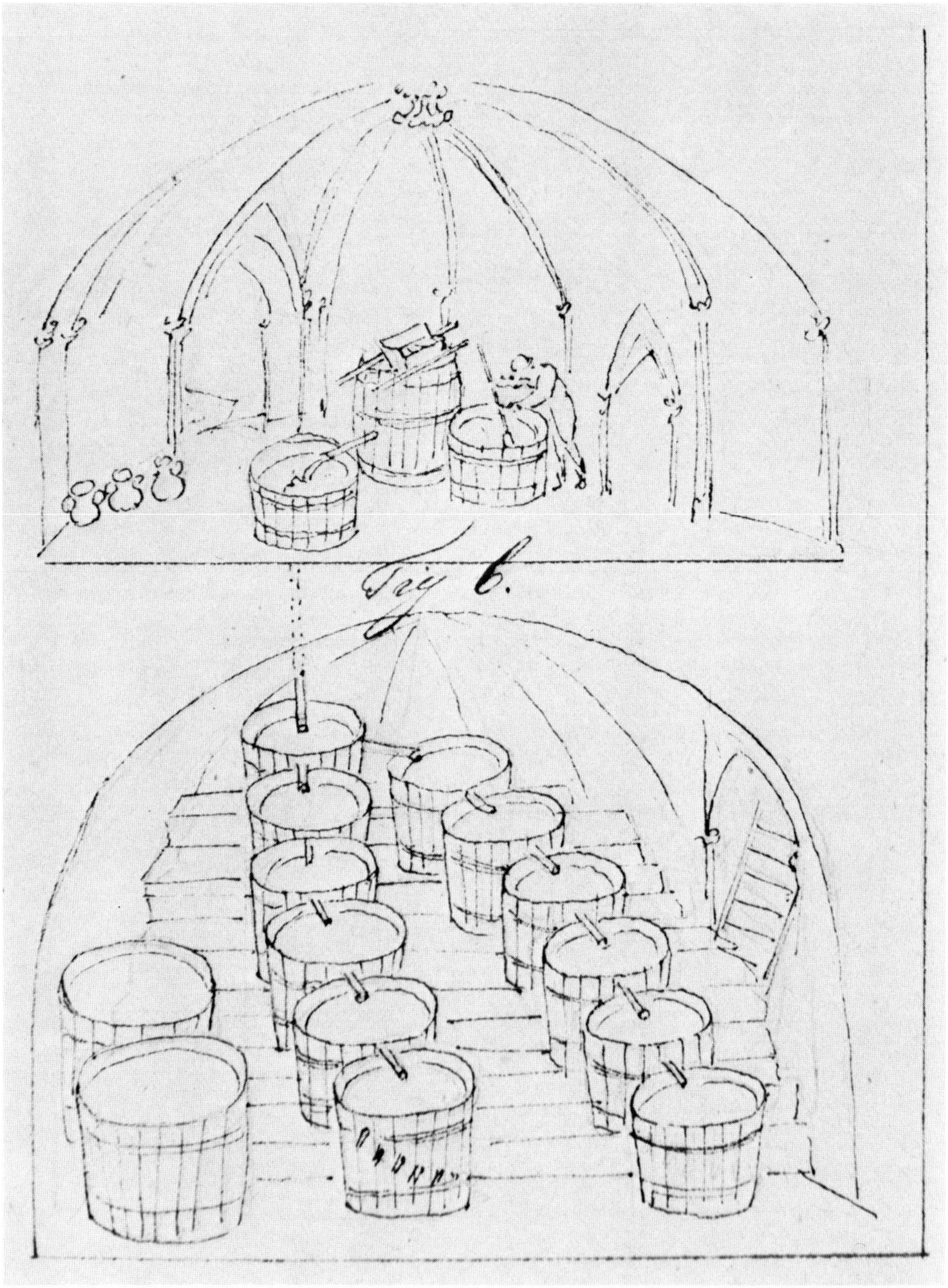

Abb. 232. Detail (Fig. b) aus Abb. 230 („Die Schlemme befindet sich Fig. b in 2 übereinander liegenden Gewölben ...")

Die Schlemme befindet sich Fig. b. in 2 über einander liegenden Gewölben. Die gestossene Erde kommt in einen Kübel No 1. der mit Wasser gefüllt ist, hier wird sie gut gerührt, bleibt einige Zeit stehen und wird in einen zweyten durch ein sehr feines Haarsieb übergeschöpft aus welchem das milchige Wasser in einen dritten Kübel läuft der am Boden mit einer Ausflußröhre versehen ist, diese Röhre geht durch das Gewölbe des unteren Locales in den Kübel No 4. von dem aus dann die Kübel No 5, 6, 7, 8 u. 9. stufenweise abwärts gehen. Wenn alle Kübel gefüllt sind so bleiben sie eine Stunde in Ruhe, dann wird die feine Erde von No 9 in einen großen Setzpottich abgelassen und alle Zäpfen der übrigen Gefäße gezogen, es läuft daher nur jene feinste Erde über, die durch den Wasserstrahl des vorhergehenden Gefäßes aufgerührt wurde. Sind alle Kübel gefüllt, so schlemmt man wieder aus No 3 und No 4 und läßt abermahl eine Stunde Setzzeit. Wenn hinlänglich Pottiche vorhanden sind, so kann ein Arbeiter ununterbrochen fortschlemmen.
Die fein geschlemte Erde aus den Setzpottichen kommt in Trockengefäße und wird im Sommer an der Sonne in Gypskapseln, im Winter auf einen Ofen Fig c in Tachetkapseln getrocknet, welcher Ofen zugleich zur Beheitzung des Schlemmlocales dient. Nach dem Trocknen wird sie fein gestossen gesiebt und kömmt in die Aufbewahrungskästen.

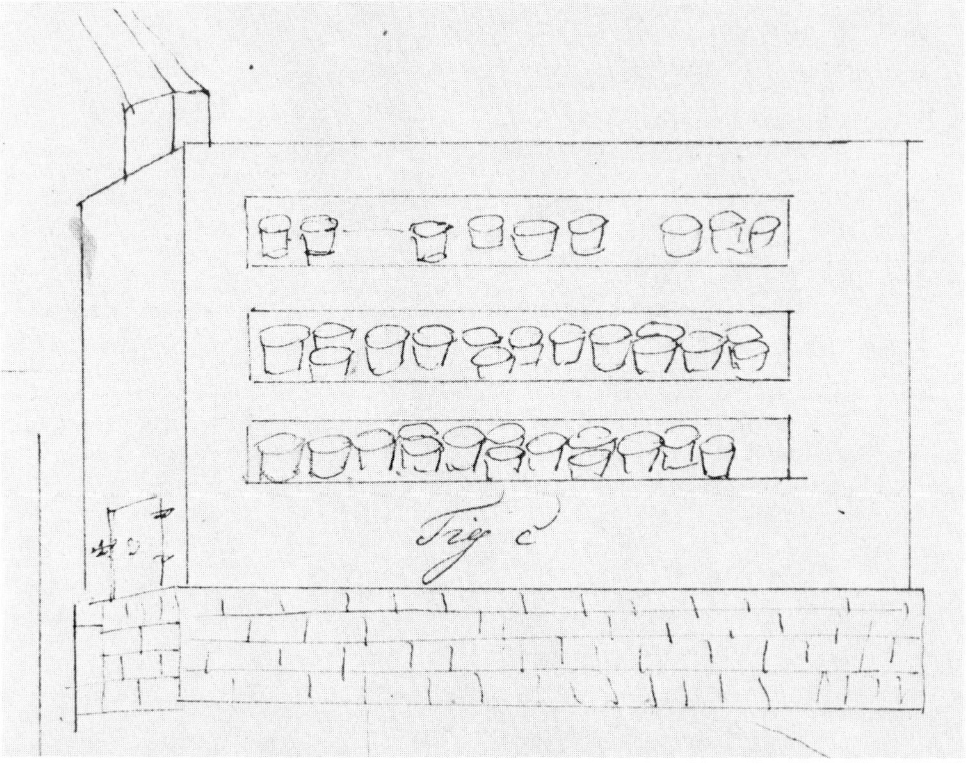

Abb. 233. Detail (Fig. c) aus Abb. 230 („Die fein geschlemte Erde ... wird ... auf einen Ofen Fig. c in Tachetkapseln getrocknet ...")

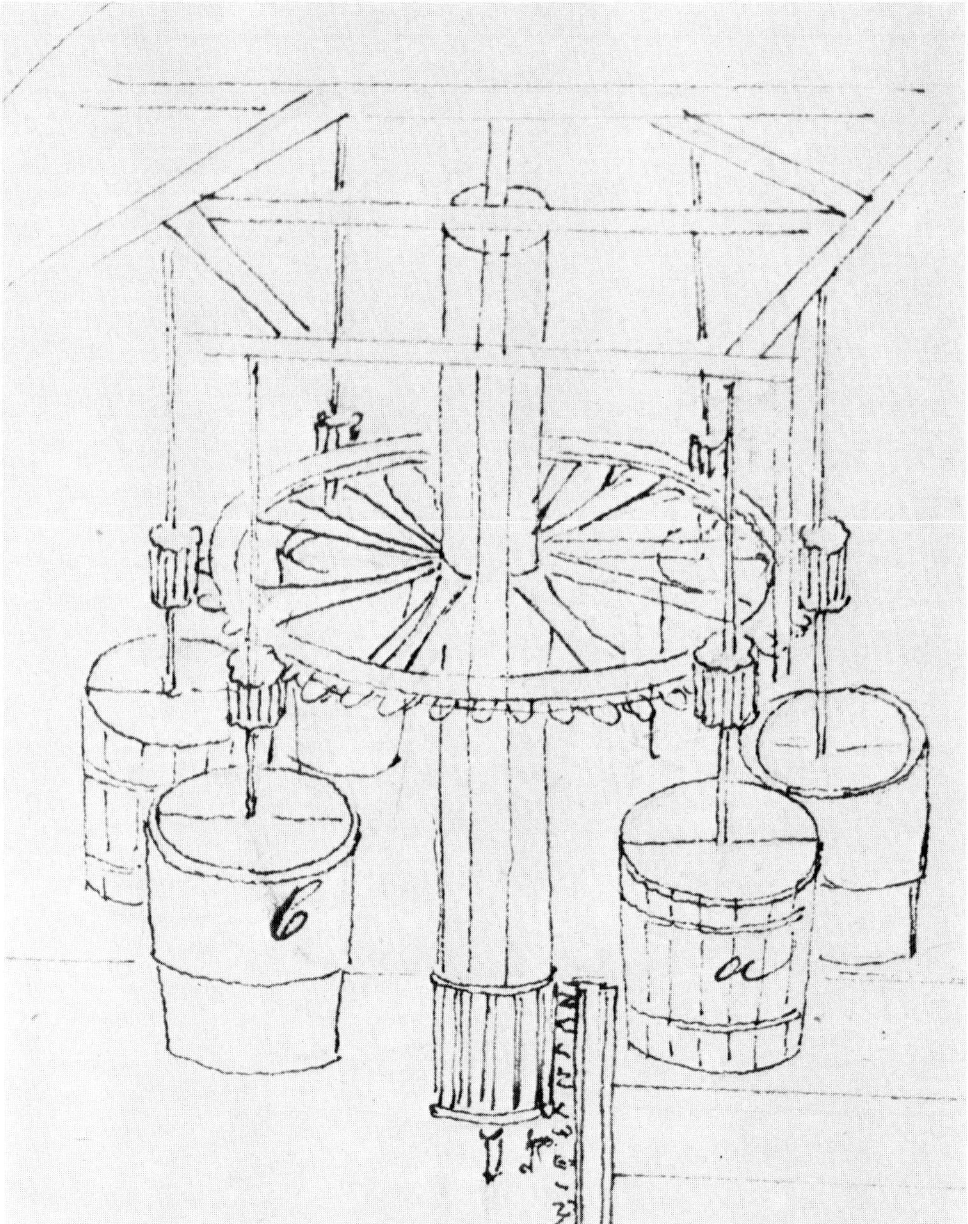

Abb. 234. Detail (Fig. d) aus Abb. 230 („Der Oberstein der Mühle in einem Behältniß welches entweder von Holz wie a oder von Stein wie b zeigt, ist ...„)

Quarz und Feldspath werden gut gewaschen im Gutofen, stark geglüht, dann im Mörser ziemlich fein gestossen, auf der Mühle gerieben, geschlemmt und ebenfalls in Kapseln getrocknet.
Sämtliche Mühlen werden durch eine senkrechtstehende Stelle an der ein Zahnrad befestiget ist Fig d in Bewegung gesetzt. Der Oberstein der Mühle in einem Behältniß welches entweder von Holz wie a oder von Stein wie b zeigt, ist. Der Oberstein ist oval mit einem Loche versehen, durch welches ein Quereisen geht, in dem die eiserne Spindel mit hölzernen Keulen befestiget wird. Der Bodenstein hat ein stählernes Pfandel in welchem die Spindel des Obersteines läuft, das strenger oder leichter gehen des Läufers, bestimmt bloß die Schwere desselben indem er sich ohngeachtet der hölzernen Keule senket. Es werden daher jene Gegenstände, welche nicht gar fein gerieben (?) zu werden brauchen, auf leichtern Steine und andre wieder auf schwerem Steine gegeben. Die zu reibende Flüssigkeit steht in dem Gefäße immer über dem Läufer, und wird dann abgefaßt wie e zeigt, über dem Gefäße befindet sich ein aus 2 Stücken bestehender Deckel, durch welchen die Spindel läuft; wodurch das Verunreinigen der Masse verhindert wird. Die Schlemung des Quarzes und Feldspaths geschieht in Häfen. Das Getriebe der Mühle wird durch Pferde in Bewegung gesetzt; die der Fabricke gehören, durch eine andere Welle wird auch die Scherbenstosserey Fig e in Bewegung gesetzt, nebenbey wird auch ein Sieb in immerwährender Unruhe erhalten. Die Scherbenmalte hat die Feine wie Hirsen. Es befindet sich nur eine Stampfe, weil mit solcher hinlänglich Scherbenmalte für einen Kapseldreher erzeugt wird.

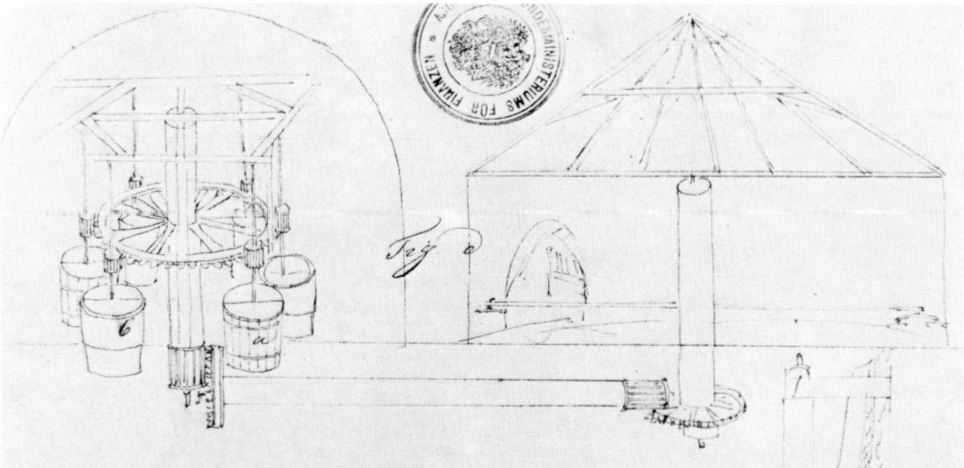

Abb. 235. Detail (Fig. d) aus Abb. 230 („Sämtliche Mühlen werden durch eine senkrechtstehende Welle an der ein Zahnrad befestiget ist Fig. d in Bewegung gesetzt ...")

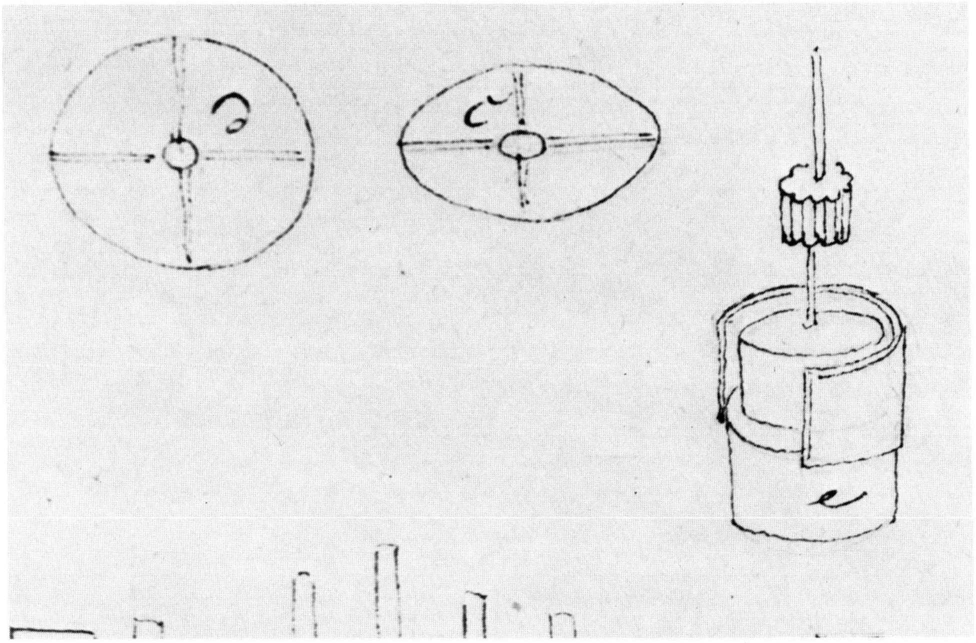

Abb. 236. Detail aus Abb. 230

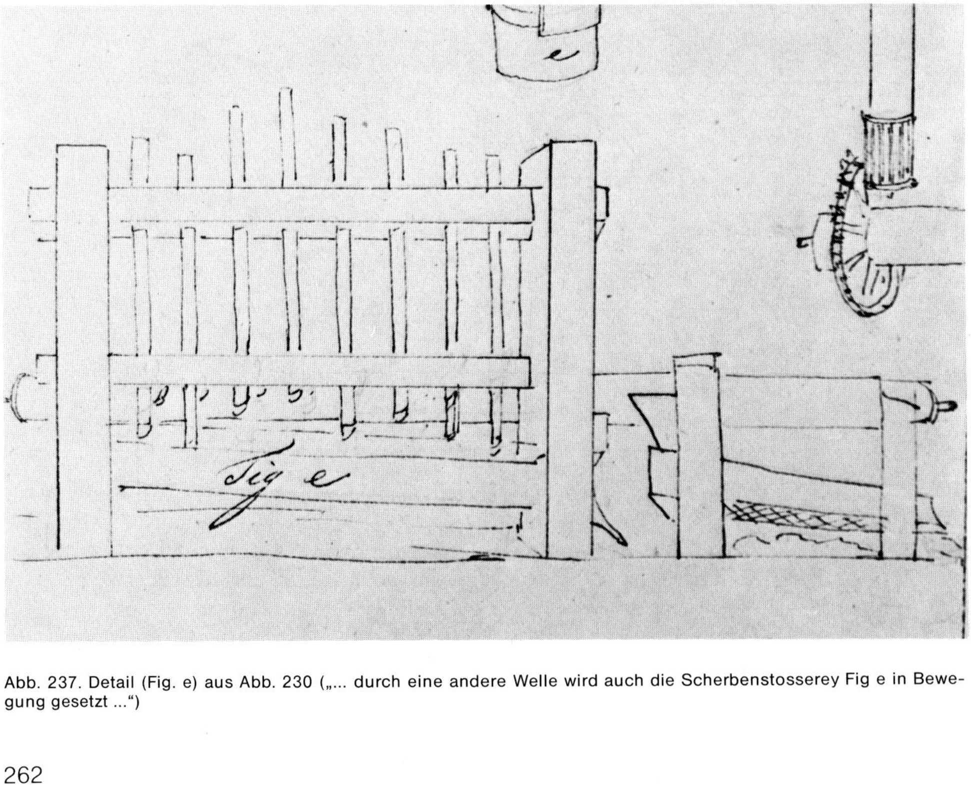

Abb. 237. Detail (Fig. e) aus Abb. 230 („... durch eine andere Welle wird auch die Scherbenstosserey Fig e in Bewegung gesetzt ...")

MASSEMACHEREY

Die schon fein gepulverten Materialien werden trocken gemischt, kommen in einen Trog Fig f. und werden mit Wasser befeuchtet und von einem Arbeiter gut durcheinander geknetet, sodann in Pottiche gegeben, wo sie ein Jahr wenigstens liegen bleibt, wenn sie zur Verarbeitung aus den Pottichen genommen wird, so schneidet man sie mit sichelförmigen eisernen Messern und knetet sie tüchtig durch. Die Masse für die Ovaldrehmaschine wird aber nach gehöriger Bearbeitung in einem Gefäße ganz mit Wasser übergossen und längere Zeit in diesem Zustande liegen gelassen, sie soll auf diese Weise mehr Plastizität erhalten, und sich besser arbeiten lassen. Die Materialien zur Masse werden bloß mit Händen gemengt und kommen nicht auf die Mühle. Man hat nur eine Masse zu den Geschirren, nur zu den Lichtschirmen, die man neuerlich anfängt zu verfertigen, bedient man sich einer aufgelösteren Masse.

Abb. 238. Detail (Fig. f) aus Abb. 230 („Die schon fein gepulverten Materialien werden trocken gemischt, kommen in einen Trog Fig. f und werden mit Wasser befeuchtet und von einem Arbeiter gut durcheinander geknetet ...")

DREHEREY

Die Weißdreher arbeiten durchgehend ohne Schablonen, man hatte selbe in früherer Zeit, ist aber davon abgekommen, man bedienet sich gut gereinigter eiserner Instrumente. Das Personale der Bossierer und Weißdreher beläuft sich ungefähr auf 26 bis 30 Individuen. Das abgefallene Geschnitz wird von einem Menschen wieder unter die frische Masse gemengt, es läßt sich also vermuthen, daß von Seite des Arbeiters die größte Reinlichkeit gepflogen wird. Die Construction der Ovaldrehmaschine selbst ist dieselbe wie in Wien. Das Getriebe wie Fig g zeigt bestehet aus einem gleich großen Schwung und Scheibenrad, die Bewegung wird mittelst einer Schnur ohne Ende, durch eine Kurbel mitgetheilt. Die Maschine selbst hat ein metallenes Kreutz und an der Form eine metallene Vertiefung die genau auf das Kreutz paßt, wie h zeigt.

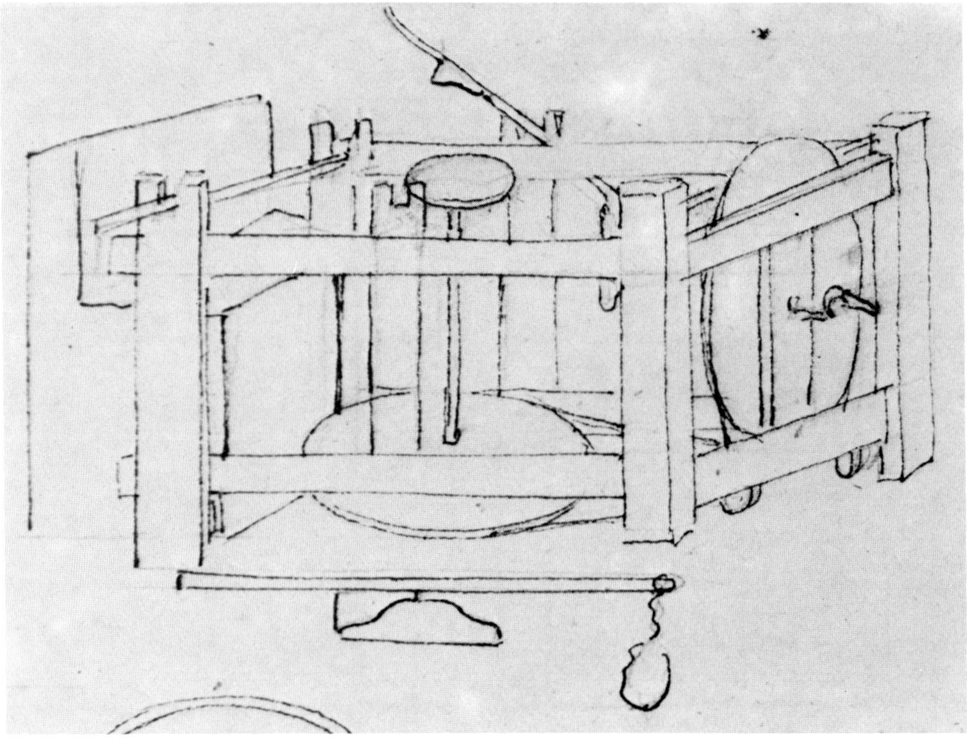

Abb. 239. Detail aus Abb. 231, „Drehmaschine"

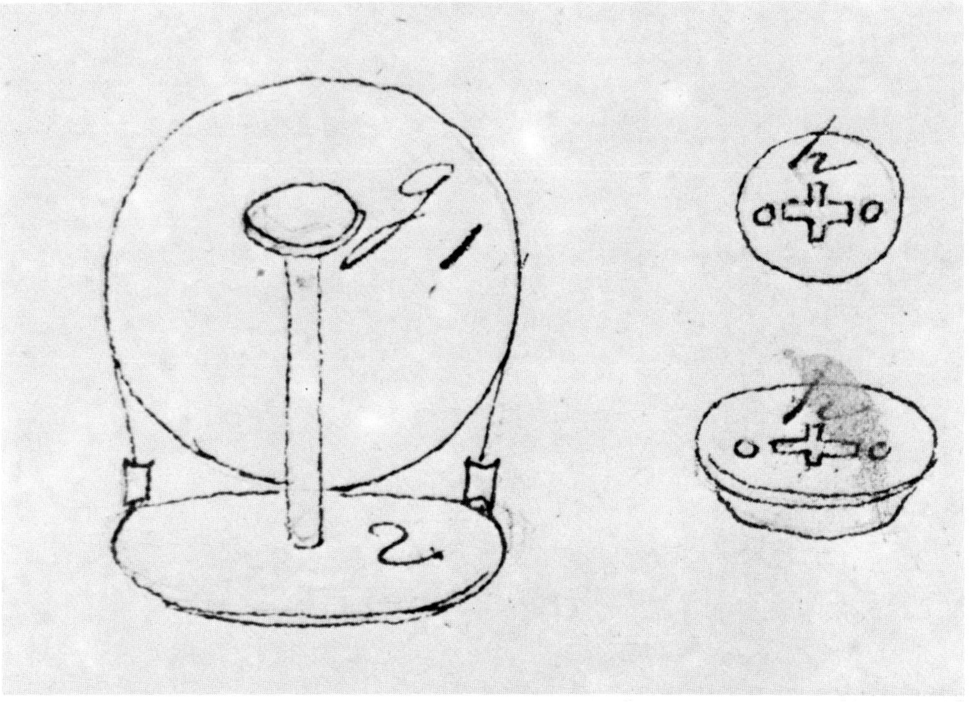

Abb. 240. Detail (Fig. g, h) aus Abb. 231, Teile der „Drehmaschine“

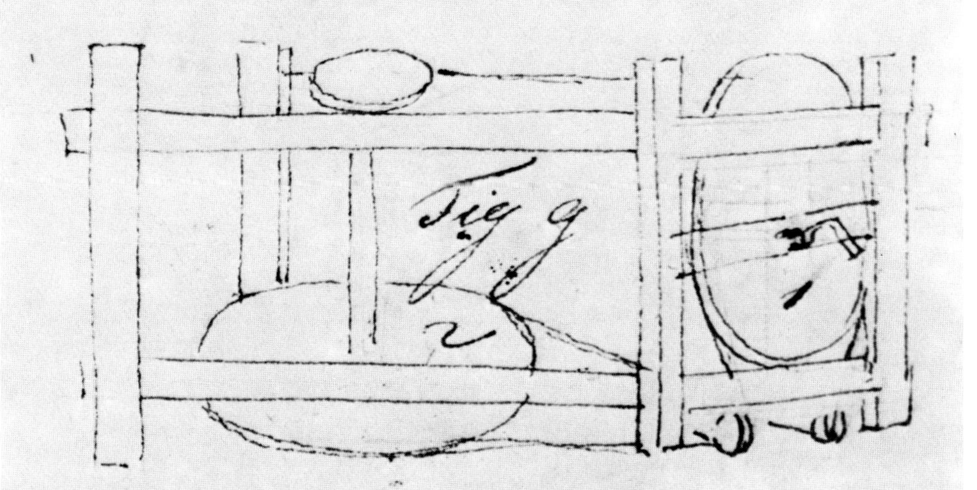

Abb. 241. Detail (Fig. g) aus Abb. 231, „Drehmaschine“

Wenn ein Stük gedrehet wird, so schneidet man sich mittelst zwey Lehren Fig i ein Blatt von der vorgerichteten Masse, dieses Blatt wird mittelst eines Tuches über die Form gut übergelegt, stark befeuchtet und dann mit der Schablone vorsichtig abgedreht, dann wird das Stük gleich von Form abgelöset und umgestürzt.
Das Glasuren geschieht auf dieselbe Art wie in Wien, nur liegt die Schichte des Glases diker.

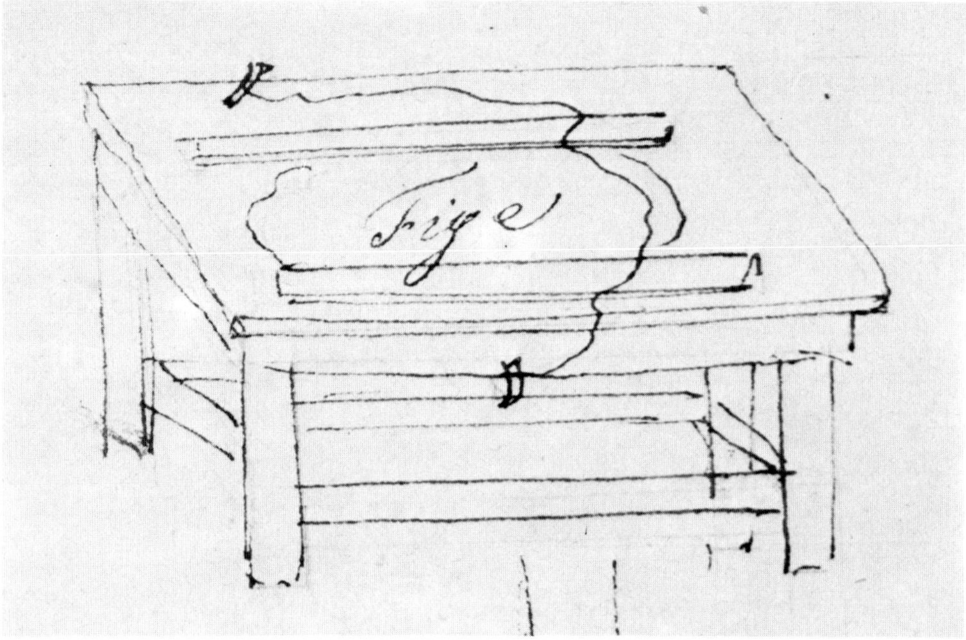

Abb. 242. Detail (Fig. i) aus Abb. 231 („... schneidet man sich mittelst zwei Lehren Fig. i ein Blatt von der vorgerichteten Masse ...")

KAPSELDREHEREY

Die Tachet ist beynahe so wie die Haupttachet in Wien, sie wird mit sehr feinen Scherbenmalte und Elbesand versetzt, die Tachet wird nähmlich geweicht und dann durch Kneten mit dem andern Bestandtheile gemengt. Es wird nur ein Kapselarbeiter beschäftiget, da man nicht mehr Kapseln benöthiget als derselbe zu erzeugen im Stande ist. Die Kapseln sind größtentheils in Formen gemacht, die freygedrehten kleinen Kapseln, mit denen ausschließlich der Unterbrand besetzt wird haben noch extra eine Stütze um sich während des Brandes wechselweise zu stützen wie Fig k. Die geformten Kapseln hat man für die kleinen und größten runden und ovalen Stücke, sie bestehen aus einem Kranze und bilden eine Halbkugel Fig l die Dekeln werden ebenfalls aus Formen gearbeitet und passen wie m zeigt in die Kapsel genau.

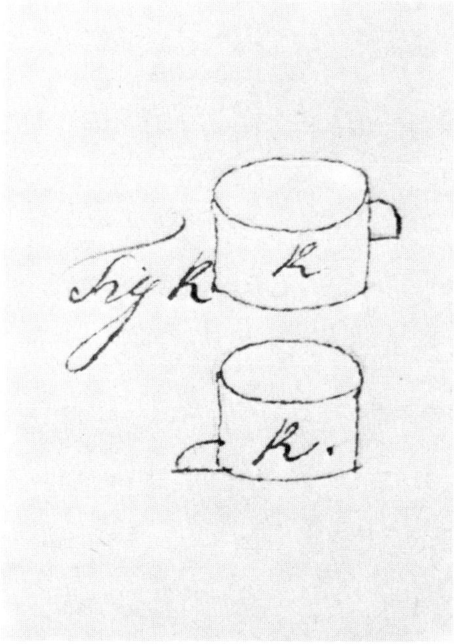

Abb. 243. Detail (Fig. k) aus Abb. 231 („... die freygedrehten kleinen Kapseln ... haben noch extra eine Stütze um sich während des Brandes wechselweise zu stützen wie Fig.k")

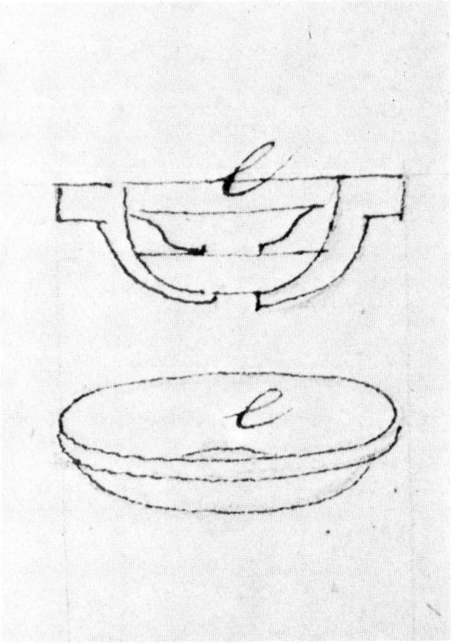

Abb. 244. Detail (Fig l) aus Abb. 231 („Die geformten Kapseln ...bestehen aus einem Kranze und bilden eine Halbkugel Fig. l ...")

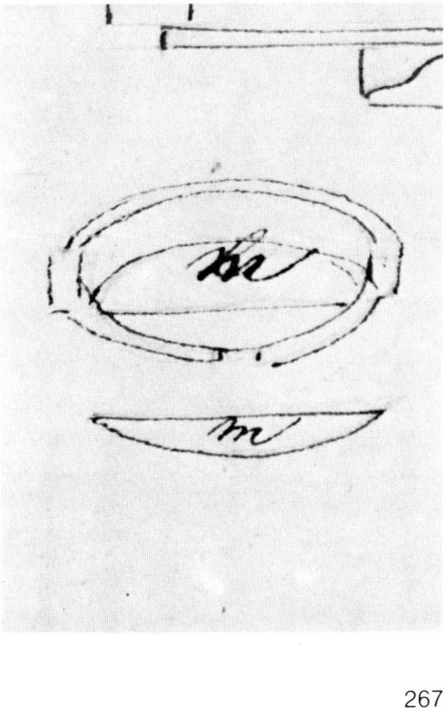

Abb. 245. Detail (Fig. m) aus Abb. 231 („... die Dekeln werden ebenfalls aus Formen gearbeitet und passen wie m zeigt in die Kapseln genau ...")

EINSETZEN

Man hat in Meißen 4 runde Öfen die die nähmliche Construction wie die Berlineröfen haben sie einen Durchmesser von 12 Schuh eine Höhe Fig n von 5 Schuh 8 halb, die Mittelöffnung hat 10 Zoll und der Schornstein in die 2te Etage ist zwey Zoll rings herum abgesetzt, zwischen jeder Heitze befindet sich eine 6 Zoll große Quatratöffnung auch mit einen Schornstein in die 2te Etage welcher gegen die Wand des Ofens mit Öffnungen versehen ist, die Feueröffnungen haben einen Schuh in Quatrat und die Mittelöffnung wird bey nicht gehörigen Gang des Ofens mit Tachet mager gemacht oder erweitert um die Wirksamkeit der Flammen zu vermehren oder zu vermindern. Vor den Feuerungen im Gutofen bediente man sich eher 3 Reihen von leeren kleinen Kapseln, kam dann auf 2 und jetzt nimmt man nur mehr eine Reihe von Kapseln, welche oben mit feuerfesten Ziegeln überlegt werden, wie Fig o zeigt, um die Wand des Ofens herum bleibt wenigstens ein Damm von 5 Zoll und der Einsatz ist nicht säulenförmig sondern abgebunden. Der Unterbrand bestehet aus Kapseln kleinerer Sorte, welche frey gedreht sind, die Entfernung der Kapseln unter einander wird von 2 Zoll langen Stützen gebildet. Die Dekeln auf einen horizontalen Stein gleich gerieben und nicht mit Erde bestrichen, weil sich der Kassettenthon beynahe weiß brennt, die geschachtelten Kapseln werden auf der konvexen Seite mit Glas bestrichen um das etwaige Streuen zu verhindern. Man setzt in einen runden Ofen bey gehöriger Auswahl bey 5 bis 6000 Stükke, sind die Stücke nicht ganz anpassend so beläuft sich die Summe der eingesetzten Stücke doch immer auf 4000, welche außerordentliche Vermehrung nur durch die eingeschachtelten

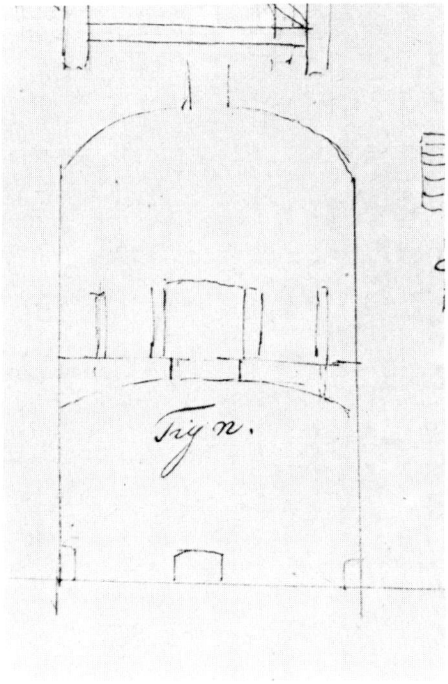

Abb. 246. Detail (Fig. n) aus Abb. 231 („Man hat in Meißen 4 runde Öfen ...")

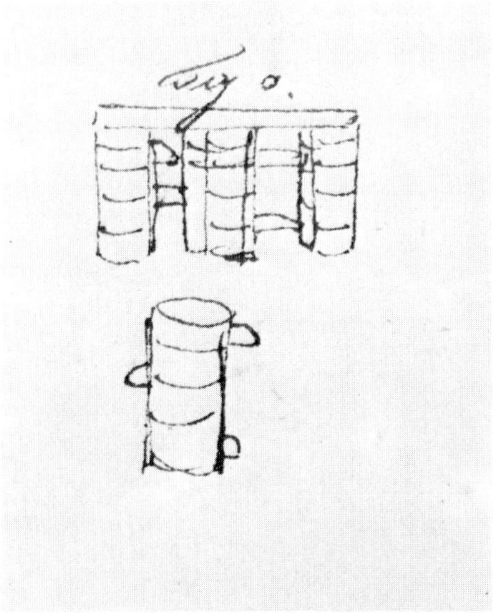

Abb. 247. Detail (Fig. o) aus Abb. 231 („... eine Reihe von Kapseln, welche oben mit feuerfesten Ziegeln überlegt werden, wie Fig. o zeigt ...")

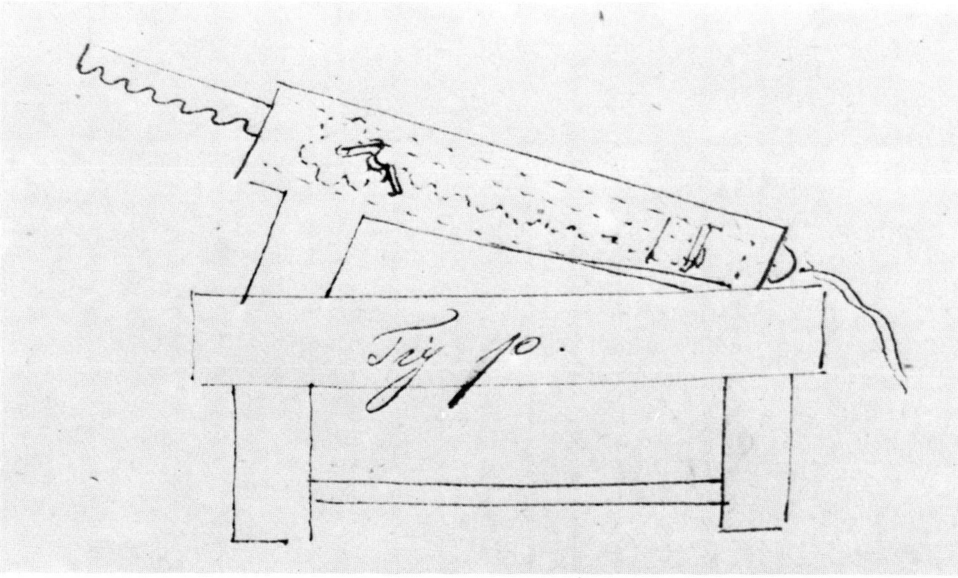

Abb. 248. Detail (Fig. p) aus Abb. 231 („... bedienet man sich allgemein der Kolombins (?) die mit einer Maschine Fig. p erzeugt werden ...“)

Kapseln erzwekt wird. Um in den Kapselstößen mehr Festigkeit zu erzweken bedienet man sich allgemein der Kolombins (?) die mit einer Maschine Fig p erzeuget werden. Sie bestehet aus einen Zilinder von starken Eisenblech, der rings vom Holz eingeschlossen ist, in diesen paßt ein Stempel der durch eine gewöhnliche Winde zu bewegen ist und mit Leichtigkeit selbst bey Füllung der Presse sich verschieben läßt. Zum Brennen des runden Ofens bedienet man sich lauter gesprißelten kurzen Holzes, man hatte wohl in früherer Zeit zum Anbrennen grobes Holz, es unterblieb aber, da man behauptet, durchgehens kleines Holz sey zwekmäßiger. Um den Gang des Ofens zu beurtheilen, werden Proben genommen, die in glasurten Bechern bestehen. Sieht man daß eine oder mehrere Heitzen zurückbleiben, so legt man an der Rückseite des Feuerkastens gegen den Brenner (?) zu Platten ein, damit die einströmende Luft ihre Wirkung auf den kleiner gewordenen Raum besser ausüben kann. Während des Brennens bleibt jede Öffnung verschlossen, nur dann werden die Steine unten am Feuerkasten aufgemacht wenn man bemerkt, daß das Feuer zu stark in die zweyte Etage wirkt. Nach Vollendung des Brandes werden die Schirlöcher, die Feuerkästen und die Öffnungen unten am Feuerkasten offen gelassen, um eine schnelle Abkühlung zu bewerkstelligen und um weißes Porzellän zu erhalten, ja selbst die Ofenwand wird, wenn es erforderlich ist ohne Schaden, gleich nach dem Brennen weggenommen. Die Öfen sind rings von dem Gewölbe des Brennhauses dicht umschlossen, wodurch zwey eiserne Reife in Einsparrung (?) kommen. Die Eingänge directe in das Brennhaus, sind so viel wie möglich vermieden, und dieses scheint auch die Ursache zu seyn, daß man durchgehens gleich ausbrennt. Man bedauert auf der Meißenporzellänfabrike ein so außerordentlich hohes Locale für die Ofen zu haben, da man alle mit mehr als zwey Etagen bauen muß, welche nicht in Anwendung kommen, und da die Erbauung des Schornsteins sehr viel Material erfordert, die zweyte Etage wird verwendet um das Geschir zu verglühen Quarz oder Feldspath zu kalziniren und zum Brennen feuerfester Ziegel, die jedoch nur halbgebrannt sind.

STEINSCHLEIFEREY

Das Steinschleifen beschränkt sich beynahe nur auf das Polieren der Füßeln (?), weil sehr wenig Geschir gestreut aus dem Brande kömmt. Man bedienet sich steinerner Räder, und zum Gleichschleifen der Füße von größeren Tassen Dejeunétatzen, Schüßeln etz. hat man eine eiserne runde Platte.

MALEREY

Zur Blaumalerey verwendet man, wie in Wien Kobaltpratoxyd (?) welches, so wie der Kobalt zu schöneren Blau aus Sachsen bezogen (Schmaltefabriken) wird, von wo man jetzt auch reines Kobaltoxyd bekommen soll. Zur Grünmalerey unter der Glasur werden die Patronen aus öhlgetränkten Papieren erzeugt.
Die Farben zur Buntmalerey werden auf der Fabrike selbst bereitet, zu deren Erzeugung sich ein sehr geräumiges und vollkommen eingerichtetes Laboratorium vorfindet. Die Malerey ist mit Ausnahme einiger Prachtarbeiten, sehr gewöhnlich. Man erzeugt auch Porzellängeschirre mit Platinaglasur, welche glänzend aus dem Starkbrande kommen und dasselbe Aussehen haben wie englisches Töpfergeschirr. Größere Flächen von einer Farbe werden nicht gestupft, sondern gespritzt, erhalten aber nie die Reinheit, wie in Wien.
Die Schriften auf der Glasur werden größtentheils mit der Feder geschrieben. Zum Ringeln der Stücke hat man eine neue Maschine von Eisen Fig q, welche sehr lange fortläuft, und den Arbeiter in den Stand setzt, sehr genau zu ringeln. Das Polieren des Goldes geschieht theils mit Agat, theils mit Rothstein (?).

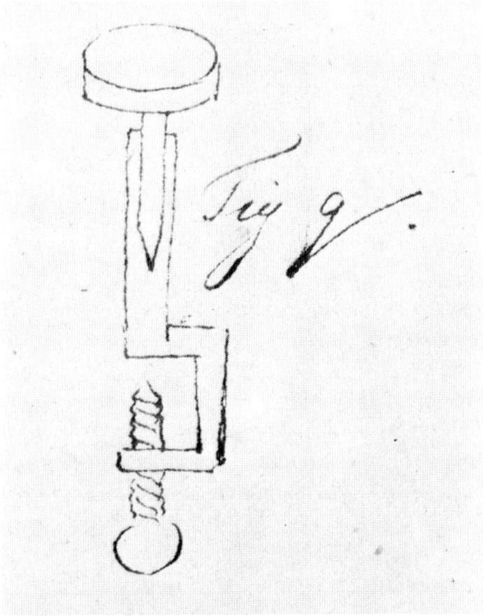

Abb. 249. Detail (Fig. p) aus Abb. 231 („... Zum Ringeln der Stücke hat man eine neue Maschine von Eisen Fig q, ...")

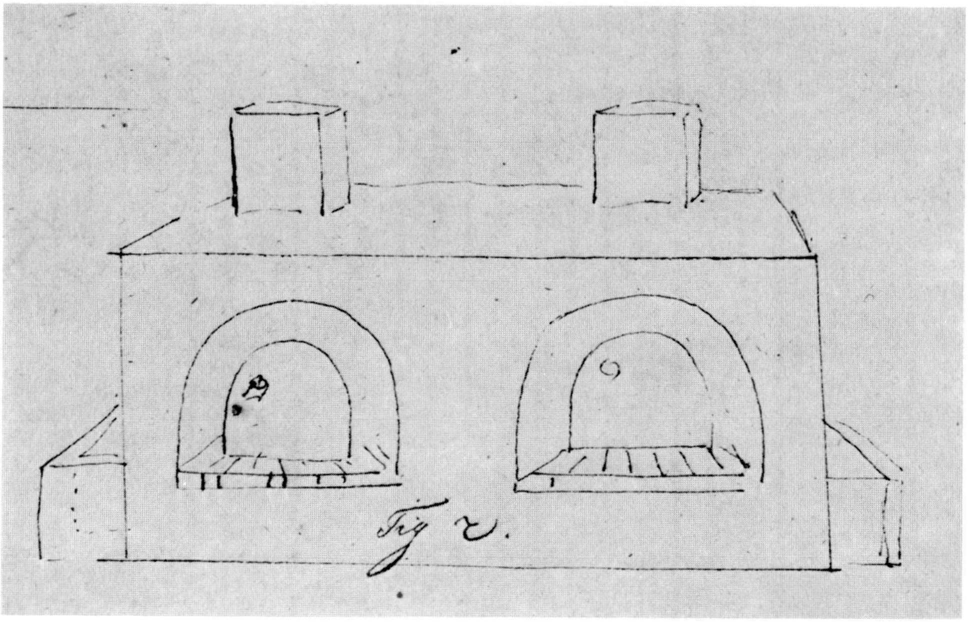

Abb. 250. Detail (Fig. r) aus Abb. 231 („Zum Emailbrennen verwendet man ausschließlich Holz und jede Muffel hat ihre eigene Feuerung ...“)

EMAILBRENNEN

Zum Emailbrennen verwendet man ausschließlich Holz und jede Muffel hat ihre eigene Feuerung, jedoch nicht von vorne sondern an der Seite wie Fig r die Muffel stehet auf einem Rost und der Schornstein befindet sich im Mittel ober der Muffel, so daß selbe von allen Seiten gleich vom Feuer umspült wird, die Probeöffnung ist auf der entgegengesetzten Seite der Zulehnplatte. Nach Vollendung des Brandes, wird der Ofen ziemlich schnell abgekühlt ohne daß das Porzellän Schaden leidet.

DER VERSCHLEISS

soll seit einiger Zeit sehr herabgekommen seyn, eine Hauptpost des Verschleiße mag jedoch die für Pfeiffenköpfe seyn, welche in ungeheurer Quantität erzeugt werden. Man arbeitet jetzt an einer bedeutenden englischen Bestellung die aber nur in alten Formen bestehet und welche der Meißnerfabrike sehr zu Gute kömmt, da sie einen bedeutenden Vorrath an sehr schönen und sinnreichen (?) antiquen Gegenständen besitzt. Beyliegende Preiscourante A u B. weisen aus, zu welchen Preisen die Fabrike ihr Geschir hindangibt.

ABGEKÜRZT ZITIERTE LITERATUR

Adreßbuch 1887 = Adreßbuch der keramischen Industrie, Coburg 1887[2]

Adreßbuch 1894 = Adreßbuch der Porzellan- und Glas-Malereien, Coburg 1894

Adreßbuch 1896 = Adreßbuch der keramischen Industrie, Coburg 1896[5]

Adreßbuch 1907 = Adreßbuch der keramischen Industrie, Coburg 1907[10]

Adreßbuch 1913 = Adressbuch der Keram-Industrie, Coburg 1913[12]

Auscher o. J. = E. S. Auscher, Comment Reconnaître les Porcelaines et les Faïences, Paris o. J.

Barret 1953 = Franklin A. Barret, Worcester Porcelain, London 1953

Bemrose 1898 = William Bemrose, Bow, Chelsea, and Derby Porcelain, London 1898

Berling 1900 = Karl Berling, Das Meissner Porzellan und seine Geschichte, Leipzig 1900

Berling 1911 = K. Berling, Festschrift zur 200jährigen Jubelfeier der ältesten europäischen Porzellanmanufaktur Meissen, 1911

Binns 1865 = R. W. Binns, A Century of Potting in the City of Worcester, London 1865

Binns 1897 = R. W. Binns, Worcester China, London 1897

Binns 1906 = W. Moore Binns, The First Century of English Porcelain, London 1906

Blacker, ABC = J. F. Blacker, The ABC of Collecting Old English China, London o. J.

Blacker, 19th cent. = J. F. Blacker, Nineteenth Century English Ceramic Art, London o. J.

Böhmert 1880 = Victor Böhmert, Urkundliche Geschichte und Statistik der Meißener Porzellanmanufaktur von 1710-1880, in: Zeitschrift d. Kgl. sächs. statist. Bureaus, 26/1880, S. 44-93

Brinckmann 1894 = Justus Brinckmann, Führer durch das Hamburgische Museum für Kunst und Gewerbe, Hamburg 1894

Brüning 1904 = Adolf Brüning, Europäisches Porzellan des XVIII. Jahrhunderts, Berlin 1904

Burton 1902 = William Burton, A History and Description of English Porcelain, London - Paris - New York - Melbourne, 1902

Burton-Hobson 1909 = W. Burton - R. L. Hobson, Handbook of Marks on Pottery & Porcelain, London 1909

Cat. Schreiber Coll. 1885 = Schreiber Collection, Catalogue of English Porcelain, Earthenware, Enamels & c., London 1885

Chaffers 1863[1] = W. Chaffers, Marks and Monograms on Pottery and Porcelain, London 1863, 1. Auflage

Chaffers 1874[4] = William Chaffers, Marks and Monograms on Pottery and Porcelain, London 1874

Champfleury 1881 = Champfleury, Bibliographie Céramique, Paris 1881

Chavagnac-Grollier 1906 = X. de Chavagnac - M. de Grollier, Histoire des Manufactures Françaises de Porcelaine, Paris 1906

Danckert 1967[2], 1978[4] = Ludwig Danckert, Handbuch des Europäischen Porzellans, München 1967, zweite Auflage; München 1978, 4. Auflage

Demmin 1873 = August Demmin, Guide de l'amateur de Faïences et Porcelaines, Paris 1873

Doenges 1907 = Willy Doenges, Meissener Porzellan, seine Geschichte und künstlerische Entwicklung, Berlin 1907

Ducret 1971 = Meißner Porzellan, bemalt in Augsburg, Braunschweig 1971

English Pottery = N. N., English Pottery and Porcelain, London o. J.
Firmenschrift Meißen 1896 = Königlich Sächsische Porzellan-Manufaktur Meissen im Königreich Sachsen. Firmenschrift 1896
Firmenschrift 1970 = VEB Staatliche Porzellan-Manufaktur Meissen DDR, Dresden 1970
Fisher 1947 = Stanley W. Fisher, English Blue and White Porcelain of the 18th Century, London 1947
Franks Coll. 1896 = A. Wollaston Franks, Bethnal Green Branch Museum. Catalogue of a Collection of Continental Porcelain, London 1896
Funk 1921/22 = W. Funk, Über Porzellanschutzmarken und Porzellanfälschungen, in: Der Kunstwanderer 1921/22, S. 441-442 bzw. 493-495
Godden 1974 = Geoffrey Godden, British Porcelain, London 1974
Graesse 1853 = J. G. Th. Graesse, Beiträge zur Geschichte der Gefässbildnerei, Porzellanfabrication etc., Dresden 1853
Graesse 1864[1] = J. G. Th. Graesse, Guide de l'Amateur de Porcelaines et de Poteries etc., Dresden 1864
Graesse 1872[3] = J. G. Th. Graesse, Guide de l'Amateur de Porcelaines et de Poteries, Dresden 1872
Graesse 1873 = J. G. Th. Graesse, Beschreibender Catalog der K. Porzellan- und Gefäß-Sammlung zu Dresden, Dresden 1873
Graesse 1906[11] = J. G. Th. Graesse - F. Jaennicke, Guide de l'Amateur de Porcelaines et de Faïences, Leipzig 1906
Graesse 1915[14] = Graesse-Jaennicke-Zimmermann, Führer für Sammler von Porzellan und Fayence, Steingut usw., Berlin 1915
Graesse 1922[16] = Graesse-Jaennicke-Zimmermann, Führer für Sammler von Porzellan usw. Berlin 1922
Graul-Kurzwelly 1909 = R. Graul-A. Kurzwelly, Altthüringer Porzellan, Leipzig 1909
Grollier 1914 = Charles de Grollier, Manuel de l'Amateur de Porcelaines, Manufactures Européennes (France exceptée), Paris 1914
Hannover 1925 = Emil Hannover, Pottery and Porcelain. A Handbook for Collectors. III. European Porcelain, London 1925
Haslem 1876 = John Haslem, The Old Derby China Factory, London 1876
Hobson 1905 = R. L. Hobson, Catalogue of the Collection of English Porcelain, London 1905
Hobson 1910 = R. L. Hobson, Worcester Porcelain, London 1910
Hodgson 1903 = Willoughby Hodgson, How to identify Old China, London 1903
Hofmann 1908 = Friedrich H. Hofmann, Das Europäische Porzellan des Bayerischen Nationalmuseums, München 1908
Hofmann 1932 = Friedrich H. Hofmann, Das Porzellan der europäischen Manufakturen im 18. Jahrhundert, Berlin 1932
Honey 1934 = W. B. Honey, Dresden China, London 1934
Honey 1948 = W. B. Honey, Old English Porcelain, London 1948
Jahresbericht Dresden = Jahresberichte der Dresdener Handelskammer 1879, 1883/84, 1904
Jedding 1979 = Hermann Jedding, Meißener Porzellan des 18. Jahrhunderts, München 1979
Jewitt 1878 = Llewellynn Jewitt, The Ceramic Art of Great Britain, London 1878, Vol. I, II
Just 1959 = Rudolf Just, Unbemalte Augustus-Rex-Vasen, in: Mitteilungsblatt Nr. 48 der Keramik-Freunde der Schweiz, S. 27-28, Abb. 1-5
Just 1970/71 = Johannes Just, Geschnittene Marken auf Meißener Porzellan – Güteklassen und Weißverkauf, in: Jahrbuch der Staatlichen Kunstsammlungen Dresden, 1970/71, S. 209-216
Kat. Halle 1881 = Katalog der Gewerbe- und Industrie-Ausstellung in Halle a. S. 1881
Kat. Leipzig 1879 = Katalog der Leipziger Kunstgewerbeausstellung 1879

Kat. Meißen 1972 = Schöpfungen aus der ältesten Porzellanmanufaktur Europas, Meissen 1972
Kat. Wittenberg 1869 = Katalog der Allgemeinen Deutschen Gewerbe- und Industrie- Ausstellung in Wittenberg 1869
Leisching 1909 = Julius Leisching, Sammlung Lanna, Leipzig 1909
Lichfield 1900 = Frederick Litchfield, Pottery and Porcelain. A Guide to Collectors, London - New York 1900
Lüders 1893 = Karl Lüders (AR-Marke), in: Jahrbuch der Königlich Preußischen Kunstsammlungen 14/1893, S. 226
Mackenna 1947 = F. Severne Mackenna, Champion's Bristol China, Leigh-on-Sea, 1947
Marryat 1866 = J. Marryat, Histoire des poteries, faïences et porcelaines, Tome deuxième, Paris 1866
Neuwirth, Markenlexikon Nr. 2/1978 = Waltraud Neuwirth, Markenlexikon Nr. 2: Deutschland, Keramik, 1875-1900, Wien 1978
Neuwirth, Wiener Porzellan 1979 = Waltraud Neuwirth, Wiener Porzellan-Original, Kopie, Verfälschung, Fälschung, Wien 1979
Papillon 1909 = Georges Papillon, Guide illustré du Musée Céramique. Manufacture Nationale de Sèvres, Paris 1909
Rackham 1917 = Bernard Rackham, Catalogue of the Herbert Allen Collection of English Porcelain, London 1917
Rackham 1928 = Bernard Rackham, Catalogue of English Porcelain, Earthenware, Enamels and Glass collected by Charles Schreiber Esq. M. P. and The Lady Charlotte Elizabeth Schreiber and presented to the Museum in 1884, London 1928
Rakebrand 1958 = Hilde Rakebrand, Meissener Tafelgeschirre des 18. Jahrhunderts, Darmstadt 1958
Roentgen 1976 = Robert E. Roentgen, Meißen, or Dresden - or What? in: Spinning Wheel 1976, S. 25-29
Rückert 1966 = Rainer Rückert, Meissener Porzellan 1710-1810, München 1966
Savage 1960 = George Savage, Seventeenth and Eighteenth Century French Porcelain, London 1960
Seidlitz 1888 = W. v. Seidlitz, Die Meissener Porzellanmanufaktur unter Böttger, aus: Neues Archiv für Sächsische Geschichte und Altherthumskunde, 1888, Bd. IX, S. 115-136
Seidlitz 1893 = Woldemar v. Seidlitz, Die Meißener Manufaktur, in: Jahrbuch der Königlich Preußischen Kunstsammlungen 14/1893, S. 135-139
Seidlitz-Berling 1899 = W. v. Seidlitz - K. Berling, Deutsche Kunst-Ausstellung Dresden 1899, Dresden o. J.
Seyffarth 1959 = Richard Seyffarth, Eine Fälschung und ihr Vorbild, in: Mitteilungsblatt Nr. 45/1959 der Keramikfreunde der Schweiz, S. 28, Fig. 33, 34
Seyffarth 1960 = Richard Seyffarth, Marken der „Königlichen-Porcelain-Manufactur" zu Meißen von 1721-1750, in: Mitteilungsblatt Nr. 50 der Keramikfreunde der Schweiz, 1960, S. 71-74
Solon 1903 = M. L. Solon, A brief History of Old English Porcelain and its Manufacturies, London 1903
Sprechsaal = Sprechsaal für Keramik, Glas, Email, Coburg 1886 ff.
Stieda 1902 = Wilhelm Stieda, Die Anfänge der Porzellanfabrikation auf dem Thüringerwalde, Jena 1902
Stieda 1910 = Wilhelm Stieda, Die Porzellanfabrik zu Volkstedt im achtzehnten Jahrhundert, Leipzig 1910
Stöhr 1920 = August Stoehr, Deutsche Fayencen und Deutsches Steingut, Berlin 1920
Walcha 1959 = Otto Walcha, Incunabeln aus dem Meissner Werkarchiv, in: Mitteilungsblatt Nr. 46/1959 der Keramikfreunde der Schweiz, S. 22-26

Walcha 1973 = Otto Walcha, Meißener Porzellan, Dresden 1973
Warenzeichenblatt = Warenzeichenblatt, Berlin 1894 ff.
Wylde 1907 = C. H. Wylde, How to collect continental china, London 1907
Zentralblatt = Central-Blatt für Glas-Industrie und Keramik, Wien-Berlin
Zentralmarkenanzeiger = ,,Marken-Uebersicht'' Wien 1868 ff, ,,Generalmarkenübersicht'' 1890 ff, ,,Zentral-Marken-Anzeiger'' 1905 ff.
Zimmermann 1926 = Ernst Zimmermann, Meißner Porzellan, Leipzig 1926

NAMENS-, ORTS- UND SACHREGISTER